Architekturgeschichte
des
20. Jahrhunderts

Von 1950
bis zur Gegenwart

archpaper - edition krämer

Jürgen Joedicke

Architekturgeschichte des 20. Jahrhunderts

Von 1950 bis zur Gegenwart

Karl Krämer Verlag Stuttgart/Zürich

CIP-Titelaufnahme der Deutschen Bibliothek
Architekturgeschichte des 20. [zwanzigsten] Jahrhunderts:
von 1950 bis zur Gegenwart/Jürgen Joedicke. –
Überarb. u. wesentl. erw. Neuaufl.
– Stuttgart; Zürich: Krämer, 1990
(Archpaper – Edition Kärmer)
Frühere Ausg. u.d.T.: Architektur im Umbruch
ISBN 3-7828-0459-7
NE: Joedicke, Jürgen [Bearb.]

Überarbeitete und wesentlich erweiterte
Neuauflage der Ausgabe:
Jürgen Joedicke, Architektur im Umbruch

© Karl Krämer Verlag Stuttgart/Zürich 1990
Alle Rechte vorbehalten. All rights reserved
Umschlaggestaltung: Erwin K. Mauz
Druck: Heinrich Fink Offsetdruck, Stuttgart
Printed in Germany

ISBN 3-7828-0459-7

Vorwort

Es ist eine faszinierende Aufgabe, den vielfältigen Erscheinungen der Gegenwartsarchitektur nachzuspüren, sie zu beschreiben und nach den möglichen Ursachen ihrer Entstehung zu fragen. Das Problem ihrer Beurteilung liegt in der Zeitnähe des Betrachters, und so verbleibt bei allem Willen zur Objektivität immer ein mehr oder weniger großes Maß an subjektiver Einschätzung. Es ist deshalb unerläßlich, nicht vorschnell zu urteilen, sondern zunächst zu versuchen, jede Erscheinung aus ihrem Ansatz her zu verstehen, um die zugrundeliegenden Motive aufzeigen zu können.

Die Gliederung des Buches erfolgt nach Zeitepochen und innerhalb dieser Zeitepochen nach Personen und bestimmten Tendenzen. Obwohl derartigen Tendenzen und ihren Bezeichnungen mit einiger Skepsis begegnet werden muß, ist eine kritische Auseinandersetzung mit ihnen notwendig, da sie in der aktuellen Architekturdiskussion verwendet werden.

Die vorliegende Publikation baut auf dem vor zehn Jahren erschienenen Buch „Architektur im Umbruch" auf, das inzwischen so etwas wie ein Standardwerk auf diesem Gebiet geworden ist. Die Überarbeitung folgt in den zeitlich zurückliegenden Teilen im Wesentlichen dem ursprünglichen Text, um dann in den neu bearbeiteten Teilen in eine breite Darstellung des Architekturgeschehens des letzten Jahrzehnts einzumünden.

Es ist das Verdienst meines Verlegers und Freundes Karl Horst Krämer, daß diese Publikation erscheinen konnte, ihm habe ich besonders für Zuspruch und Unterstützung zu danken. Gudrun Zimmerle hat sich als Lektorin mit besonderem Engagement dieses Buches angenommen, ohne ihre helfende Hand wäre es nicht möglich gewesen.

Ich widme dieses Buch in Dankbarkeit meiner Frau.

Stuttgart, den 10. 7. 1989
Jürgen Joedicke

Inhaltsverzeichnis

Ein Rückblick auf die Entwicklung der modernen Architektur seit 1917

1

1
Le Corbusier, Pierre Jeanneret: Villa Schwob, La Chaux-de-Fonds, 1916

Vorläufer Anfang des 20. Jahrhunderts

Die Entstehung einer neuen Formensprache ist ein komplexer Prozeß, der aus vielerlei und oft heterogenen Quellen gespeist wird. Das 19. Jahrhundert, das am Beginn vom Klassizismus bestimmt wurde und in der Mitte und in der zweiten Hälfte von einer Architekturauffassung, die sich vornehmlich an bestimmten Aspekten vergangener Baustile orientierte, enthielt bereits die Keime für eine neue Architektur.

Darüber hinaus gab es einzelne Ansätze, die schon bestimmte Tendenzen der modernen Architektur vorwegnehmen – wie zum Beispiel die Schule von Chicago –; aber diese Ansätze blieben noch isoliert, ohne weiterreichende Folgen. Jugendstil und Art nouveau sind Übergangserscheinungen, zum Neuen hinführend, aber das Neue noch nicht darstellend.

Wenn es richtig ist, daß eines der wesentlichen Charakteristika der Moderne eine neuartige Raumauffassung ist, dann ist das Frühwerk Frank Lloyd Wrights, das von 1893 bis 1909 zu datieren ist, eine erste Vorwegnahme moderner Architektur.

Wenig später, im Jahre 1910, baut Adolf Loos in Wien das Haus Steiner, ein auf alle Zutaten verzichtendes, auf einfache geometrische Formen reduziertes Gehäuse. Auguste Perret führt 1903 mit dem Wohnhaus in der Rue Franklin und 1905 mit der Garage in der Rue Ponthieu, beide in Paris, als erster den Stahlbetonbau in die Architektur ein, und Tony Garnier nimmt mit der Planung einer industriellen Stadt bestimmte Prinzipien der modernen Stadtplanung vorweg.

In Italien proklamiert der Futurismus zwischen 1909 und 1914 seine provozierenden Thesen, und Antonio Sant'Elia entwirft in mehreren Projekten seine Vision einer futuristischen Stadt. In Deutschland nimmt der Werkbund 1907 seine Tätigkeit auf; Peter Behrens baut 1909 die Turbinenhalle in Berlin und Walter Gropius 1911–1916 die Fagus-werke in Alfeld.

Je mehr sich die Entwicklung dem Ende des ersten Jahrzehnts des 20. Jahrhunderts nähert, um so unübersehbarer werden die Zeichen des unmittelbar bevorstehenden Neuen. Aber es gibt auch wieder Rückläufe. Wer zum Beispiel das Programm des Deutschen Werkbundes und die ersten Arbeiten mit jenen vergleicht, die 1914 auf der Werkbundausstellung in Köln gezeigt wurden, wird sich der Erkenntnis nicht verschließen können, daß hier die moderne Lösung zugunsten eines Kompromisses mit traditionellen Auffassungen verlassen wurde. Auch in den Gebäuden der Kölner Werkbundausstellung domi-

2
Frank Lloyd Wright: Haus Gale, Oak Park/Ill., 1909

3
Adolf Loos: Haus Steiner, Wien, 1910

4
Auguste Perret: Wohnhaus Rue Franklin, Paris, 1903

5
Tony Garnier: Cité industrielle, 1901–1904

2

3

4   5

6

7

niert, mit wenigen Ausnahmen, wie zum Beispiel bei Bruno Tauts Glashaus, die gleiche Einstellung; sie äußert sich in einem vereinfachten Neoklassizismus.

Die gleiche Entwicklung läßt sich auch bei Peter Behrens ablesen: Behrens kommt nach seinen vom Jugendstil bestimmten Anfängen zunächst zu einfachen geometrischen Bauformen (Nordwestdeutsche Kunstausstellung in Oldenburg, 1905) und zur Sachlichkeit im Industrial design, wendet sich jedoch gleichzeitig oder wenig später wieder einem Neoklassizismus zu; – und zwar nicht nur bei seinen Gebäuden (Deutsche Botschaft in Petersburg, 1911/12), sondern auch bei seinen Entwürfen für Industrieprodukte. Auch der Wiener Joseph Maria Olbrich, der aus der Schule Wagners kommt und einer der wichtigsten Architekten des Jugendstils ist, baut 1908 das Haus Feinhals in Köln in neoklassizistischen Formen.

Ebensowenig ist zu übersehen, daß auch bei Adolf Loos trotz aller Radikalität ein geheimer Neoklassizismus latent vorhanden ist. Auch Perret bleibt ihm verpflichtet. So hatte es um 1910 den Anschein, als ob die aus vielen Quellen gespeiste Erneuerungsbewegung in Mitteleuropa schließlich zu einem gemäßigten Traditionalismus führen würde.

8

9

6
Peter Behrens: AEG-Turbinenhalle, Berlin, 1909

7
Walter Gropius, Adolf Meyer: Fagus-Werk Carl Benscheidt, Alfeld/Leine, 1911–1916

8
Peter Behrens: Deutsche Botschaft, Petersburg, 1911/12

9
Josef Hoffmann: Österreichisches Haus auf der Werkbundausstellung, Köln, 1914

10

11

Alle zu dieser Zeit möglichen Prognosen wurden wenig später durch radikale äußere Einwirkungen über den Haufen geworfen. Der erste Weltkrieg unterbrach die weitere Entwicklung. Als er beendet war, hatte sich das politische, gesellschaftliche und kulturelle Klima in Europa völlig geändert. Kompromisse mit einer Gesellschaftsform, die durch den Krieg ihre Existenzgrundlage verloren hatte, verboten sich von selbst. So zeigte sich eine sprunghaft zunehmende Radikalisierung der Ansichten. Jedoch gelten diese Feststellungen nicht allgemein. Wenn im folgenden die Behauptung aufgestellt wird, daß seit diesem Zeitpunkt, also seit dem Ende des ersten Weltkrieges, von einer modernen Architektur als einer geschlossenen Bewegung gesprochen werden kann, so gilt diese Feststellung zunächst nur für zwei Länder, für die Niederlande und für Deutschland. Nur in diesen beiden Ländern kann von einer sich allmählich verbreitenden Bewegung gesprochen werden, die sich auf eine Reihe gleichgesinnter Architekten stützen konnte. Sie fanden sich in verschiedenen Vereinigungen zusammen, um ihre Ziele durchzusetzen: in den Niederlanden in der Stijlbewegung, in der Gruppe um die Zeitschrift »Wendingen« und in der Gruppe »de 8 en opbouw«; in Deutschland in der Novembergrup-

12

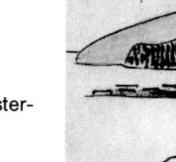

10
Michel de Klerk: Vrijheidslaan, Amsterdam-Zuid, 1922

11
Gerrit Thomas Rietveld: Haus Schröder, Utrecht, 1924

12
Bruno Taut: Alpine Architektur, 1918

pe, dem Arbeitsrat für Kunst, der Gläsernen Kette, dem Zehnerring und dem Ring. Einflußreich war auch die Gruppe der russischen Konstruktivisten. In visionären Entwürfen und im Gebauten versuchten sie mit technischen Mitteln das Bild einer neuen Architektur aufzurichten. Was damals an der Realität einer kommunistischen Gesellschaft scheitern mußte, sollte später große Bedeutung bekommen.

Jedoch rechtfertigt nicht nur die Tatsache, daß die neue Bewegung von vielen Architekten vertreten wurde, von einer modernen Architektur als eine allgemeine Bewegung zu sprechen, sondern ebenso die sich allmählich herauskristallisierende Ähnlichkeit der Ziele, Methoden, Techniken und ästhetischen Theorien. Die Werkbundausstellung auf dem Weißenhof in Stuttgart 1927, zu der junge Architekten aus verschiedenen Ländern eingeladen waren, zeigte als letztes Kriterium für die Gemeinsamkeit der Bemühungen die Identität der Formensprache. 1928 schließlich wurde die internationale Vereinigung CIAM gegründet, ein Zeichen dafür, daß sich die moderne Architektur als eine internationale Bewegung zu konstituieren begann.

Wenn man danach fragt, wann sich das Neue zuerst und als eine Proklamation verschiedener Architekten und Künstler zeigt, so wäre auf das Jahr 1917 zu verweisen. Am 16. 6. 1917 erschien das erste Heft der Zeitschrift »De Stijl« als Manifestation des Zusammenschlusses einer Gruppe Gleichgesinnter. Die Stijlgruppe hat durch ihre Ästhetik und vor allem durch ihre Raumauffassung, die von Frank Lloyd Wright beeinflußt wurde, die moderne Architektur der zwanziger Jahre stark bestimmt. 1917 war auch der Zeitpunkt, an dem Jacobus Johannes Pieter Oud sich von der noch der Tradition verhafteten Bauweise Hendrik Petrus Berlages löste.

Oud war damit einer der ersten seiner Generation in Europa, der sich

13
A. und W. Wesnin: Entwurf für das Gebäude der „Leningradskaya Prawda", Moskau, 1924

14
Ludwig Mies van der Rohe: Entwurf für ein Bürogebäude aus Stahlbeton, 1922

13

14

15

16

von einem der Tradition verpflichteten Bauen löste; – Ludwig Mies van der Rohe entwarf noch 1919 ein Haus, das neoklassizistisch war, und Le Corbusier zeigte in seiner 1916 in La Chaux-de-Fonds erbauten Villa noch eklektische Einflüsse.

Mit Oud, Mies van der Rohe und Le Corbusier sind drei der in den zwanziger Jahren wesentlichen Architekten genannt. Fügt man ihnen noch die Namen von Theo van Doesburg, Johannes Duiker, Walter Gropius, Hugo Häring, Ernst May, Erich Mendelsohn, Gerrit Thomas Rietveld, Bruno Taut und Leendert Cornelis van der Vlugt hinzu, so sind einige der wichtigsten Architekten der Epoche genannt. Es ist ein interessantes Phänomen, daß diese Architekten alle der gleichen Generationsschicht angehören. Es ist die Generation der zwischen 1886 und 1890 Geborenen. Die Vorläufer sind 1882/83 geboren, die Nachläufer 1892/93.

Wenn mit dem Jahr 1917 der Beginn dieser Epoche und damit der modernen Architektur bezeichnet wurde, so kennzeichnen die Jahre 1929/30 das Ende dieser Epoche und den Übergang zur zweiten Epoche der modernen Architektur. Was sich innerhalb des Zeitraumes von 13 Jahren, von 1917 bis 1929, ereignete, zeigen zwei deutlich sich voneinander abhebende Phasen. Die erste Phase läßt in den Entwürfen eine deutliche Abkehr von der Realität des Alltags erkennen, sie bringt utopische Architekturen hervor. Wo sich die Architektur der Realität nähert, ist sie durch extreme Experimente auf gesellschaftlichem, formalem und konstruktivem Gebiet charakterisiert. Sie zeigt subjektive und expressive Züge und neigt selbst da, wo sie sich auf objektive Gesetze beruft, zu Formübersteigerungen. Es ist eine unruhige Epoche, eine Zeit der Gärung und des Überschwanges.

Der Wandel, der sich 1923/24 andeutet, bezieht sich zunächst auf das Verhältnis zur Wirklichkeit: an die Stelle utopischer Architekturen tritt der Versuch der Bewältigung der als notwendig erkannten Aufgaben. Um es an einem Beispiel zu erläutern: Bruno Tauts Interesse gilt nicht mehr der Vision einer alpinen Architektur aus Glas und Stahl, die das Werk der Natur überhöhen sollte, sondern der realen Aufgabe der »Wohnung für das Existenzminimum« und dem Siedlungsbau.

An die Stelle der Formübersteigerung tritt Formberuhigung, an die Stelle des Überschwanges Sachlichkeit. Während die Entwürfe und Bauten der ersten Phase formal nicht auf einen gemeinsamen Nenner zu bringen sind, zeigt sich in der zweiten Phase eine geradezu überraschende Einheitlichkeit der Formen und Materialien. Der weiß ver-

15
Le Corbusier, Pierre Jeanneret: Villa Savoie, Poissy, 1929–1931

16
Walter Gropius: Bauhaus, Dessau, 1925/26

14

17

putze Quader, durch Fensterbänder gegliedert und auf Stützen stehend, wird zum Symbol einer Epoche.

Angesichts der Verschiedenheit im Ausdruck liegt der Gedanke nahe, die erste Phase ohne Beziehung zur zweiten zu sehen. Dem ist entgegenzuhalten, daß in jener ersten Phase die Keime zur zweiten liegen. Daß nur einige der Anregungen dieser unruhigen Zeit zunächst genutzt wurden, andere dagegen erst später; – ja, erst heute, wo man zu dieser Zeit ein völlig neues Verhältnis gewinnt, darf nicht unerwähnt bleiben.

18
19

17
Bernard Bijvoet, Johannes Duiker: Sanatorium Zonnestraal, Hilversum, 1926–1928

18
Jacobus Johannes Pieter Oud: Siedlung Kiefhoek, Rotterdam, 1925–1930

19
Großsiedlung Siemensstadt, Berlin-Charlottenburg-Nord, 1928–1931
links: Hugo Häring, rechts: Otto Bartning

20

Um 1930 setzen Veränderungen ein. Sie betreffen die methodischen Grundlagen der Moderne und weiten sich auf ästhetische Fragen aus; – sie beziehen sich auf das Verhältnis zum Raum, zur Form, zum Material, zur Konstruktion und auf das Verhältnis des Gebauten zur Topographie. Wenn für die Bauten der zweiten Hälfte der zwanziger Jahre die Bezeichnung »Internationaler Stil«, also die Kennzeichnung der Bauformen als universell gültige und anwendbare, richtig ist, so wird jetzt die Differenzierung und regionale Abwandlung typisch.

Diese Entwicklung wurde zweifelsohne dadurch gefördert, daß sich die moderne Architektur in den Jahren nach 1930 über Mitteleuropa hinaus auszudehnen begann. Während sie sich in den zwanziger Jahren zunächst auf Holland und Deutschland sowie auf Le Corbusier in Frankreich beschränkte, dehnt sie sich nun auf Finnland, Schweden und Norwegen aus, auf England wie auf die Tschechoslowakei, auf Ungarn, auf die Schweiz, auf Österreich und Italien, auf Spanien sowie über Europa hinaus auf Brasilien, die USA und Japan.

Die Konfrontierung mit unterschiedlichen klimatischen, topographischen und traditionellen Bedingungen förderte die Differenzierung. Jedoch muß festgehalten werden, daß diese Differenzierung schon

21

20
Le Corbusier, Pierre Jeanneret: Haus Errazuris, Chile, 1930

21
Alvar Aalto: Villa Mairea, Norrmarku, 1938/39

22

23

24

22
Giuseppe Terragni: Casa del Fascio, Como, 1936

23
Erik Gunnar Asplund: Waldkrematorium, Stockholm, 1935–1940

24
Arne Jacobsen: Kettenhäuser Søholm, Klampenborg, 1950

25

26

27

28

29

zuvor in jenen Ländern festzustellen war, welche die moderne Architektur in den zwanziger Jahren hervorgebracht hatten. Mit anderen Worten: der Übergang von der ersten zur zweiten Stufe der modernen Architektur vollzog sich als Folge eines inneren Entwicklungsprozesses, gefördert durch äußere Umstände.

Mit dieser Feststellung soll nicht eine Geschichtsmystifizierung gefördert oder das Einwirken transzendenter Kräfte beschworen werden, sondern diese Feststellung bekräftigt nur das in manchen Epochen vorhandene, auf Kontinuität gerichtete Streben einzelner Architekten, in deren Arbeiten sich eine ganze Epoche reflektiert.

Neben der Tendenz der Formerweiterung, die teilweise regional gebunden ist, zeigen sich als weitere Charakteristika dieser Epoche die Weiterführung und Differenzierung der in den zwanziger Jahren entwickelten Methoden, Techniken und Formen.

Im Werk einzelner jüngerer Architekten folgen diese beiden Stufen aufeinander, da für den jungen Architekten der dreißiger Jahre die Auseinandersetzung mit dem in seiner Geschlossenheit übermächtigen Erbe der zwanziger Jahre vielfach der eigenen Aussage vorangeht. Ein Beispiel dafür ist Alvar Aalto.

Aalto aber ist zugleich der Vorläufer einer neuen Generation von Architekten, die sich nach der Generation der zwischen 1886 und 1890 Geborenen abzeichnet. Zu ihr gehören neben anderen als Vorläufer Alvar Aalto (1898) und Johannes H. van den Broek (1898), als eigentliche Generationsschicht Marcel Breuer, Lucio Costa, Arne Jacobsen, Egon Eiermann, Alfred Roth, Junzo Sakakura und Giuseppe Terragni (alle zwischen 1902 und 1904 geboren) und Kunio Mayekawa (1905) sowie Oscar Niemeyer (1907).

Die Betonung des Regionalen, das sich auch in der Verwendung ortsüblicher Baustoffe äußerte, barg jedoch auch die Gefahr des Rückfalls in anachronistische Bauformen. Durch eine präzise, die Struktur des Materials herausstellende sachliche Gestaltung wurde diese Gefahr vermieden. Bei den Epigonen jedoch führte das Betonen des Regionalen zum Heimatstil, die Suche nach Wärme im Ausdruck zu einer falsch verstandenen Gemütlichkeit.

Wie sehr die Betonung des Regionalen eine allgemeine, übergreifende Zeittendenz war, zeigt sich auch an ihren negativen Erscheinungen. So spielen die Begriffe des Regionalen und handwerkliche Gestaltung eine große Rolle in der Architektur des Nationalsozialismus. Sie werden umgemünzt zu einer Blut- und Bodenarchitektur, in der das Regionale nicht als belebendes, sondern als ausschließendes Element auftritt.

Diese Epoche, deren Beginn um 1930 anzusehen ist, findet zumindest in Europa ihr Ende mit dem Beginn des zweiten Weltkrieges. An eine normale Bautätigkeit ist seitdem nicht mehr zu denken, alle Energien verschlingt der Krieg.

Restaurative Tendenzen machen sich schon zuvor bemerkbar, so in Italien, wo die Moderne zumindest eine Zeitlang durch den Faschismus toleriert wurde. Lediglich in dem vom Krieg verschonten Brasilien zeigt sich eine kontinuierliche Weiterentwicklung.

30

31

32

25
Marcel Breuer, Walter Gropius: Haus Chamberlain, Weyland/Mass., 1940

26
Marcel Breuer, Walter Gropius: Haus Gropius, Lincoln/Mass., 1937

27
George Howe: Haus Clara Fargo Thomas, Fortune Rock/Me., 1939

28
William W. Wurster: Verwaltungsgebäude der Schuckl Canning Co., Sunnyvale/Cal., 1942

29
Berthold Lubetkin, Lindsey Drake: Pinguinbecken im Tierpark, London, 1934

30
Oscar Niemeyer: Kirche São Francisco, Pampulha/Minas Gerais, 1942/43

31
Hermann Brenner: Aerodynamische Versuchsanstalt, Berlin-Adlershof, 1932 bis 1936

32
C. Arniches, L. Dominguez, Eduardo Torroja: Tribünendach der Pferderennbahn La Zarzuela, Madrid, 1935

Die ersten Jahre nach Beendigung des zweiten Weltkrieges sind eine Zeit des Überganges und der Vorbereitung. Zwangsläufig stehen in Europa die Beseitigung der durch den Krieg verursachten Schäden und die Unterbringung der Millionen von Flüchtlingen im Vordergrund. 1946 bekommt Le Corbusier den Auftrag, in Marseille ein Wohnhochhaus zu bauen, das 1952 fertiggestellt wird. Es bezeichnet zusammen mit Mies van der Rohes Bauten am Lake Shore Drive in Chicago (1949–1951) den Beginn einer eigenständigen, neuen Epoche der modernen Architektur, die von 1949 zu datieren ist.

Zu diesem Zeitpunkt tritt eine neue Generation auf den Plan, die dritte innerhalb der modernen Architektur. Es sind die um 1909/10 geborenen Architekten, die sich in ihrer Zielsetzung deutlich von der nur wenig älteren Generation der zwischen 1902 bis 1905 Geborenen unterscheiden. Zu ihr gehören: Gordon Bunshaft (1909), Affonso Eduardo Reidy (1909), Ernesto Rogers (1909); Eero Saarinen (1910), der in dieser Generation eine Schlüsselstellung einnimmt; Aarne Ervi (1910), Matthew Nowicki (1910) sowie Kenzo Tange (1913) und Jacob B. Bakema (1914).

Im Grunde handelt es sich bei den Tendenzen der fünfziger und der beginnenden sechziger Jahre um eine Weiterführung der seit 1930 sichtbar werdenden Tendenzen der Formerweiterung, doch ist ein grundlegender Unterschied zu erkennen: in den dreißiger Jahren war die Formerweiterung nur auf bestimmte Bereiche beschränkt. Sie bezog sich auf die Aufnahme regionaler Traditionen, auf das Verhältnis des Bauwerkes zur Natur und auf die Abkehr von der Doktrin der Vorbildlichkeit einfacher geometrischer Formen.

Demgegenüber ist die nun einsetzende Formerweiterung eine totale: sie kennt keine orthodoxe Festlegung auf einen irgendwie gearteten Formkanon mehr; sie sucht unmittelbar die für die Aufgabe und für das verwendete Material spezifische Form.

Um 1960 deuten sich Veränderungen an, die aber bei einzelnen schon früher sichtbar werden. Das relativ einfach überschaubare Geschehen fächert sich auf.

Bei einzelnen Architekten, die sich bisher der modernen Architektur verschrieben hatten, melden sich Zweifel an der Gültigkeit der bisherigen Prinzipien und Methoden der modernen Architektur. Philip Johnson proklamiert 1958 das Ende der modernen Architektur.

Seit Mitte der sechziger Jahre entzündete sich vor allem in den USA und in England eine tiefgreifende Kritik an der modernen Architektur.

Sie richtete sich gegen die Zeichenlosigkeit der modernen Architektur, ihre Anonymität und gegen die Reduzierung des Ausdruckes auf technische Funktionalität als vermeintlich einzige Gestaltungsmittel. Dabei wurde offensichtlich übersehen, daß die moderne Architektur alles andere als eine Einbahnstraße in einer bestimmten Richtung gewesen ist, sondern daß sie vielfältig, ja widersprüchlich in ihren Äußerungen war. Moderne Architektur war nicht nur die Ville Contemporaine von Le Corbusier, sondern auch Ronchamp und La Tourette; – war nicht nur Mies van der Rohe, sondern auch Häring, Scharoun und Aalto.

Richtig aber ist, daß zu Beginn der sechziger Jahre die Kommerzialisierung der modernen Architektur begann und daß in ihrem Gefolge die überall gleichen, monotonen Wohnquartiere und Stadtzentren entstanden. Im Zeichen des unbegrenzten Wachstums schien alles möglich zu sein, dem Wirtschaftswunder folgte jedoch kein Kulturwunder; – an die Stelle der Qualität trat die Quantität. Richtig ist auch, daß in den theoretischen Äußerungen der frühen Moderne eine rationale Argumentation überwog, wenn man auch hinzufügen muß, daß die Meister der modernen Architektur stets bessere Baumeister als Theoretiker waren. In den Händen der Nachfolger verkümmerte ihr künstlerisches Erbe oft genug zu einem leicht handhabbaren Dogma.

Ob die Mitte der siebziger Jahre feststellbaren manieristischen Tendenzen Ansätze zur Innovation, zu einer neuartigen Sicht des Bauens in unserer Zeit enthalten, oder zum Gekünstelten, zum Manierierten führen, bleibt offen. Immerhin bleibt das Phänomen bestehen, daß die für den Manierismus des 16. Jahrhunderts in der Kunstgeschichte übliche Motivierung in Grenzen auch auf bestimmte Erscheinungen der letzten Jahre anwendbar ist.

33

I Vorbild und Ausstrahlung

Architekten der ersten und zweiten Generation in den fünfziger und sechziger Jahren

34

Wesentliche Impulse für die nach Beendigung des zweiten Weltkrieges einsetzende Entwicklung gingen nicht von Jüngeren aus, sondern von jenen, welche die moderne Architektur in den zwanziger Jahren begründet und ihre Ausbreitung in den dreißiger Jahren geprägt hatten. Selbst das Werk eines noch Älteren, das Werk Frank Lloyd Wrights, überschattete die Entwicklung Anfang der fünfziger Jahre. Die Gründe hierfür sind verschiedener Art; – sie sind in biographischen und historischen Fakten zu suchen. Die Entwicklung der Jüngeren, der Generation der um 1910 geborenen Architekten, war durch den zweiten Weltkrieg empfindlich gestört worden. Zwar ließe sich ähnliches für die Situation um 1920 sagen, aber der wesentliche Unterschied zwischen 1920 und 1950 ist darin zu sehen, daß um 1920 ein Vakuum herrschte, während vor den jungen Architekten des Jahres 1950 übermächtig das Vorbild der Begründer der modernen Architektur stand, die noch selbst schöpferisch tätig waren. Die Auseinandersetzung mit ihrem als vorbildlich empfundenen Werk bestimmte zunächst das Schaffen der jungen Architekten. So erscheint es auch für die Methode der Betrachtung des Geschehens sinnvoll, zunächst das Werk der Architekten der ersten und zweiten Generation zu charakterisieren, ehe in die Betrachtung der Strömungen und Tendenzen der Architektur der Gegenwart eingetreten wird.

Wenn hier das Werk der führenden Kräfte der ersten und zweiten Generation näher erläutert werden soll, so muß gleichzeitig ein Mann in seiner Bedeutung für die moderne Architektur gewürdigt werden, der zu den Pionieren zu rechnen ist, dessen Werk aber bis in unsere Zeit reicht und die Diskussion immer wieder belebt hat: Frank Lloyd Wright.

Frank Lloyd Wright

Die Quintessenz seiner Überlegungen ist die von tiefer Einsicht getragene Erkenntnis, daß »die innere Natur eines architektonischen Problems immer die Lösung in sich trägt«.[1] Damit wird weder eine bestimmte Formenkategorie noch eine bestimmte Stilform bezeichnet. Dieser Satz kennzeichnet nichts anderes als eine Methode, die zu einer neuen Art des Denkens über Architektur geführt hat.

Der von Wright geprägte Begriff »Organic architecture« deutet auf eine enge Beziehung zur Natur hin; er soll eine Architektur kennzeichnen, deren Gestalt in ähnlicher Weise wie die der Natur aus der Erfüllung eines Leistungsanspruches erwächst. Keineswegs aber hat dieser Begriff etwas mit der Nachahmung von Naturformen zu tun. »Als organische Architektur wollen wir die für das individuelle Leben bestimmte

36

35

und individuellen Ausdruck bekundende Bauweise bezeichnen ..., um sie zu unterscheiden von jeder vorgefaßten, passenden oder unpassenden, nur die äußere Erscheinungsweise betreffende Formel.«[2]
Wright hat aus dieser Architekturauffassung heraus vor 1909 Wohnhäuser entwickelt, die vorbildlich für die sich mit ähnlichen Problemen beschäftigenden Architekten Europas waren. In den zwanziger Jahren divergierten die Linien: die moderne Architektur Europas folgte den Theorien Le Corbusiers und des Bauhauses; – Wright dagegen baute in Kalifornien Wohnhäuser, die mitunter an Märchenschlösser erinnern. Aber seine Gedanken, die sich um Abkehr vom Schema und Hinwendung zur Natur bemühten, blieben lebendig.
Wrights Bauten sind zu sehr auf seine Persönlichkeit zugeschnitten, als daß sie schulebildend sein könnten. Wir stehen vor dem Phänomen einer starken Persönlichkeit, die alles überschattete, was sich in ihrer Nähe ansiedelte.
Die Leistung Frank Lloyd Wrights wird deutlich, wenn man sich daran erinnert, daß er am Ende eines langen Lebens ein Museum baute, in dem Bilder der Stijlbewegung hängen; – jener Bewegung, die längst Geschichte geworden ist, die aber an ihrem Beginn von Wright, dem-

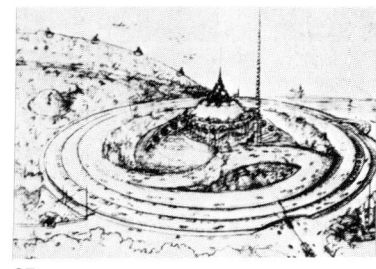

37

37
Frank Lloyd Wright: Entwurf für Oper und
Stadthalle, Bagdad, 1957

selben, der ihr jetzt ein Museum baute, entscheidende Anregungen
bekam. Was Theo van Doesburg Anfang der zwanziger Jahre anstrebte, die Auflösung des geschlossenen Baukörpers und seine Zerlegung
in einzelne Wandfragmente, hatte Wright mit dem Robie-Haus in
Chicago 1909 vorweggenommen.

Der Gebrauchswert des Guggenheim-Museums in New York (1957 bis
1959, Entwurf 1943–1946) wurde vielfach und teilweise auch mit Recht
angezweifelt. Sicher ist, daß Wright von der Idee eines spiralenförmig
ansteigenden Raumes so fasziniert war, daß er nach einer Gelegenheit
suchte, sie im Großen zu realisieren. Vorstufen finden sich in dem Mor-
ris-Laden in San Francisco (1948/49) und dem Haus David Lloyd
Wright in Phoenix (1952).

Das Guggenheim-Museum ist kein Prototyp für ein Museum schlecht-
hin und sicher nicht für ein Museum mit Bildern aus der Renaissance,
aber es stellt sich die Frage, ob dieser Raum, in dem die Bewegung und
damit die Zeit eine so entscheidende Rolle spielen, nicht ein angemes-
sener Rahmen für Bilder ist, in denen, wie beim Kubismus, Bewegung
und Zeit bestimmende Gestaltelemente sind. Es gibt auch kaum einen
anderen Entwurf, in dem Wrights Vorstellungen von Kontinuität und
Plastizität so unmittelbar realisiert sind wie beim Guggenheim-
Museum.

Die Entwürfe und Bauten seiner letzten Jahre zeigen teilweise wieder
den gleichen Zug zum Märchenhaften wie die Projekte der zwanziger
Jahre. Es ist die Frage zu stellen, wo es sinnvoll ist und wo nicht; oder,
um mit Wright zu fragen, wo die innere Natur des Problems zu einer solchen Lösung drängt. Hier steht der Theoretiker Wright gegen den
praktisch schaffenden Architekten Wright. Die Aufgabe »Fabrik« zum
Beispiel fordert ohne Zweifel andere Formen, als der kurz vor seinem
Tod entstandene Entwurf für die Lenkurt Electric Co. bei San Francisco
zeigt.

Den gleichen Trend ins Märchenhafte zeigen auch der Entwurf für das
Kongreßgebäude in Phoenix (1957), ein über einem Sechseck sich
erhebendes Gebilde, am Rand durch Arkaden gestützt, und der Entwurf für das kulturelle Zentrum von Bagdad (1957), wo sich auf der
Kuppel des Opernhauses eine goldene Statue Aladins und seiner
Wunderlampe erhebt und die Wände mit Metallskulpturen und Szenen
aus 1001 Nacht geschmückt werden sollten. Während den Kritiker bei
Le Corbusiers Tod das tragische Gefühl nicht verließ, daß hier einem
Architekten der Zeichenstift aus der Hand genommen wurde, von dem
noch viel zu erwarten sei, hat sich wahrscheinlich Wrights Leben mit
seinem Tode erfüllt. Die Diskrepanz zwischen Idee und Realität war so
groß geworden, daß die Verbindung bereits zu zerreißen drohte.

[2] Frank Lloyd Wright: Ein Testament, München o. J.

Architekten der ersten Generation

38

39

38
Le Corbusier, Pierre Jeanneret: Villa Savoie, Poissy, 1929–1931

39
Le Corbusier, Pierre Jeanneret: Ferienhaus, Mathes, 1935

[3] Lewis Mumford: The Nonsense of Marseilles, Baukunst und Werkform, Heft 1/1958

[4] Le Corbusier: Kommende Baukunst, Stuttgart 1926 (franz. Ausgabe: Vers une architecture, Paris 1923)

Le Corbusier

Es gibt sicher nur wenige Gebäude, die das Denken der jüngeren Generation in Europa nach 1945 so beeinflußt haben wie die Unité d'Habitation in Marseille (1947–1952). In diesem Gebäude manifestierte sich zuerst eine Architekturauffassung, welche die Ästhetik der glatten, unstrukturierten Flächen der zwanziger Jahre durch die Poesie des rauhen Betons, des béton brut, ersetzte. Zugleich aber war das Gebäude die erste Realisation der Vision Le Corbusiers von einer kommenden Gesellschaft. An diesem Bauwerk entzündete sich jedoch die Kritik auch wohlmeinender Freunde.[3] Sie wird allerdings nur dann fruchtbar sein, wenn dieses Bauwerk als Grundzelle eines Stadtorganismus betrachtet wird; sie muß völlig am Gegenstand vorbeigehen, wenn dieses Bauwerk für sich gesehen wird. Wenn man davon ausgeht, daß die Großstadt angesichts der industriellen Konzentration eine notwendige Lebensform darstellt, dann ist es unausbleiblich, sich mit dem Problem des Wohnens in Hochhäusern auseinanderzusetzen. Ob das Wohnhochhaus durch eine Rue intérieure, durch eine Rue extérieure oder durch einzelne Festpunkte erschlossen wird, ist ein wichtiges Problem, von dem aber das Wohnhochhaus selbst nicht mehr in Frage gestellt werden kann.

Indien gab Le Corbusier die Möglichkeit, eine Stadt von 500 000 Einwohnern zu entwerfen und zu bauen. Die Ausführung des Kapitols in Chandigarh zeigt die subtile Gestaltungsart von Le Corbusier. Parlament, Gouverneurspalast und Justizpalast liegen an den Spitzen eines ungleichschenkligen Dreiecks. Alle Straßen und Wege verlaufen parallel oder rechtwinklig zueinander. Aber es gibt keine durchgehende Achse. So liegen Parlament und Justizgebäude zwar gegenüber; der Fußgänger kann aber diese direkte Verbindung nicht beschreiten, sondern wird veranlaßt, die Diagonale zu wählen.

Kleine Plätze durchbrechen die geraden Linien, so daß beim Begehen der Wege ständig Richtungswechsel vorgenommen werden muß. Auf diese Weise hat der Betrachter beim Durchschreiten des Kapitols eine Fülle räumlicher Erlebnisse. In seinem Buch »Kommende Baukunst« gibt Le Corbusier auf Seite 160 eine kurze Beschreibung eines Hauses in Pompeji, dessen Ordnung er aufs höchste bewundert: »Alles ist auf Achsen gestellt, aber ihr könnt schwerlich eine durchgehende Gerade verfolgen.«[4] Chandigarh ist dreißig Jahre später die Umsetzung dieser Erkenntnis in die Wirklichkeit. Mit einfachen Mitteln – nicht durch Applikation – erreicht Le Corbusier Vielgestaltigkeit der Formen und Bauten.

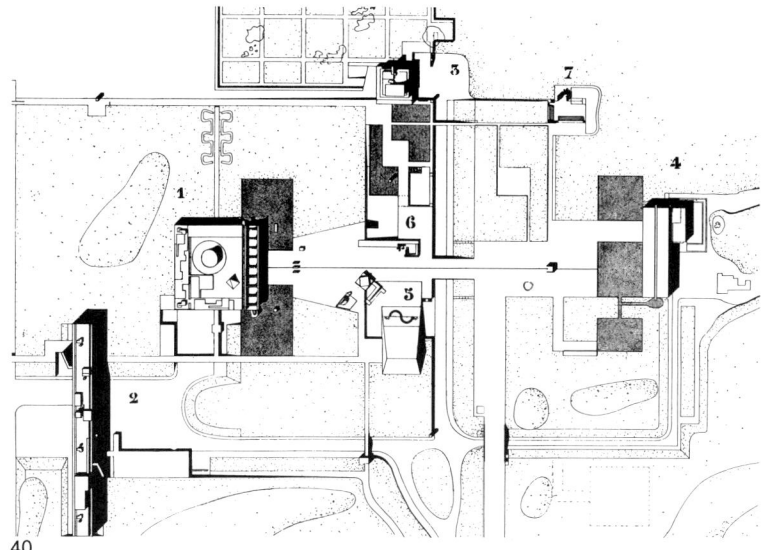

40

41

40, 41, 42
Le Corbusier: Kapitol, Chandigarh,
1950–1965

40
Lageplan, 1956
1 Parlamentsgebäude, 2 Haus der Ministerien, 3 Gouverneurspalast, 4 Justizpalast,
5 »La Fosse de la Considération«, 6 Was-
serbecken vor dem Gouverneurspalast, 7
»La Main Ouverte«

41
Justizpalast, 1956

42
Haus der Ministerien mit Parlamentsgebäude, 1958

42

Als Le Corbusier die Wallfahrtskapelle bei Ronchamp (1950–1954) erbaute, glaubten einige Kritiker, eine überraschende Wende in seinem Schaffen feststellen zu können. Das Neuartige an diesem Bau ist unübersehbar; aber ebenso wird deutlich, daß dieser Bau innerhalb einer kontinuierlichen Entwicklung steht. Le Corbusiers Werk ist ein nachdrücklicher Hinweis auf die Evolution der modernen Architektur. Wenn es erlaubt ist, seine Entwicklung in wenigen Sätzen zusammenzufassen, so läßt sich folgendes sagen: Die zwanziger Jahre stehen unter dem Primat einfacher geometrischer Leitbilder. Um 1930 durchbricht Le Corbusier dieses selbstgestellte Gesetz der Beschränkung. Was in den dreißiger Jahren noch tastender Versuch war, wird jetzt souverän verwendet. Le Corbusier stellt mit seinen neuesten Entwürfen das Frühwerk nicht in Frage, sondern erweitert es. Wie sehr das Frühwerk mit seinem heutigen Bauen in Verbindung steht, läßt ein Vergleich der Villa Savoie in Poissy (1929–1931) und der Kirche bei Ronchamp erkennen. Der Baukörper der Villa Savoie ist zwar im Gegensatz zu Ronchamp ein geometrisch und exakt bestimmbarer Quader, die Dachaufbauten dagegen sind frei geschwungene Plastiken, deren Form nicht mehr auf geometrische Leitbilder zurückgeführt werden kann. Was bei der Villa Savoie noch eingebunden war in die geometrische Konzeption, ist in Ronchamp davon befreit. Le Corbusier nimmt mit den bewegten Formen von Ronchamp den Horizont der Landschaft auf.

Während Ronchamp in jeder Beziehung einmalig, nicht wiederholbar ist, löste ein anderer, und zwar dem Umfang nach sehr kleiner Bau, der zur gleichen Zeit entstand, eine weithin ausstrahlende Wirkung aus: die Wohnhausgruppe »Jaoul« in Neuilly (1954–1956). Sie beeinflußte, ebenso wie die Unité d'Habitation, die hier als Brutalismus charakterisierte Strömung.

43

43
Le Corbusier: Wallfahrtskapelle, Ronchamp, 1950–1954

44

44–46
Le Corbusier: Kloster Sainte Marie de la
Tourette, Eveux, 1957–1960

44
Gebetskapelle der studierenden Brüder

Beide Häuser sind nach dem gleichen Prinzip gestaltet: sie bestehen aus drei aufeinandergesetzten Quadern, von denen zwei gleich groß sind, während der dritte kürzer ist als die beiden unteren, aber von gleicher Breite. Jeder Quader wird von einem Stahlbetonstreifen begrenzt, der über Erdgeschoß als ringsumlaufendes, horizontales Band, in den beiden Obergeschossen an den Stirnseiten aus zwei durch einen Bogen zusammengefaßten Kreissegmenten besteht.

Wand und Deckenstreifen sind in der Textur stark unterschieden: grobgefügtes Mauerwerk mit Öffnungen, die durch ein mit Glastafeln und Holzplatten gefülltes Rahmenwerk geschlossen sind, und Beton, der durch die Verwendung verschiedenartig gelegter Schalungsbretter strukturiert ist.

Der handwerklichen Baumethode entspricht die Konstruktion: Gewölbe aus flachen Ziegelsteinen, die auf den beiden Außenrändern und der inneren Längswand aufliegen. Trotz des einfachen Aufbauschemas der Häuser aus drei Längswänden wird im Inneren räumliche Vielfalt erreicht, die allerdings mehr auf Raumstimmung zielt als auf speziell zu nutzende Bereiche: durch verschieden große, differenziert gegeneinander versetzte Öffnungen in den Längswänden, durch die Überspielung flächiger Teile mit linearen Elementen, durch Querelemente, welche die Längstendenz des Raumes durchbrechen, und durch Einfügung vertikaler, zweigeschossiger Raumelemente.

Es ist offensichtlich, was diesen Bau mit den Bauten der zwanziger Jahre verbindet: der Aufbau aus elementaren geometrischen Elementen; – aber ebenso ist auch das Andersartige greifbar: die Hinwendung zu einer Ästhetik des Archaischen.

Eine ähnliche ästhetische Auffassung findet sich bei Le Corbusier zwar schon in den dreißiger Jahren, so zum Beispiel in dem Haus Errazuris in Chile (1930), wo die Deckenbalken aus unbearbeiteten Baumstämmen bestehen, oder in dem Ferienhaus in Mathes (1935), und sicher stellt auch das Weekendhaus bei Paris (1935) mit seinen Gewölben einen Vorläufer der Jaoul-Häuser dar, aber keiner dieser Bauten erreicht die eindringliche Wirkung der Jaoul-Häuser.

Die Reife, welche die moderne Architektur in einzelnen Bauwerken gewonnen hat, belegt, wie kaum ein anderer Bau Le Corbusiers, das Kloster Sainte Marie de la Tourette in Eveux bei Lyon (1957–1960). Sie zeigt sich vor allem in der Vorurteilsfreiheit gegenüber der Tradition. Bei der Diskussion des amerikanischen Formalismus wird noch näher das sich hier andeutende höchst problematische Verhältnis zur Tradition zu diskutieren sein. La Tourette dagegen ist ein Beispiel für das einzig sinnvolle Verhältnis zur Vergangenheit. Obwohl dieser Bau völlig auf dem Boden der Moderne steht, ist er ebenso der Tradition verpflichtet. Der Tradition verpflichtet sind die Anordnungsprinzipien der Gebäude; – sie können es in diesem Fall sein, weil sich die in den Gebäuden vollziehenden Aktivitäten, die sozialen und organisatorischen Prinzipien des klösterlichen Lebens, nicht wesentlich gegenüber früher geändert haben.

45

45
Innenraum der Kirche

46
Refektorium

Die Einzeldurchbildung zeigt alle typischen Raum- und Formelemente Le Corbusiers: die orthogonale Zellenstruktur des Einzelraumes, die orthogonale Großraumstruktur mit innenliegenden Stützen und nichtorthogonale Raumbildungen mit vertikalen und schrägen Wänden. All das war bereits im Werk Le Corbusiers vorgebildet: die Zellenstruktur in den Immeubles-Villas (1922) und in der Unité d'Habitation in Marseille; – die Großraumstruktur in der Cité de Refuge (1929) oder im Wohnraum der Villa Savoie in Poissy; – die nichtorthogonalen Raumbildungen zuerst auf der Dachterrasse der Villa Savoie (– hier nur als freistehende Wandschirme ohne oberen Abschluß), später bei der Kapelle von Ronchamp und bei der Villa Shodan in Ahmedabad(1956). Diese unterschiedlichen Raumbildungen erfahren bei La Tourette ihren Sinn von der Nutzung her: die Zellenstruktur für die Zellen der Mönche, die orthogonale Großraumstruktur für die Gemeinschaftsräume wie den Speisesaal; – die nichtorthogonalen Raumstrukturen für Sonderräume wie die Sprechzellen und die Sakristei. Wie kaum ein anderer Bau in Europa zeigt dieses Kloster den Reichtum und die Kraft der Formensprache von Le Corbusier.

Le Corbusier begreift Architektur so, wie Architektur bisher begriffen wurde: – als die Schaffung von Räumen und Formen, die nach bestimmten Gesetzen angeordnet sind. Es ging ihm nicht um eine »Kommende Baukunst«, wie die deutsche Übersetzung seines Buches »Vers une architecture« irreführend lautete, sondern um Architektur, wie sie von Iktinos und Kallikrates, Sinan oder Michelangelo verstanden wurde.

47
Le Corbusier: Wallfahrtskapelle, Ronchamp, 1950–1954

47a
Le Corbusier: Jaoul-Häuser, Neuilly, 1954–1956

46

47

Ludwig Mies van der Rohe

48

48,49
Ludwig Mies van der Rohe: S. R. Crown Hall, Illinois Institute of Technology, Chicago/Ill., 1952–1956

50-54
Typ C: S. R. Crown Hall, Illinois Institute of Technology, Chicago/Ill., 1952–1956
Vorläufer Typ B: Alumni Memorial Hall, Illinois Institute of Technology, Chicago/Ill., 1945/46
Typ A: Appartementhäuser am Lake Shore Drive, Chicago/Ill., 1949–1951
Typ B: Appartementhäuser, Chicago/Ill, 1953-56

Während die private Bautätigkeit in Europa Ende der dreißiger Jahre immer mehr zurückging und durch den Krieg schließlich zum Erliegen kam, konnte sie sich in den USA frei entfalten. Die mitunter vorgebrachte These, daß die moderne Architektur Ende der dreißiger Jahre in den USA durch die Emigranten aus Deutschland, wie Mies van der Rohe, Gropius oder Breuer, um nur einige zu nennen, begründet worden sei, ist historisch nicht haltbar, weil schon seit Ende der zwanziger Jahre, sieht man selbst von Wright, Rudolph Schindler oder Richard Neutra ab, Ansätze dazu vorhanden waren; – jedoch ist richtig, daß die deutschen Emigranten in den USA ein weites Betätigungsfeld fanden. Im besonderen Maße gilt dies für Ludwig Mies van der Rohe, der 1938 nach Chicago berufen wurde. Er wirkte dort als Leiter der Architekturabteilung des späteren Illinois Institute of Technology und bekam den Auftrag, die neue Hochschule zu planen und zu bauen. Diese Bauten leiteten eine neue Epoche der modernen Architektur ein.
Wenn Wright feststellte, daß »jener Entwurf, der die Wahrheit des inneren Seins am reichhaltigsten enthüllt, der beste Entwurf ist«,[5] so kann man von Mies sagen, daß für ihn der Entwurf der beste ist, der das innere Sein am einfachsten zum Ausdruck bringt.

49

[5] Frank Lloyd Wright: Ein Testament, a. a. O.

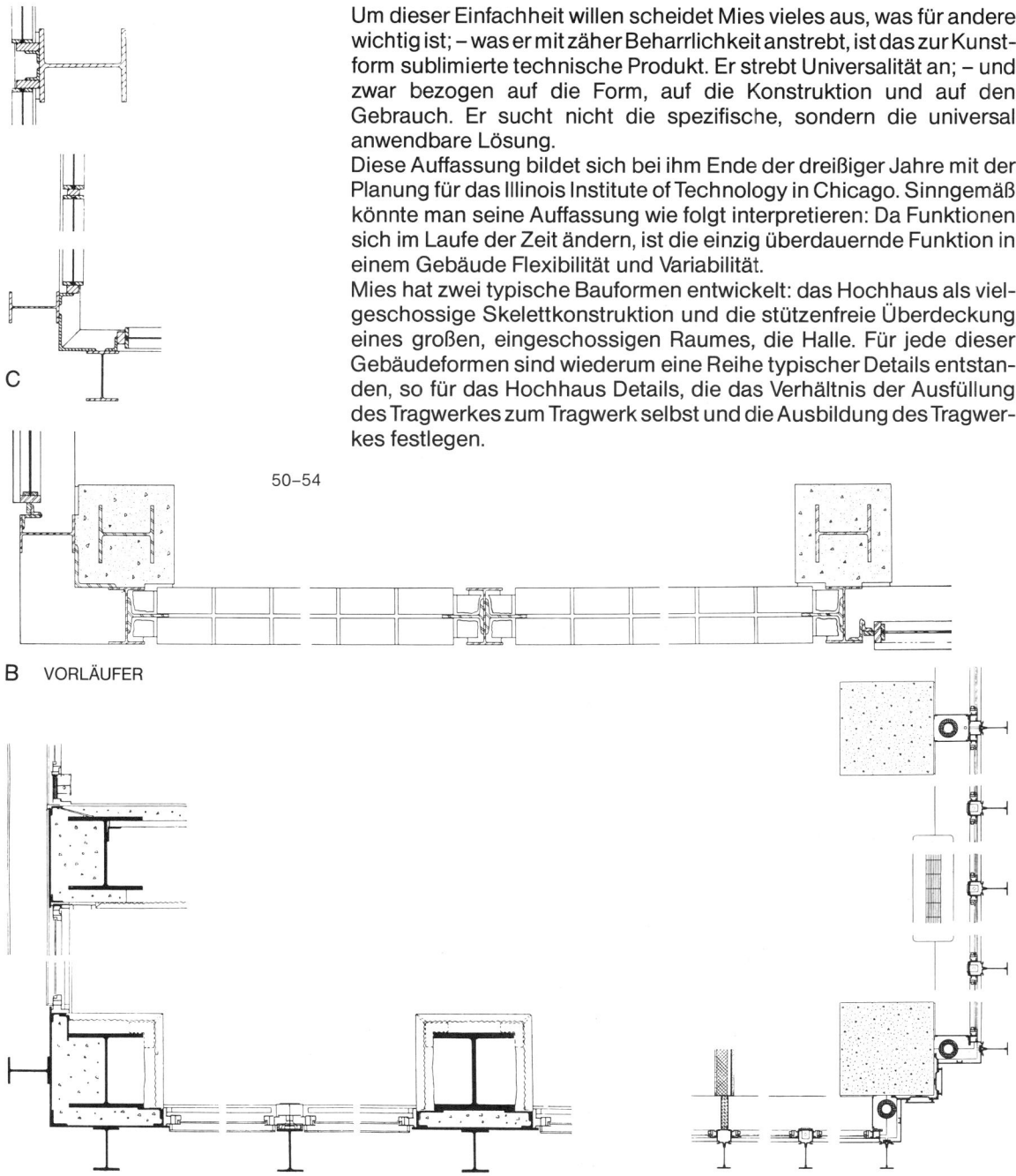

Um dieser Einfachheit willen scheidet Mies vieles aus, was für andere wichtig ist; – was er mit zäher Beharrlichkeit anstrebt, ist das zur Kunstform sublimierte technische Produkt. Er strebt Universalität an; – und zwar bezogen auf die Form, auf die Konstruktion und auf den Gebrauch. Er sucht nicht die spezifische, sondern die universal anwendbare Lösung.

Diese Auffassung bildet sich bei ihm Ende der dreißiger Jahre mit der Planung für das Illinois Institute of Technology in Chicago. Sinngemäß könnte man seine Auffassung wie folgt interpretieren: Da Funktionen sich im Laufe der Zeit ändern, ist die einzig überdauernde Funktion in einem Gebäude Flexibilität und Variabilität.

Mies hat zwei typische Bauformen entwickelt: das Hochhaus als vielgeschossige Skelettkonstruktion und die stützenfreie Überdeckung eines großen, eingeschossigen Raumes, die Halle. Für jede dieser Gebäudeformen sind wiederum eine Reihe typischer Details entstanden, so für das Hochhaus Details, die das Verhältnis der Ausfüllung des Tragwerkes zum Tragwerk selbst und die Ausbildung des Tragwerkes festlegen.

C

50–54

B   VORLÄUFER

A

B

55

56

55
Ludwig Mies van der Rohe: Siedlung La-
fayette Park, Detroit/Mich., 1955–1963

56
Ludwig Mies van der Rohe: Neue Nationalgalerie, Berlin, 1963–1968

Für die Detaillierung der Außenwand lassen sich drei Typen nachweisen. Bei Typ A sitzt der Fensterpfosten in Stützenachse, das Fenster
schlägt jedoch an der Stütze an, so daß die Fensterfelder an der Stütze
jeweils kleiner als die mittleren sind (Appartementhäuser am Lake
Shore Drive in Chicago, 1949–1951). Bei Typ B ist das Fensterfeld direkt
am Fensterpfosten angeschlagen, so daß eine durchgehende gleichmäßige Breite der Fensterfelder entsteht (Commonwealth–Appartementhäuser, Chicago, 1953–1956). Als Vorläufer dieser Lösung sind
das Chemiegebäude (1945/46) und die Alumni Memorial Hall
(1945/46) des Illinois Institute of Technology, Chicago, zu bezeichnen.
Bei Typ C (Crown Hall, Illinois Institute of Technology, Chicago, 1952 bis
1956) entfällt der Fensterpfosten vor der Stütze, das Fenster wird hier
direkt an der Stütze angeschlossen.
Für die Konstruktion von Hallen gibt es zwei typische Lösungen: die
Halle mit Balken als Überzügen, an welche die Decke gehängt ist (Projekt Drive-in-Restaurant, 1946, Theater Mannheim, 1953; – Crown
Hall), und die mit einem Gitterwerk von Trägern überdeckte Halle (Projekt Convention Hall, Chicago, 1953/54; Neue Nationalgalerie, Berlin,
1963–1968).

Neben typischen Detaillösungen lassen sich im Werk Mies van der
Rohes eine Reihe von Gestaltungsprinzipien erkennen, die seinem
Werk zugrunde liegen:

1. Der neutrale, nicht auf einen bestimmten Gebrauch bezogene, mul-
tifunktional verwendbare Raum.
2. Der regelmäßige, quaderförmige Baukörper als Großform. Diese
Großform wird auch dann beibehalten, wenn unterschiedliche Raum-
volumina auftreten; – so bei Universitätsgebäuden, wo von der Funktion her kleine Räume als Arbeitszimmer und Seminarräume sowie
große Vorlesungssäle gefordert werden.
3. Die Gliederung der äußeren Form unabhängig von der Art der dahinterliegenden Räume, von der Himmelsrichtung und vom Gebrauch
her. So finden sich auch an den Südseiten voll verglaster Hochhäuser
keine außenliegenden Sonnenschutzelemente; – eine Lösung, die bei
Einbau einer entsprechend dimensionierten Klimaanlage vielleicht
denkbar, aber ohne diese nicht vertretbar erscheint.
4. Die glatte, in sich strukturierte Außenhaut, deren Aufbau durch das
Prinzip der Gliederung in Gitterwerk und Füllung bestimmt ist, wobei
ästhetisch tragende, aussteifende und füllende Elemente unterschieden werden.
5. Die Symmetrie als vorherrschendes, aber nicht alleiniges Ordnungsprinzip.
6. Die Reduzierung der Materialskala auf wenige, immer wiederkeh-
rende Baustoffe; – auf Metall (vor allem Stahl, Bronze, Aluminium für
das Gitterwerk der Verkleidung), auf Glas in verschiedenen Tönungen
für die Ausfüllung des Gitterwerkes und Holz und hellgelben Ziegelstein für Innenwände.

Mies' Architekturauffassung ist von einer Reihe von Vorstellungen getragen, die mit den Begriffen Disziplin, Einfachheit, Präzision und Perfektion, auf einfachste Beziehungen reduzierte Ordnung, Objektivität und Universalität umschrieben werden können.

Mies van der Rohe ist, wie kaum ein anderer aus seiner Generation, zugleich konservativ wie dem Neuen aufgeschlossen. Sein Konzept des Illinois Institute of Technology beschreibt er selbst als »radikal und konservativ. Es ist radikal, weil es die wissenschaftlichen Kräfte unserer Zeit bejaht ... es ist konservativ, weil es nicht nur einem Zweck, sondern auch einem Sinn dient, und es unterwirft sich nicht nur einer Funktion, sondern auch einem Ausdruck. Es ist konservativ, weil es auf den ewigen Gesetzen der Architektur beruht: auf Ordnung, Raum, Proportion.«[6]

Wie weitreichend der Einfluß Mies van der Rohes gewesen ist, kann an der im Kapitel »Technische Perfektion« charakterisierten Strömung nachgelesen werden. Ende der fünfziger Jahre entzündete sich Kritik an Mies van der Rohes Konzeption einer modernen Architektur. Sie zielte vor allem auf sein Streben nach Objektivität und Universalität und auf die emotionale Unterkühltheit seiner Raumbildungen. Was in den folgenden Jahren entstanden ist, hat sich weit von seinen Überlegungen und Einsichten entfernt. Es stellt sich jedoch die Frage, ob Subjektivität und Unverwechselbarkeit jedes architektonischen Objektes die Antwort auf die auf den Architekten in einer Zeit zunehmender Technisierung und weltweiter Kommunikation zukommenden Aufgaben sein kann. Vielleicht bildet Mies van der Rohes Theorie der Universalität, d.h. der Variabilität und Flexibilität, eine mögliche Grundlage zur Lösung der neuen Aufgaben. Prognosen der Zukunft sind nicht möglich, aber es stimmt nachdenklich, daß sich Brutalismus und Formalismus in ihrer Betonung des Handwerklichen immer mehr von den auf technologischem Gebiet gemachten Entwicklungen entfernen. Und schließlich: wie sollen auf der Basis des Handwerks die infolge der Bevölkerungsexplosion auf uns zukommenden Aufgaben gelöst werden?

[6] Bauen + Wohnen, Heft 7/1961, S. 239

Walter Gropius

Walter Gropius war die moralische Instanz der modernen Architektur und zugleich der große Lehrmeister, der mit dem Bauhaus die erste Schule für moderne Gestaltung gründete. Gropius hat auf die Gefahren hingewiesen, die in der Überbetonung des Tatsachenwissens liegen; er hat erkannt und immer wieder ausgesprochen, daß jeder Erziehung ein Menschenbild zugrunde liegen muß, wenn sie ihr Ziel erreichen will. »Die Überbetonung von Tatsachenkenntnis und verstandesmäßigem Lernen hat unsere Generation offensichtlich auf Irrwege geführt ... Man sollte die Jugend ermutigen, auf ihre Gefühle zu achten

57

57
The Architects' Collaborative: Harvard Graduate Center, Cambridge/Mass., 1949/50

58
The Architects' Collaborative: Botschaft
der USA, Athen, 1961

59
The Architects' Collaborative: Porzellan-
fabrik Rosenthal, Selb, 1963–1967

58

59

60
The Architects' Collaborative: Entwurf
Universität Bagdad, 1960

60

und zu lernen, sie zu kontrollieren, anstatt sie zu unterdrücken ... Die
Jugend braucht mehr spirituelle Führung in ihrer beruflichen Ausbildung, damit sie ihre eigene schöpferische Substanz, nicht nur ihren
Intellekt zu entwickeln lernt.«[7]
Gropius hat unmißverständlich ausgesprochen, daß der heutige
Architekt seine Anstrengungen auf die Suche nach dem Allgemein-
gültigen richten muß und »nicht auf das Sensationelle«. Wie kein anderer tritt Walter Gropius hinter seinem Werk zurück. 1945 hat er sich mit
einer Reihe junger Architekten verbunden und »The Architects' Collaborative« begründet. Was Gropius mit jenem Team geschaffen hat,
zeichnet sich durch Qualität aus, aber es hat nicht mehr die Progressi-
vität seiner früheren Arbeiten. Das in den zwanziger Jahren entstandene Bauhausgebäude in Dessau (1925/26) zum Beispiel war einer
der herausragenden Bauten jener Epoche und von weitgehendem
Einfluß auf die weitere Entwicklung; – das 1940–50 entstandene Harvard Graduate Center in Cambridge dagegen weist nicht mehr jene
Bedeutung auf.
Die Kritik hat ein anderes Bauwerk der Nachkriegszeit, die Botschaft
der USA in Athen (1961), mit eklektischen Tendenzen junger Architekten in Verbindung gebracht, eine Einschätzung, die in dieser Form
nicht gerechtfertigt erscheint. Denn nicht formale Aspekte sind für dieses Bauwerk charakteristisch, sondern vielmehr soziologische. Das
Bauwerk ist so konzipiert, daß es Teil des Lebens in der Stadt ist und
sich nicht davon isoliert. Ein Teil des Eingangsgeschosses und der
Atriumhof sind freigehalten und öffentlich zugänglicher Raum, für
jeden betretbar.
Ebenso ist für das Projekt der Universität in Bagdad (1960) nicht so
sehr die mit Recht kritisierte, aus heterogenen Formelementen
zusammengesetzte Komposition der Bauwerke charakteristisch als
vielmehr der Versuch, unter extremen Klimabedingungen angemessene Umweltbedingungen zu schaffen. Setzt man dies voraus, so
bleibt aber der Einwand bestehen, daß die Anordnung im einzelnen
abgeleitet erscheint, nicht von jener Originalität, die zum Beispiel Le
Corbusiers Bauten für Chandigarh kennzeichnet.

[7] John Jacobus: Die Architektur unserer
Zeit, Stuttgart 1966

Organhaftes Bauen
Hugo Häring, Hans Scharoun

Zu den großen Architekten der ersten Generation werden heute Mies van der Rohe, Le Corbusier und Gropius gezählt. Man hat jedoch übersehen, daß es bereits in den zwanziger Jahren eine Alternative gab, die erst sehr spät wiederentdeckt wurde.[8] Vielleicht ist eine Ursache für dieses Vergessen auch darin zu sehen, daß die von den Vertretern dieser Richtung, von Hugo Häring und Hans Scharoun, entwickelte Theorie in ihrer philosophischen Tiefgründigkeit und ihrem irrationalen Gehalt nur schwer zu verstehen ist.[9] Zum anderen kam hinzu, daß Häring und Scharoun während der dreißiger Jahre in Deutschland verblieben und kaum zum Bauen kamen. Häring selbst starb nach langer Krankheit, die 1954 einsetzte, im Jahre 1958, ohne an dem durch die rasche wirtschaftliche Erholung Deutschlands möglich gewordene Wiederaufbau teilzunehmen. Erst die Fertigstellung der Philharmonie in Berlin (1960 bis 1963, Wettbewerbsentwurf 1956) durch Hans Scharoun lenkte die Aufmerksamkeit wieder auf die hier vertretenen Theorien. Sie üben heute Einfluß auf jüngere Architekten in Europa aus, und zweifelsohne bestehen auch Parallelen zur Auffassung von Louis Kahn.

61

61
Hugo Häring: Gut Garkau/Holstein, Viehhaus, 1924/25

62
Hugo Häring: Entwurf für ein Wohnhaus, 1946

62

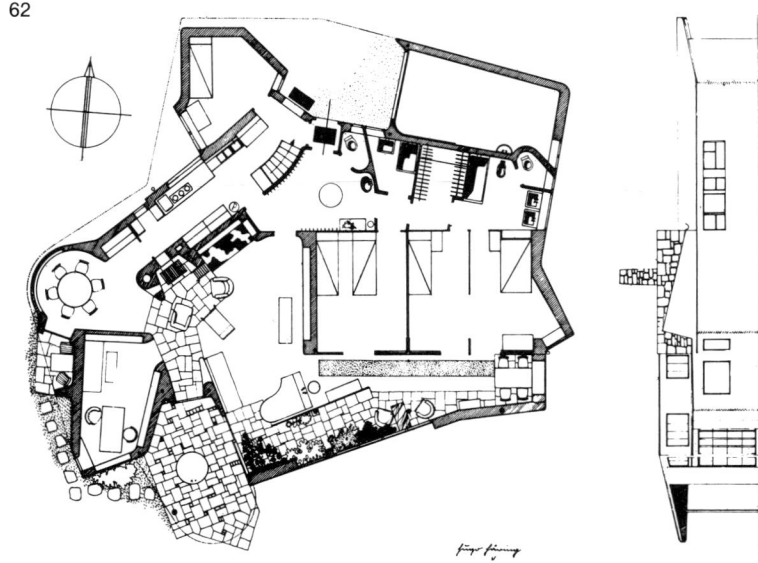

[8] Jürgen Joedicke: Haering at Garkau, Architectural Review, Mai 1960, Zweitveröffentlichung: Hugo Häring – Zur Theorie des organhaften Bauens, Bauen + Wohnen, Heft 11/1968

[9] Die erste zusammenfassende Veröffentlichung seiner in einzelnen Zeitschriften verstreuten Artikel erfolgte in: Heinrich Lauterbach, Jürgen Joedicke: Hugo Häring – Schriften, Entwürfe, Bauten, Band 4 der Dokumente der Modernen Architektur, Stuttgart 1965

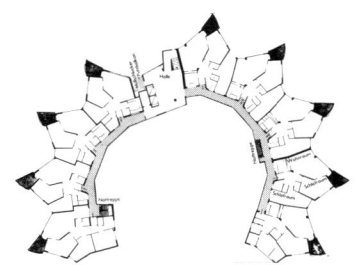

63

63, 64
Hans Scharoun, Wilhelm Frank: Wohn-
hochhausgruppe »Romeo und Julia«,
Stuttgart-Zuffenhausen, 1954–1959

64

Der Begriff des Organhaften, wie er von Hugo Häring geprägt wurde, besagt nicht nur, daß ein Haus von innen nach außen zu bauen sei. Er besagt vor allem, daß das Haus selbst als Organ gebaut werden soll. Bei dem Entwurf für eine Gutsanlage in Garkau (1924/25) konnte Häring seine Gedanken verwirklichen.

Härings Denken und Schaffen liegt das Axiom zugrunde, daß die Gestalt eines Bauwerkes nur aus dem Wesen der Aufgabe gefunden werden könnte. »Wir wollen die Dinge aufsuchen und sie ihre eigene Gestalt entfalten lassen. Es widerspricht uns, ihnen eine Form zu geben, sie von außen her zu bestimmen, irgendwelche abgeleiteten Gesetze auf sie zu übertragen ...«[10] Häring unterscheidet in der gegenwärtigen wie in der vergangenen Baukunst zwei Prinzipien: das eine Prinzip schafft Formen um eines Ausdrucks willen, das andere sucht Leistungserfüllung im Dienst einer Aufgabe. Beide Prinzipien können einander widersprechen, da die Formen des Ausdrucks und die der Leistungserfüllung sich häufig nicht decken. Eine Lösung dieses Zwiespaltes war möglich, als »wir in unserer Zeit entdeckten, daß viele Dinge, die wegen einer reinen Zweckmäßigkeit gestaltet waren, unse-

[10] Hugo Häring: Wege zur Form, Die Form, Heft 1, Oktober 1925

65–67
Hans Scharoun, Werner Weber: Konzerthaus des Berliner Philharmonischen Orchesters, Berlin-Tiergarten, 1960–1963, Wettbewerbsentwurf 1958

65
Grundriß Konzertsaal
1 Orchester
2 Chor
3 Orgel und Orgelkammer
4 Musikempore für Raummusik (eine gleiche befindet sich neben der Orgel, eine weitere über der Ehrenloge)
5 Regieraum für halbszenische Aufführungen und Fernsehen
6 schräges Oberlicht
7 Aufsicht auf den Anbau

66
Arenaartige Anordnung der Sitze um das Konzertpodium. Gliederung des Zuschauerraumes in kleine, überschaubare Bereiche.

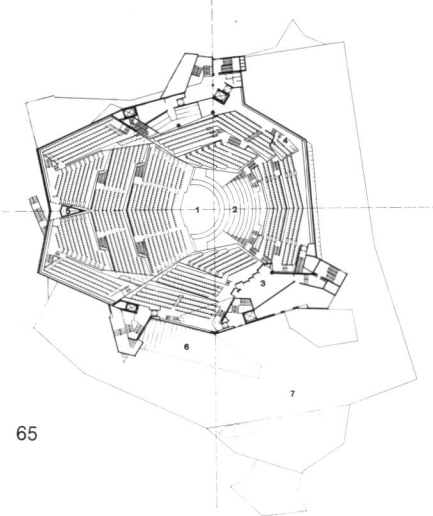

65

66

67
Anordnung des Foyers in mehreren Ebe-
nen. Räumliche Verbindung der einzelnen
Ebenen.

67

ren Ansprüchen an Ausdruck um so besser entsprachen, je besser sie
denen an eine reine Zweckerfüllung entsprachen, und daß zudem der
Ausdruck dieser Dinge einer neuen Geistigkeit entsprach ... Wir
suchen nunmehr unsere Ansprüche an den Ausdruck nicht mehr der
Zweckerfüllung entgegengesetzt zu behaupten, sondern suchen sie
ihr gleichgerichtet zu gewinnen.«[11]
Wie bereits bei Louis Sullivan und bei Frank Lloyd Wright wird aus dem
Vergleich mit der Natur die Bestätigung der Richtigkeit dieses Weges
gefunden. »In der Natur ist die Gestalt das Ergebnis einer Ordnung vie-
ler einzelner Dinge im Raum in Hinsicht einer Lebensentfaltung und
Leistungserfüllung sowohl des Einzelnen wie des Ganzen ... Wollen wir
also Formfindung, nicht Zwangsform, so befinden wir uns im Einklang
mit der Natur.«[12] Das entscheidende Kriterium eines organhaften
Bauens besagt, daß die Gestalt in der Wesenheit des Objektes
gesucht werden muß. Der Bau verdankt seine Gestalt der Funktion, die
er als Organ des Menschen zu erfüllen hat. Das Haus als ein Organ seiner Bewohner – das ist der Angelpunkt des Häringschen Denkens.
Damit wird die Auseinandersetzung über das Formproblem wieder auf
jenen Punkt zurückgeführt, der allein eine fruchtbare Lösung erlaubt:
auf die Klärung der Bedingungen, die jeder Formfindung zugrunde liegen. Härings Denken ist eine stete Mahnung, daß jede Differenzierung
der Form, jede Bereicherung nur dann echt ist, wenn sie im Zusammenhang mit dem Wesen der Aufgabe steht.
Häring wies kurz vor seinem Tod nachdrücklich auf die Arbeit von Hans
Scharoun hin, in der er seine Gedanken verwirklicht sah. Bei dem Entwurf für die Philharmonie in Berlin wird die Anwendung organhafter

[11] Hugo Häring: Wege zur Form, a. a. O.
[12] Hugo Häring: Wege zur Form, a. a. O.

Prinzipien deutlich. Der Entwurf verkörpert eine Auseinandersetzung mit dem Begriff des öffentlichen Musizierens, der weit über den aktuellen Anlaß hinausgeht. Der erste Akt der Scharounschen Planung galt einer Erforschung dessen, was in dem Raum vor sich gehen sollte, galt also dem Wesen der Sache und nicht nur der Erforschung der Funktionszusammenhänge. Der Raum wird – so könnte man in der Häringschen Diktion sagen – zu einem Organ des Hörens. – »Dieser Entwurf scheint mir«, betont Herbert von Karajan, »deshalb so glücklich zu sein, weil ein Moment besonders hervorgehoben wird, und das ist die restlose Konzentration der Zuhörer auf das Musikgeschehen.«[13] Die arenaartige Anordnung der Sitze steigert die Verbindung zwischen Hörer und Musiker auf ein Höchstmaß. Vielleicht ist Scharoun sogar mit dem Innenraum der Philharmonie, der eine der bedeutenden Leistungen unserer Epoche darstellt, mehr gelungen als ein guter Konzertsaal. Denn dieser Konzertsaal mit seiner Gliederung in kleinere, überschaubare Bereiche, in dem der einzelne seine Selbständigkeit bewahrt und doch in einen großen Zusammenhang eingeordnet ist, könnte von einer späteren Zeit als Ausdruck der Demokratie in unserer Zeit verstanden werden. Amerikanische Kritiker, die vornehmlich von formalen Kriterien ausgehen, haben nur schwer einen Zugang zu dieser Architekturauffassung, und so sind Fehlurteile wie dasjenige, das in diesem Bau nur eine »Versteinerung der romantischeren Spielart der zwanziger Jahre«[14] sieht, möglich, wenn auch nicht verständlich.

Scharoun hat inzwischen den Nachweis geführt, daß der Bau der Philharmonie keine einmalige Leistung war. Die Staatsbibliothek der Stiftung Preußischer Kulturbesitz in Berlin bezeugt seine Fähigkeit, das Charakteristische einer Bauaufgabe zu erfassen und ihr Form zu geben.

68

68
Hans Scharoun: Staatsbibliothek Berlin, fertiggestellt 1979

[13] Herbert von Karajan: Aus der Beurteilung des Wettbewerbsentwurfes von Hans Scharoun, unveröffentlicht
[14] John Jacobus: Die Architektur unserer Zeit, a. a. O.

Richard Neutra

Richard Neutra wurde 1892 geboren. Sein Geburtsjahr und seine Einstellung zu den Problemen der modernen Architektur wiesen ihn als einen Architekten aus, der zwischen den Generationen steht.

Als er 1927 das vielbeachtete Health House in Los Angeles baute, hatten die Älteren (Gropius, Mies und Le Corbusier) bereits richtungweisende Projekte vorgelegt oder ihre Architekturauffassungen in ausgeführten Entwürfen zeigen können. Neutra baut in den dreißiger Jahren eine Reihe von Wohnhäusern und Schulen und beschäftigt sich intensiv mit der Vorfabrizierung von Bauteilen.

All diese Bemühungen stehen in der Tradition der zwanziger Jahre, deren Erbe von Neutra sorgsam gehütet und weiterentwickelt wird. Manche dieser Bauten, wie das originelle Wohnhaus Sidney Kahn in San Francisco (1940), hätten, zehn Jahre früher erbaut, aufsehenerregend gewirkt. Neutra teilt das Schicksal der zu spät Geborenen, obwohl das, was er zu sagen hat, eigenständig und nicht nachempfunden ist.

Ende der dreißiger Jahre deutet sich bei ihm die gleiche Wandlung an, die sich zuvor auch bei den älteren und jüngeren Architekten gezeigt hatte. Das beste Beispiel für diese Periode ist das 1942 entstandene

69

70

69
Richard J. Neutra: Haus Lovell, »Health House«, Los Angeles/Cal., 1927–1929

70
Richard J. Neutra: Haus Kaufmann, Palm Springs/Cal., 1946/47

71

72

73

Wohnhaus Nesbitt in Brentwood. Was Neutra aber von seinen Kollegen unterscheidet, ist seine Architekturauffassung, die er in zunehmendem Maße präzisiert. Neutra versucht, sich bei jedem Entwurf in die Lebensart und die Lebensgewohnheiten seiner Klienten einzufühlen, um so ein Habitat zu schaffen, das ihrem Wesen völlig entspricht. Er sucht seine Vorstellungen von der Art des Hauses aus den Besonderheiten seiner Bewohner und aus der Region zu entwickeln. Aus dieser Architekturauffassung heraus gelingen ihm Ende der vierziger Jahre eine Reihe von Wohnhäusern, die zum Besten zu zählen sind, was der modernen Architektur gelungen ist. In den Entwürfen für das Wohnhaus Kaufmann in Palm Springs (1946/47) und das Tremaine-Haus in Santa Barbara (1947/48) löst sich Neutra von jedem Vorbild und findet seine unverwechselbare Form.

In den Nachkriegsjahren hat Neutra eine umfangreiche Tätigkeit entfaltet. Bauten von ihm sind in vielen Ländern entstanden. Aber bei aller Qualität erreichen sie nicht mehr das Niveau seiner früheren Bauten.

71
Richard J. Neutra: Haus John Nesbitt, Brentwood/Cal., 1942

72, 73
Richard J. Neutra: Haus Warren Tremaine, Santa Barbara/Cal., 1947/48

74
Alvar Aalto: Kirche, Muurame, 1924–1929

75
Alvar Aalto: Wohnhaus, Turku, 1928

Alvar Aalto

74

75

Innerhalb der zweiten Generation und innerhalb unserer Zeit nimmt Alvar Aalto eine besondere Stellung ein. Er gehört zu den wenigen Architekten dieser Generation, die ihr heutiges Werk aus den Ansätzen der dreißiger Jahre konsequent entwickelt haben. Seine Vorliebe galt stets dem warmen Ton natürlicher Materialien. Der Gefahr einer sentimentalen Romantik, die in den vierziger Jahren in Finnland, in Schweden und in der Schweiz anzutreffen war, ist Aalto jederzeit entgangen. Er steigerte die grazilen, leichten Formen seiner Anfangszeit zu einer blockhaften Geschlossenheit. Sosehr sein Werk auch persönlich bestimmt ist – es zeigen sich in ihm auch die Person übergreifende Tendenzen: die Suche nach Formerweiterung führte Aalto zu Gestaltformen, die neben die bisher ausschließlich verwendete Quaderform treten. Die Verbindung zum Frühwerk ist evident: was in der Bibliothek in Viipuri (1927–1935) oder im Ausstellungspavillon in New York (1938/39) nur Raumschale war, hineingestellt in einen geschlossenen Quader, ist heute Raum- und Baukörperbegrenzung zugleich. Beispiele hierfür sind das Kulturhaus in Helsinki (1955–1958) und der Entwurf für ein Opernhaus in Essen (1959). Bei dem Kulturhaus in Helsinki wird deutlich, daß die plastische Formung des Baukörpers bei Aalto nicht Selbstzweck oder plastischer Formalismus ist, sondern aus der Aufgabe hervorgeht. Aalto versucht, durch außergewöhnliche Formen das Charakteristische einer Bauaufgabe herauszustellen. Der Saalkörper des Kulturhauses dominiert durch seine Gestalt. Eine genaue Raumanalyse ergibt, daß die außergewöhnliche Außenform mit der Raumgliederung übereinstimmt.

Im Gegensatz zu Le Corbusier und Wright gibt es von Aalto kaum Äußerungen zu seinem Werk. Fragen nach seiner Theorie erlaubt er sich, lapidar mit dem Hinweis »Ich baue« zu beantworten.

Wenn es auch keine Interpretation des eigenen Werkes gibt und auch keine eigene Theorie des Machens, so lassen sich doch aus dem Werk eine Reihe von Fakten ablesen, auf denen seine Arbeit beruht. Charakteristisch ist sein Verhältnis zur Technik. Es ist weit von der Haltung der ersten Generation in den zwanziger Jahren entfernt, die ihren Ausdruck in einer Maschinenästhetik[15] fand. Aalto erkennt nicht, wie zum Beispiel Le Corbusier[16], die Vorbildlichkeit technischer Produkte an. Aaltos Verhältnis zur Technik ist instinktiv, nicht reflektierend. Dabei hält er sich von einer Neigung der Technik ebenso fern wie von der Flucht in eine irreale Wirklichkeit. Er verwendet die Möglichkeiten der Technik, wie zum Beispiel bei der Konstruktion der gebogenen Stuhl-

[15] Reyner Banham: Die Revolution der Architektur, Hamburg 1964 (engl. Ausgabe: Theory and Design in the First Machine Age, London 1960)
[16] Le Corbusier: Kommende Baukunst, a. a. O.

76　　　　　　　　77

beine, aber seine Ästhetik ist nicht von dorther determiniert.

Ebenso charakteristisch ist sein Verhältnis zur Natur. Er entgeht der bei seiner Veranlagung durchaus naheliegenden Gefahr einer Naturmystifizierung ebenso wie der Gefahr des in den dreißiger Jahren typischen romantischen oder demagogischen Heimatstils. Ebenso unterscheidet er sich von der Haltung der zwanziger Jahre, die unter dem von Menschen gemachten Werk im Sinne der Stijltheorie die Gegenwirklichkeit zur Natur verstanden. Natur und Menschenwerk versteht er vielmehr als eine aufeinander bezogene Einheit, wobei sich das Bauwerk der Natur gegenüber als eigenständiges Werk behauptet. Das Werk Aaltos ist unmittelbarer und direkter Ausfluß einer starken Persönlichkeit, rauh und nicht verfeinert, eindeutig, abgeneigt jeder Abstrakion und wurzelnd in einer Lebensauffassung, welche die einfacheren Dinge des Lebens als entscheidend begreift.

Die Anfänge seiner Entwicklung sind noch in der Tradition verhaftet. Im Frühwerk, das um 1923 einsetzt, finden sich Säulen mit Kapitellen, Gurtgesimse und Arkaden. Wie bei allen Architekten seiner Generation ist eine Phase seiner Entwicklung durch die Auseinandersetzung mit den Ideen der zwanziger Jahre geprägt; – ein Beispiel dafür ist das Wohnhaus in Turku (1928), das von Mies van der Rohes Haus auf dem Weißenhof beeinflußt ist.

Ende der zwanziger Jahre setzt seine zweite Phase ein, die durch Differenzierung und Formerweiterung gekennzeichnet ist. Sie bezieht sich auf ein gegenüber den zwanziger Jahren neues Verhältnis zur Natur, auf Erweiterung der Materialskala und auf Abwendung vom Primat des rechten Winkels. Zunächst wird dabei der Baukörper noch als geschlossener Quader beibehalten (Bibliothek in Viipuri), während später auch diese Auffassung verlassen wird. Sie deutet sich bereits in den Entwürfen für Glasschalen und Möbel an und findet im Gebauten mit dem Studentenwohnheim des Massachusetts Institute of Technology in Cambridge (1947/48) sichtbaren Ausdruck. Dieser Bau, der bisher zu wenig gewürdigt ist, bildet mit der Zuordnung der Flure, Treppen und Studentenzimmer, in der Materialbehandlung und der Art, wie bestimmte Funktionen zu gestaltbildenden Elementen herangezogen werden, einen der Vorläufer des Ende der fünfziger Jahre einsetzenden Brutalismus.

In der dritten Phase zeigt sich schließlich die Tendenz zu einer Monumentalisierung der Bauformen, sei es durch Herausstellen des Blockhaften des Baukörpers (Rathaus in Säynätsalo, 1950–1952) oder durch Verwendung plastischer Großformen (Haus der Kultur, Helsinki, 1955–58).

Aus seinem vielfältigen Spätwerk ragt nicht nur von der Aufgabenstellung her das Konzert- und Kongreßhaus in Helsinki (1967–71) heraus. Es wurde als Teil eines neuen Stadtzentrums entworfen. Über einer langgestreckten, niedrigen Baumasse, die Foyers, Garderoben und Nebenräume enthält, erhebt sich bestimmend der große Saalkörper mit schräg abfallender Dachlinie. Wenn man sich dem Gebäude vom Park her nähert, scheint diese so eigenwillige architektonische Form Analogien zu den dort vorhandenen Felsformationen aufzunehmen.

76
Alvar Aalto: Finnischer Pavillon auf der
Weltausstellung, New York, 1938/39

77
Alvar Aalto: Kulturhaus, Helsinki,
1955–1958

78

Für Aalto war, wie er selbst bekannte, die Entwicklung der funktionellen Idee und ihres strukturellen Ausdruckes das folgenreichste
Ereignis unserer Zeit auf dem Gebiet der Architektur. Was er kritisierte,
war die Einengung des Funktionellen auf den technischen Aspekt. »Da
Architektur jedoch alle Aspekte menschlichen Lebens umfaßt, muß
wirklich funktionelle Architektur vornehmlich vom menschlichen
Standpunkt aus funktionell sein ... Rein technischer Funktionalismus
kann keine eigentliche Architektur hervorbringen.«[17]

78
Alvar Aalto: Rathaus, Säynätsalo,
1950–1952, Wettbewerbsentwurf 1949

79
Alvar Aalto: Technische Hochschule, Ota-
niemi/Helsinki, 1962–65

79

[17] Alvar Aalto: Synopsis, gta 12, Zürich

80
Alvar Aalto: Kirche, Vuoksenniska,
1956–1959

81
Alvar Aalto: Konzert- und Kongreßhaus,
Helsinki, 1967–1971

81   80

Oscar Niemeyer

82

83

Oscar Niemeyer, obwohl 1907 geboren, ist seiner Entwicklung nach noch der zweiten Generation zuzurechnen. Seine Arbeit als selbständiger Architekt, die mit dem Kindertagesheim in Rio de Janeiro 1937 begann, wird nicht durch den Krieg behindert; – vielmehr entstehen Anfang der vierziger Jahre eine Reihe charakteristischer Bauten. Wie bei allen Architekten dieser Generation werden die Anfänge von den Architekten der ersten Generation beeinflußt; – und zwar bei Oscar Niemeyer und anderen Architekten seiner Generation in Brasilien durch direkte Einflußnahme Le Corbusiers, der 1936 auf Einladung nach Brasilien kommt, um mit Lucio Costa, Carlos Leão, Jorge Moreira, Oscar Niemeyer, Alfonso E. Reidy und Ernani Vasconcelos das Erziehungsministerium in Rio (1937–1943) zu projektieren. Wie stark der Einfluß Le Corbusiers auf sein Schaffen zunächst war, zeigt das Kindertagesheim in Rio (1937), eine langgestreckte Anlage mit einem viergeschossigen Hauptbau zur Straße, der als Quader, auf Stützen stehend, ausgebildet ist.

Was Niemeyer heute kennzeichnet, die Leichtigkeit der Erfindung und die Großzügigkeit der Linie (– oft unter Negierung des Gebrauchs), fin-

84

82
Oscar Niemeyer, Lucio Costa, Paul Lester Wiener: Brasilianischer Pavillon auf der Weltausstellung, New York, 1939

83
Oscar Niemeyer, Zenon Lotufo, Helio Uchôa, Eduardo Kneese de Mello: Vierhundertjahrausstellung im Ibirapuera-Park, São Paulo, 1951–1954

84
Oscar Niemeyer: Kirche São Francisco, Pampulha/Minas Gerais, 1942/43

det sich zuerst bei den Bauten am Pampulhasee (1942); – aber auch eine gewisse Manieriertheit der Formensprache. Sie zeigt sich zum Beispiel am Eingangsdach der Kirche São Francisco, das als relativ stark dimensionierte Platte auf der einen Seite an dem sich nach unten verjüngenden Turm befestigt ist und auf der anderen Seite von überaus dünnen, bogenförmigen Stützen gehalten wird. Beim Tanzpavillon verbindet die Freiluftbühne und das kreisrunde Restaurant mit mondsichelförmiger Erweiterung durch die Küche ein schlangenförmig geschwungenes Dach; – eine Bauform, die mit aller Kraßheit die in den dreißiger Jahren sich andeutende Abkehr vom Dogma des rechten Winkels demonstriert.

Eine ähnliche Komposition findet sich wieder bei der Gestaltung des Ibirapuera-Parkes in São Paulo (1951–1954), wo ein riesiges Stahlbetondach, konkav und konvex geschwungen, die Verbindung zwischen den einzelnen Ausstellungshallen, die als reine Quader ausgebildet sind, und dem Kunstpalast sowie dem Festsaalgebäude herstellt. Der gleiche Wechsel von strenger Rechtwinkligkeit und freier Formbildung zeigt sich auch im Inneren der Ausstellungshallen, wo, wie zum Beispiel beim Haus der Industrie (1953), eine barock geschwungene Treppenanlage inmitten eines orthogonalen Raumgefüges steht.

Bei den Bauten für Brasilia kommt zu den erwähnten Charakteristika noch die Tendenz zu einer symbolischen Überhöhung der Bauformen hinzu; – so beim Parlamentsgebäude (1960), wo die beiden Kammern der Parlamente über einem langgestreckten Baukörper als weithin sichtbare Formelemente gesetzt sind. »Vom Standpunkt der Architektur muß ein Bauwerk durch seine fundamentalen Elemente gekennzeichnet werden.. Beim Parlamentsgebäude zum Beispiel sind dies

85
Oscar Niemeyer: Parlamentsgebäude Brasilia, 1956–1960

85

[18] Oscar Niemeyer, zitiert nach einer Beschreibung des Bauwerkes durch den Architekten

die beiden Plenarhallen ... Ihnen höchsten Ausdruck zu geben, war unser Ziel. So legten wir beide Säle auf eine monumentale Esplanade, wo sich ihre Formen als Symbol der gesetzgebenden Gewalt abheben.«[18]

Vieles, was in Brasilia entstand, zeigt die Fähigkeit Niemeyers zur großen Konzeption, aber es fehlt die differenzierte Durcharbeitung, es erscheint oft genug wie ein in das Riesenhafte vergrößertes Modell. Dieser dekorative Charakter seiner Bauten zeigt sich auch bei dem Verlagsgebäude Mondadori bei Mailand (1974–75). Bestimmend für den Eindruck sind die Bogenstellungen an den beiden Längsseiten des Hauptgebäudes. Sie tragen die Dachkonstruktion, an der fünf Bürogeschosse aufgehängt sind. Trotz der erheblichen Lasten, welche die Pfeiler ableiten müssen, wirken sie grazil, eher als Dekor denn als Struktur. Die Grundidee ist konstruktiver Art: eine Blockkonstruktion, an der die Obergeschosse aufgehängt sind, so daß die Erdgeschoßzone frei bleibt. Die Gestaltung überspielt diese konstruktive Anordnung; – nicht die Tektonik der Bauglieder wird betont, sondern das Dekorative. So entstand eine eher spielerisch wirkende Kolossalordnung von Pfeilern, die oben durch Bögen begrenzt sind. Wie immer man die Einzelausbildung kritisch beurteilen mag, auf einen Punkt sollte jedoch noch verwiesen werden. Das Gebäude steht in einer weiten Ebene, inmitten von Feldern und vereinzelt stehenden Gebäuden. Um sich hier behaupten zu können, ist eine Großform notwendig und eine solche hat Niemeyer entworfen, wie immer man auch ihre Detailausbildung bewerten mag. Denn die Fassade ist nicht nur Begrenzung des Inneren, sondern auch Begrenzung des davor liegenden Raumes. Sicher wird damit ein Tabu der modernen Architektur berührt, aber ein Tabu, das der Revision bedarf.

86

86
Oscar Niemeyer: Verwaltungsgebäude Mondadori, Mailand, 1974–1975

Marcel Breuer

87

Die Einflußnahme der Ideen der Avantgarde Anfang der zwanziger Jahre erfolgte bei dem 1902 geborenen Marcel Breuer direkt und unmittelbar: Breuer studierte seit 1920 am Bauhaus und wurde 1924, als einer der ersten der jungen Generation, als Lehrer an das Bauhaus berufen. Was Breuer seitdem projektierte und baute, stellt einen eigenständigen und wichtigen Beitrag zur Entwicklung in diesem Zeitraum dar. Noch 1932 konnte Breuer als Exponent der Richtungen betrachtet werden, welche die ausschließliche Verwendung industriell hergestellter Materialien anstrebten. Aus dieser Einstellung heraus entstanden seine bekannten Entwürfe für Stahlrohrmöbel und der Entwurf für das Haus Harnischmacher in Wiesbaden (1932). 1935 übersiedelte er unter dem Druck der politischen Verhältnisse in Deutschland nach England und arbeitete dort gemeinsam mit Francis R. S. Yorke. In dieser Zeit entstehen der Ausstellungspavillon in Bristol (1936), das Projekt eines Stadtzentrums der Zukunft (1936), die Schichtholzmöbel und in Zürich die Häuser im Doldertal (1934, zusammen mit Alfred und Emil Roth). Vor allem im Ausstellungspavillon in Bristol deutet sich eine Veränderung seiner Architekturauffassung an. 1937 folgte er einer Einladung von Gropius und übte in Harvard als Lehrer einen weitgehen-

88

87
Marcel Breuer: Stahlrohrstuhl, 1928

88
Marcel Breuer: Haus Robinson, Williamstown/Mass., 1946/47

54

den Einfluß auf die Studierenden aus. Es wäre verständlich, wenn er in diesem hochindustralisierten Land seine früheren Bestrebungen intensiviert hätte. Das Gegenteil ist der Fall: Er unterrichtet seine Studenten in Harvard nicht so sehr über die Bedeutung der Industrie für das Bauen, sondern er macht sie mit den regionalen Traditionen ihres Landes vertraut.

Für die ersten Bauten, die in den USA entstehen, zeichnen Breuer und Gropius gemeinsam verantwortlich. 1941 macht Breuer sich als Architekt selbständig. Seit 1943 entstehen seine Zweizellenhäuser; – Wohnhäuser, bei denen die Funktionen Wohnen – Essen – Kochen und Schlafen in zwei getrennten, aber durch einen als Eingang ausgebildeten Gang verbundenen Zellen zusammengefaßt sind. Diese Häuser (Haus Geller, Lawrence, Long Island, 1945; Haus Robinson, Williamstown, Mass., 1946/47) sind hervorragende Beispiele modernen Wohnhausbaues.

Seit 1953 entstand eine Reihe größerer Bauten, die Breuers Fähigkeiten für die Gestaltung von Räumen, seine Begabung für differenzierte Oberflächenstrukturen und seine Fähigkeit, Stahlbeton als plastisches und konstruktives Material zu verwenden, zeigen. Zweifelsohne ist er in seinen Bestrebungen, Stahlbeton als sichtbares und in seiner konstruktiven Funktion ablesbares Baumaterial zu verwenden, durch Pier Luigi Nervi angeregt worden, mit dem er sowie mit Bernard Zehrfuss das UNESCO-Gebäude in Paris baute (1953–1958). Vor allem das Konferenzgebäude und hier der Innenraum des großen Konferenzsaals ist ein Musterbeispiel für eine auf den Raum bezogene Verwendung sichtbarer Konstruktionselemente. Raum, Form und in ihrem Kräfteverlauf ablesbare Konstruktion bilden eine Einheit; – ein seltenes Beispiel in einer Epoche, in der entweder die sichtbare Konstruktionsform alle anderen Komponenten der Architektur determiniert

89

89
Marcel Breuer, Pier Luigi Nervi, Bernard Zehrfuss: UNESCO-Hauptquartier, Paris, 1953–1958

90

90
Marcel Breuer: Whitney Museum of American Art, New York, 1963–1966

91
Marcel Breuer: Forschungszentrum der IBM France, La Gaude, 1960/61

91

oder die Konstruktion nur als Mittel zur Stabilisierung von Architekturen verwendet wird, ohne Bezug zur Form. Sein Streben, die vermeintliche Monotonie des Curtain Walls zu überwinden, hat ihn mitunter auch zu problematischen Fassadenlösungen geführt, wie bei der Botschaft der USA in Den Haag (1954–1958). Er hat diese Periode der Unsicherheit jedoch rasch überwunden. Bauten wie das IBM-Forschungszentrum in La Gaude (1960/61) oder die Kirche der Abtei und Universität St. John in Collegeville, Minn. (1955/56), weisen ihn als einen der wesentlichen Architekten unserer Zeit aus. Bei dem IBM-Gebäude ist die beim Curtain Wall übliche Trennung in Konstruktion und vorgehängte Außenhaut aufgehoben: die Raumbegrenzung hat zugleich tragende Funktionen, nimmt die Installation auf und bildet eine auf Gebrauch und Funktion bezogene Textur.

Das Whitney Museum of American Art in New York (1963–1966) zeigt einen geschlossenen, monumentalen und zur Madison Avenue geschoßweise auskragenden Baukörper. Nur wenige, von außen, aber auch vom Raum kaum zu motivierende vorspringende Fenster gliedern den gewaltigen Baublock: – die Großform dominiert über Ablesbarkeit, Struktur und Konstruktion.

Arne Jacobsen

92

Die Studienzeit von Arne Jacobsen, der 1902 geboren wurde, stand noch ganz unter der Einwirkung des dänischen Neoklassizismus. Diese Tendenzen sind in seinen ersten Bauten deutlich zu erkennen. Unter dem Einfluß der Ideen und Bauten von Le Corbusier sowie von Mies van der Rohe entstanden Anfang der dreißiger Jahre eine Reihe von Entwürfen und Bauten in der Nachfolge des Internationalen Stiles der zwanziger Jahre. Die Siedlung Bellavista bei Kopenhagen (1933) läßt diese Einflüsse deutlich erkennen. In der Folgezeit entwarf Jacobsen Bauten, in denen er spezifische dänische Traditionen mit einer

93

92
Arne Jacobsen: Bürohaus Jespersen, Kopenhagen, 1955/56

93
Arne Jacobsen: Rathaus, Rødovre, 1954–1956

modernen Form- und Raumauffassung verband. Die Kettenhäuser in Søholm bei Kopenhagen, die zwar erst 1950 entstanden, dokumentieren diese Tendenzen am besten. Mehrere Gebäude sind zu einer Gruppe zusammengefaßt; aber jeder Bau ist so disponiert, daß ein individuelles Leben ohne Belästigung durch Nachbarn möglich ist. Die Raumfolge im Inneren (zweigeschossige Halle mit anschließendem Gartensitz und offener Verbindung zu dem im Obergeschoß gelegenen Wohnraum, dessen obere Raumbegrenzung der schräg geneigten Decke folgt) zeigt den Reichtum, den die moderne Architektur selbst einfachen Bauaufgaben mit beschränktem Volumen abgewinnen kann.

Das 1955/56 entstandene Bürohaus Jespersen in Kopenhagen dagegen zeigt die großen Fähigkeiten Jacobsens, zeigt seinen Sinn für subtile Auswägung der Proportionen; – die Art aber, in der hier die Auseinandersetzung mit den Problemen eines Bürohauses erfolgt, ist neu und nicht mehr in die bisherige Gestaltungsart einzugliedern.

Das gilt vor allem für das Rathaus in Rödovre (1954–56), das eines der herausragenden Werke dieser Epoche ist. Es zeigt die Möglichkeiten einer Architekturauffassung, die sich der Mittel einer technisch geprägten Ästhetik bedient, voller Eleganz und Präzision. Der Bau wirkt zudem persönlicher als vergleichbare amerikanische Bauten aus der gleichen Zeit, weil die unverkennbare Handschrift Jacobsens vor allem im Detail und in der Innenraumgestaltung zu erkennen ist.

Zu diesen Bauten erhört auch das SAS-Gebäude in Kopenhagen (1959) und das Verwaltungsgebäude der Hamburgerischen Elektrizitätswerke in Hamburg (1969), das er zusammen mit Otto Weitling errichtete.

In den Jahren 1970–73 entstand das Rathaus in Mainz, das sich in seiner architektonischen Haltung von den Bauten der fünfziger und sechziger Jahre deutlich unterscheidet. Der Plan baut nicht mehr, wie bisher, auf dem Rechteck auf, sondern zeigt eine komplizierte Grundrißgeometrie; – Vorläufer der Tendenzen der siebziger Jahre. Die Grundrißgestalt ist im Umriß ein Dreieck, dessen Schenkel jedoch nicht bis zur Spitze des Dreiecks geführt sind. An dieser Stelle ist der Ratssaal als unregelmäßiges Rechteck eingeschoben, durch Treppenaufgänge von den Enden der Schenkel getrennt. Die eine Längsseite des Ratssaales ist schräg abgebrochen, die andere Längsseite gegenüber dem anschließenden Schenkel verschwenkt. Die Fassaden des dreieckförmigen Gebäudes sind durch spitz vorstoßende Pfeiler durchbrochen, die oben in eine massive Wand übergehen. Zwischen den Pfeilern liegen vor der verglasten Fassade quadratisch unterteilte Gitterroste, die weniger Sonnenschutzelemente als Dekor sind. Das gleiche Spiel von bewußter Regelmäßigkeit und Störung dieser Ordnung zeigt sich auch in der Anlage des Rathausplatzes. Er ist durch ein strenges, orthogonales Netz gegliedert, gegen das das Café an der Südostecke im Winkel verschoben ist. Der Bau erscheint als einer der Vorläufer jener Tendenzen, die Mitte der siebziger Jahre die Architekturdiskussion beherrschen. Jacobsen selbst hat seine Fertigstellung nicht mehr erleben können, er starb 1971.

95

96

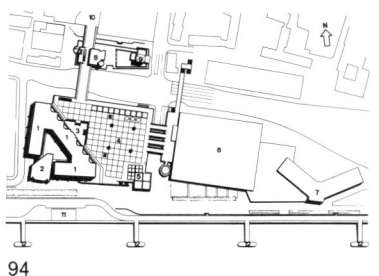

94

95
Arne Jacobsen: Verwaltungsgebäude der
Hamburgischen Elektrizitätswerke, Hamburg, fertiggestellt 1969

94, 96
Arne Jacobsen: Rathaus Mainz, 1970 bis
1973

94
Lageplan

96
Ansicht

Egon Eiermann

97

98

97
Egon Eiermann: Haus Matthies, Potsdam-Babelsberg, 1937

98
Egon Eiermann: Haus Vollberg, Berlin-Grunewald, 1939-1942

Egon Eiermann, der 1904 geboren wurde, gehört wie Arne Jacobsen zur zweiten Generation der modernen Architektur, die erst nach 1930 zum Bauen kam; also zu einem Zeitpunkt, an dem die erste Phase, die zwanziger Jahre, abgeschlossen war. Seine Bauten in den dreißiger Jahren, Wohnhäuser vor allem und Industriebauten, sind ein nachdrücklicher Hinweis auf eine kleine, aber wirksame Strömung, die sich gegenüber dem totalen Machtanspruch des Nationalsozialismus in Deutschland behaupten konnte. In ihnen lebt die große Tradition der zwanziger Jahre weiter.

Zugleich werden in diesen Bauten die veränderten Tendenzen der dreißiger Jahre deutlich, wie sie nicht nur bei den Vertretern der ersten Generation, sondern auch und vor allem bei den Architekten der zweiten Generation anzutreffen sind: Formerweiterung und Differenzierung, Verwendung natürlicher Baustoffe und Aufnahme regionaler Tendenzen.

So besticht das Haus Matthies in Potsdam (um 1938) durch präzise Gestaltung und distanziert sich deutlich von jedem »Heimatstil«. Es ist modern empfunden, obwohl es ein Steildach besitzt. Natürliche Baustoffe in unkonventioneller Handhabung bestimmen das Gesicht des Bauens. Die Raumbildung ist ähnlich wie bei Aalto. Der Wohnraum ist durch Versetzung und eine die Versetzung unterstreichende Lichtführung in einzelne Bereiche gegliedert, die aber miteinander in Verbindung stehen.

Nach Kriegsende konnte Eiermann als einer der wenigen deutschen Architekten unmittelbar an seine Arbeiten in den dreißiger Jahren anknüpfen. Die 1951 erbaute Taschentuchweberei in Blumberg wirkte auf junge Architekten in Deutschland wie das Fanal einer neuen, kommenden Baukunst. Sie zeigte Maß und Ordnung, überschaubare Gliederung, präzis gestaltetes Detail und verwendete wie selbstverständlich die Stahlkonstruktion als Mittel der Architektur. Dieser Linie ist Eiermann in seinen späteren Bauten gefolgt; – zugleich wurde die Strenge der Struktur durch eher spielerische Elemente aufgelockert. Einen Höhepunkt seiner Arbeit bildete der Deutsche Pavillon auf der Weltausstellung in Brüssel (1957–58), den er zusammen mit Sep Ruf erbaute. Subtile Proportionen, gestaltetes Detail und sorgfältige Differenzierung im Einzelnen bestimmen den Ausdruck. Dieses Gebäude wirkt nicht schwer lastend wie das mit ähnlichen baulichen Mitteln errichtete Seagramgebäude in New York, sondern leicht und elegant. Aber Eiermann ist keineswegs auf ein bestimmtes Material oder eine

99
Egon Eiermann, Sep Ruf: Deutscher Pavillon auf der Weltausstellung, Brüssel, 1957/58

100
Egon Eiermann: Verwaltungsgebäude IBM, Stuttgart, 1967–72

99

bestimmte Gestaltungsform festgelegt. Die Gedächtniskirche in Berlin (1961) zeigt zwar eine dem Pavillon in Brüssel adäquate Einfachheit, ist aber im Ausdruck und in der Raumbehandlung völlig anders: im Pavillon in Brüssel der nach außen geöffnete Raum, bei der Gedächtnis kirche eine nach innen konzentrierte Raumform.

Von seinen letzten Bauten ist vor allem die Hauptverwaltung der Firma Olivetti in Frankfurt/M zu nennen, die 1972, zwei Jahre nach seinem Tod, fertiggestellt wurde. Ein Flachbau wird von zwei turmartigen Gebäuden überragt. Die den Flachbau überragenden Türme ruhen

100

101
Egon Eiermann: Verwaltungsgebäude Olivetti, Frankfurt am Main, fertiggestellt 1972

jeweils auf einem kelchförmigen Sockel. Die Obergeschosse, in Stahlkonstruktion errichtet, sind voll verglast. Vor der Glasfassade verlaufen
horizontale Fluchtbalkone und ein vertikales, weißes Stabwerk mit
weißen, schräg gerichteten Segeln; – Sonnenschutz gewährend und
zugleich in wirkungsvollem Kontrast zur Strenge der Gerüstarchitek-
tur stehend.
Eiermanns Bauten zeigen mit aller Nachdrücklichkeit, welche Möglichkeiten eine Architektur besitzt, die sich heutiger Mittel und Formen
bedient.

II Die fünfziger und sechziger Jahre

Technische Perfektion

Theoretischer Hintergrund

Wenn hier von dieser Strömung als der beherrschenden in der ersten und zweiten Hälfte der fünfziger Jahre gesprochen wird, so deshalb, weil sie die einzige breite und nicht nur auf wenige Einzelpersonen beschränkte Strömung in diesem Zeitraum war, in der sich über die Variation oder Wiederholung des Vorhandenen neuartige Ansätze zeigten. Die Analyse dieser Bauten und der ihr zugrunde liegenden Theorien zeigt jedoch, daß diese Erneuerung sich auf dem Boden der Moderne vollzog, also evolutionärer Natur war. In ihr wurde realisiert, was schon von Anfang an als Keim in der modernen Architektur angelegt war, wiederholt versucht, aber nie vollständig erreicht wurde. In diesen Bauten spiegelt sich aufs neue die über ein Jahrhundert andauernde Auseinandersetzung mit der Technik, wobei unter Technik hier im engeren Sinne die auf der industriellen Revolution und den Erfindungen der Naturwissenschaften beruhende Produktion von Gütern in Fabrikbetrieben verstanden wird. Gemeinsam ist diesen Bauten der Versuch, eine in der Technik aufgrund bestimmter Fertigungsmethoden erzielte Präzision und Perfektion im Bauen ästhetisch auszudrücken.

Um diese ästhetisch angestrebte Perfektion und Präzision zu erreichen, wurden ausschließlich technisch hergestellte Produkte und Baustoffe verwandt; – also Stahl, Aluminium und andere Metalle, die in Form gepreßter, gewalzter und gezogener Produkte verwendet wurden.

Für die Anwendung dieser Produkte lassen sich zwei grundsätzlich verschiedene Prinzipien erkennen. Diese Produkte werden zunächst nur als Fassadenmaterial verwendet, während Rohbau und Ausbau nach herkömmlichen Methoden erfolgen. Die Fassade wird zum Beispiel als Curtain Wall ausgebildet, während der Innenausbau handwerklich erstellt wird. Nicht nur die Diskrepanz zwischen äußerer ästhetischer Erscheinung und dem Inneren, sondern auch zwischen den Fertigungsmethoden ist auffallend. Denn während der Curtain Wall mit Toleranzen von wenigen Millimetern auskommt, betragen diese zum Beispiel beim Stahlbetonskelett mehrere Zentimeter. Diese Diskrepanz wird auch dem Laien offensichtlich, wenn er den Rohbau eines solchen Gebäudes mit der Erscheinung nach Fertigstellung vergleicht. Die Adaption technischer Methoden verbleibt im rein ästhetischen Bereich. Beipiele dieser Art überwiegen.

Die andere und seltenere Art der Verwendung technischer Produkte zielt dagegen auf die einheitliche Durchbildung des gesamten Baukörpers, seiner äußeren und inneren Erscheinung, der Konstruktion und der verwendeten Baustoffe. Der tatsächlichen Präzision des Äußeren entspricht die Innenausbildung, Schein und Sein sind identisch.

Neben dem Ziel, ästhetisch eine der Technik vergleichbare Präzision und Perfektion zu erzielen, der bevorzugten Verwendung industriell gefertigter Baustoffe und Bauelemente, tritt als drittes Charakteristikum die Verwendung der Geraden als konstituierendes Element. Sie bestimmt nicht nur die Gliederung der Baukörper, sondern ebenso die Umrisse der Bauformen und die Raumbehandlung.

Über die Vorteile praktischer Handhabung hinaus gewinnt die Gerade, wie schon bei Theo van Doesburg, symbolische Bedeutung: sie wird zum Symbol einer »neuen Kultur«.

Diese spezifischen Vorstellungen verbinden sich mit einer Reihe theoretischer Annahmen, die charakteristisch für die moderne Architektur sind; – so mit der in den zwanziger Jahren zuerst entwickelten Theorie der »Vorbildlichkeit« einfacher geometrischer Formen wie dem Quader, sei es als flachliegender Baukörper, sei es als hochstehende schmale Scheibe oder als Punkthaus – und mit der ebenfalls in diesem Zeitraum entwickelten Theorie von der Flächigkeit der Raumbegrenzungen, wobei lediglich Zugeständnisse im Hinblick auf eine Reliefierung der Oberfläche gemacht werden. Jede plastische Gestaltung der Wand wird abgelehnt. Die Raumbegrenzung behält ihren schon in den zwanziger Jahren postulierten Membrancharakter.

Diese Auffassung vom Bauen verbindet sich mit einer von Mies van der Rohe entwickelten Funktionsauffassung. Sie besagt, daß es keine spezifischen Funktionen mehr geben kann, weil Flexibilität in der Nutzung typisch für unsere Zeit sei. Ob diese These richtig ist, ob sie allgemein gilt oder nur bei speziellen Bauaufgaben anwendbar ist, sei zunächst dahingestellt. Sie bestimmt weite Teile der modernen Architektur der fünfziger Jahre.

Indem diese Theorie Variabilität, Austauschbarkeit als Charakteristikum der Funktion postuliert, also Neutralität gegenüber jeglicher spezifischen Nutzung, schafft sie auch die Voraussetzungen für die Gestaltung der Hülle als neutralen Rahmen; – wie für den Inhalt gilt auch für sie die Forderung der vielseitigen Verwendbarkeit, des nicht auf eine bestimmte Nutzung Festgelegtseins. Das bedeutet vom Inhalt her für die Form in letzter Konsequenz Gleichartigkeit nach allen Seiten (– da jede Nutzung an jeder Stelle sein kann) und für den Ausdruck Neutralität.

Da vom Inhalt her keine spezifischen Forderungen für die Formausbildung ableitbar sind, ist die Gliederung im Gesamten durch formale, d.h. nicht inhaltlich gebundene, Kriterien bestimmt und im Detail durch die ästhetische Vorstellung einer der Technik vergleichbaren Präzision und Perfektion sowie durch die Verwendung technischer Produkte.

So konsequent sich aus dieser Theorie Aufbau und Gliederung der Form ableiten lassen, so problematisch wird diese Theorie, wenn man das Bauwerk nicht von innen her betrachtet, sondern in bezug auf seine Umweltbedingungen. Gemeint sind damit die Orientierung des Gebäudes und die klimatischen Bedingungen, zum Beipiel der Einfluß der Sonneneinstrahlung, denn so betrachtet ist jedes Gebäude an jeder Seite unterschiedlichen Bedingungen ausgesetzt. Die Ignorierung dieser grundlegenden Tatsache kann zu Beeinträchtigungen im Gebrauch führen, wenn nicht durch den Einsatz neuer technischer Mittel, durch entsprechend dimensionierte Klimaanlagen oder zumindest durch kombinierte Lüftungs- und Heizungsanlagen Vorsorge gegen diese Einflüsse getroffen wird.

Ob diese These von der Flexibilität der Funktion allgemein zutrifft oder nicht, kann dahingehend beantwortet werden, daß sie Mitte der fünfziger Jahre zumindest für bestimmte Bauaufgaben gültig ist. Hierzu gehört der Verwaltungsbau. Für ihn ist Flexibilität der Nutzung Grundvoraussetzung. Der klimatisierte Bürogroßraum ist der von dieser Theorie postulierte neutrale Raum par excellence. Und so ist es verständlich, daß die ersten und besten Beispiele dieser Richtung auf diesem Gebiet zu finden sind.[1]

Der neutrale Charakter der Raumbildung und Raumbegrenzung und die Anwendung technischer Produkte führten im Ausdruck zu einer Architekturform, die durch Strenge, Glätte und den Verzicht auf haptische Materialwerte gekennzeichnet ist. Die Räume haben den Ausdruck des Austauschbaren, Veränderbaren und sind ihrem Charakter nach durch eine emotionale Unterkühltheit bestimmt.

Zur Charakteristik der Strömung »Technische Perfektion« gehört auch eine deutlich festzustellende Regelhaftigkeit. Mies van der Rohe strebte eine Architektur an, die subjektiven Einflüssen weitgehend entzogen war. Es ging ihm nicht um die Erfindung neuer Formen, sondern um die geduldige Verbesserung einmal als sinnvoll erkannter. So bildete sich schließlich ein Repertoire an Formen und Methoden heraus, die auch von anderen verwendet werden konnten.

Wer heute die Einfügung des einzelnen in einen Kanon als unschöpferisch ablehnt, vergißt, daß im Grunde alle großen Stile der Vergangenheit auf bestimmten Übereinkünften beruhen, ohne daß dadurch das Schöpferische eliminiert wurde. So darf zum Beispiel daran erinnert werden, welche Variationen sich aus dem Grundschema der gotischen Kirche (Hauptschiff mit Seitenschiffen) sowie aus der konstruktiv immer gleichen Ausbildung des Raumabschlusses als Gewölbe und Ableitung des Gewölbedruckes über Schwibbogen und Strebepfeiler ergaben.

Sicher liegt in jeder Regelhaftigkeit die Gefahr der formalen Erstarrung verborgen, aber ebenso sicher ist auch, daß eine Kulturepoche ohne einen als verbindlich anerkannten Kanon nicht bestehen kann. Jede Regelhaftigkeit hat nicht nur einen formalen Aspekt, sondern gleichermaßen einen strukturellen, einen räumlichen und einen funktionalen und somit auch einen architekturtheoretischen Aspekt. Der theoretische Aspekt der als Technische Perfektion charakterisierten Strömung wurde bereits erwähnt. Zum strukurellen ist zu sagen, daß er auf die Trennung des Tragenden (der Konstruktion) und des Ausfüllenden

[1] Das Mitte der fünfziger Jahre nur auf dem Gebiet des Bürobaues anzutreffende Prinzip der Variabilität und Flexibilität hat in den sechziger Jahren große Bedeutung gewonnen. Die Einsicht in die Anforderungen einer raschen Veränderungen unterworfenen Gesellschaft und die Erkenntnis des daraus resultierenden Nutzungswandels bestimmten eine große Anzahl von Entwürfen und Bauten

(der Wand) zielte und auf die ästhetische Verdeutlichung dieser unterschiedlichen Aufgabe der Bauelemente. Daraus leitet sich für die äußere Form die Ausbildung als glatte oder reliefierte, in sich strukturierte Außenhaut ab, wobei die Strukturierung aus dem Prinzip der Gliederung in Gitterwerk und Füllung erfolgte: die Form ist durch ein Netz sich kreuzender Linien mit Ausfüllungen charakterisiert. Gerade an diesem Punkt sollte die spätere Kritik ansetzen. Sie sah in der Betonung des Strukurellen Zeichenlosigkeit und kritisierte die ihrer Meinung nach einseitig technisch orientierte Architekturauffassung.

Historische Entwicklung

Auf Vorschlag von John A. Holabird wurde Mies van der Rohe 1938 zum Leiter der Architekturabteilung des »Armour Institute« in Chicago ernannt, das später den Namen »Illinois Institute of Technology« erhielt. Zugleich wurde ihm der Auftrag erteilt, das Hochschulgelände zu planen.

Der erste Entwurf stammt aus dem Jahre 1939, der endgültige entstand ein Jahr später. Was Mies in den folgenden zwei Jahrzehnten auf Grund dieser Konzeption baute, unterschied sich von seinen früheren Projekten. Er entwickelte eine Architektur, die vom Baustoff her auf der ausschließlichen Verwendung von Stahl als Konstruktionsmaterial beruht, wobei Stahl als sichtbares und die Form bestimmendes Element in Erscheinung tritt. Mies verwendete dabei ein schon früher angewandtes Prinzip und trennte tragende und ausfüllende Elemente. Die Tragkonstruktion ist Stahl, die Ausfüllung erfolgt durch Glas und Ziegelstein; – einen Baustoff, dem seine Vorliebe schon in den zwanziger Jahren, angeregt durch Berlage, galt.

Das Prinzip der Trennung in tragende und nichttragende Elemente und der Verwendung von Stahl für die tragenden und aussteifenden Teile und Ziegelstein und Glas für die ausfüllenden ist nicht neu; es läßt sich zum Beispiel im Industriebau des 19. und 20. Jahrhunderts nachweisen. Dieses zunächst von Ingenieuren entwickelte Prinzip wurde aber auch sehr frühzeitig von Architekten angewendet, so zum Beispiel von Hans Mehrtens beim Bau der Müllverwertungsanlage in Köln (1926 bis 1928); – einem nur wenig bekannten Bau, der aber zweifelsohne zu den besten Industriebauten gehört, die in den zwanziger Jahren entstanden. Bei diesem Gebäude besteht die Raumbegrenzung aus einem Wandfachwerk aus Stahlprofilen, das durch geschlossene Flächen aus Ziegelstein und Glas gefüllt ist; die Tragkonstruktion liegt unmittelbar hinter der Außenwand.

Die Müllverwertungsanlage in Köln, die durch ihre der Funkion entsprechende Gestaltung besticht, war kein isoliertes Beispiel; – viele Industriebauten dieses Jahrzehnts und der kommenden Jahrzehnte zeigen das gleiche Anordnungsprinzip. Es blieb jedoch auf den Industriebau beschränkt.

Mies van der Rohe dagegen verband die Verwendung von Stahl als sichtbares Formelement mit einer Ästhetik und einer Funktions- und Raumauffassung, die für uns Heutige so identisch mit den Möglichkeiten des Konstruierens und Gestaltens mit Profilstahl zu sein scheint,

102

102
Richard Steiff: Spielwarenfabrik Steiff GmbH, Giengen/Brenz, 1903

daß wir erst seit Mies van der Rohe von einer Stahlarchitektur sprechen können. So entstand eine Architektur voll Klarheit und Einfachheit, voll Präzision und Perfektion im Detail, die weite Bereiche der modernen Architektur in den fünfziger Jahren und darüber hinaus bestimmt hat.

Eines der ersten Gebäude, das auf dem Gelände des Illinois Institute errichtet wurde, war das Forschungsinstitut für Mineralien und Metalle (1942/43); – 1946 wurden das Gebäude für Chemotechnik und Metallurgie, die Alumni Memorial Hall und das Gebäude für Chemie fertiggestellt.

Mies van der Rohe wurde gezwungen, das Stahlskelett feuersicher zu verkleiden, d.h. mit Beton zu ummanteln, so daß es nicht mehr als sichtbares Formelement in Erscheinung treten konnte. Um trotzdem das Gebäude als ein in Stahl konstruiertes zu kennzeichnen und den inneren Aufbau außen ablesbar zu machen, legte er vor die Konstruktion ein Wandfachwerk aus Stahl, das aus breiten horizontalen und schmalen vertikalen Streifen besteht. Die horizontalen I-Profile des Wandfachwerkes wurden dabei so groß gewählt, daß ihre Höhe exakt der dahinterliegenden Deckenstärke entspricht. Die vertikalen Profile, deren Abstand die Hälfte des Stützenabstandes beträgt, enden wenige Schichten über Erdreich (– werden also nicht bis in das Fundament geführt) und verdeutlichen somit durch ihre Anordnung ihre Funktion als nichttragende Elemente. Die Ausfüllung des Wandfachwerkes erfolgt durch Flächen aus Glas und aus Ziegelstein.

Während bei den Gebäuden des Illinois Institute of Technology die Ausfüllung durch Glas und Mauerwerk erfolgt, zeigen die 1949–1951 erbauten Appartementhäuser am Lake Shore Drive in Chicago nur noch eine Ausfüllung aus Glas. Auch hier stand Mies vor dem Problem, wie trotz der feuerpolizeilich notwendigen Betonverkleidung des Stahlskeletts die Struktur außen ablesbar bleibt. Er verkleidete deshalb die Stützen und Balken so mit Stahlplatten, daß sich das tragende Gerüst nach außen abzeichnet. Die Glasflächen werden durch schmale I-Profile ausgesteift. Da die Glasflächen in der Stützebene liegen, die aussteifenden I-Profile aber in gleichmäßigen Abständen von Mitte Stütze zu Mitte Stütze gesetzt sind, ist das letzte Fensterfeld an den Stützen kleiner als die übrigen.

Das I-Profil vor der Stütze hat keine Funktion der Aussteifung der Glasfläche mehr, weil das Glas hier unmittelbar an die Stütze anschließt. Diese Anordnung, die häufig kritisiert wurde, wählte Mies, um den gleichmäßigen Rhythmus der I-Profile nicht zu unterbrechen.

Das Haus Dr. Edith Farnsworth, dessen Entwurfsbeginn in das Jahr 1946 zurückgeht, das aber erst 1950 fertiggestellt wurde, zeigt ebenfalls Stahl als sichtbares Formelement. Vier außenliegende Stützen an jeder Längsseite tragen zwei Randträger, welche die Lasten aus der Deckenkonstruktion aufnehmen. Es wurde in seiner kompromißlosen Gestaltung zum Prototyp der Ästhetik Mies van der Rohes.

Mit diesen Bauten hatte Mies van der Rohe um 1950 ein Maß gesetzt, an dem sich die Architektur orientieren sollte. Sein Einfluß reicht von Philip Johnsons Wohnhäusern Anfang der fünfziger Jahre (so dem

103
Hans Mehrtens: Müllverwertungsanlage, Köln, 1926–1928

104
Johannes Andreas Brinkman, Leendert Cornelis van der Vlugt: Fabrik van Nelle N. V., Rotterdam 1926–1930

103

104

105

106

107   108

68

105
Le Corbusier: Pierre Jeanneret: Cité de
Refuge, Heim der Heilsarmee, Paris,
1929–1933

106
Walter Gropius, Adolf Meyer: Fagus-Werk
Carl Benscheidt, Alfeld/Leine, 1911–1916

107
Walter Gropius: Bauhaus, Werkstattgebäude, Dessau, 1925/26

108
Le Corbusier, Pierre Jeanneret: Projekt
Centrosoyus, Moskau, 1928/29

Glashaus in New Canaan, Conn., 1949, dem Haus Richard Hodgson in New Canaan, 1951, und dem Verwaltungsgebäude Schlumberger in Ridgefield, 1952) bis in die Gegenwart hinein (Civic Center Chicago, Architekten C. F. Murphy und Skidmore, Owings und Merrill; – Loebl, Schlossmann und Bennett, 1961–1966) und hat nicht nur die USA erfaßt, sondern Bauten in der ganzen Welt. Sein Einfluß hat Anfang der sechziger Jahre zu interessanten Sonderentwicklungen geführt, wie zum Beispiel der Schule von Solothurn in der Schweiz.
Ehe jedoch die weitere Entwicklung charakterisiert werden kann, muß auf einen anderen Einfluß aufmerksam gemacht werden, der zwar nicht von Mies ausgelöst wurde, ohne sein Vorbild aber kaum in der Lage gewesen wäre, weltweite Wirkungen zu erzielen; – gemeint ist jene Entwicklung, die zur Anwendung des Curtain Walls führte.
Unter einem »Curtain Wall« versteht man eine industriell gefertigte, nichttragende Außenwand, die vor die Konstruktion gehängt ist. Der Curtain Wall hat also nur die Funktion des Raumabschlusses und des Wetterschutzes. Da er an die Konstruktion gehängt wird, muß er leicht sein. Im Prinzip kann man zwei Typen unterscheiden: den Curtain Wall als Sprossenkonstruktion, also als Sprossenwerk mit ausfüllenden Flächen, und als Tafelkonstruktion, aus mehr oder weniger großen Tafeln bestehend.
Curtain Walls sind keine Erfindung der Gegenwart. Das klassische Beispiel dafür ist die Außenwandkonstruktion des Werkstattgebäudes am Bauhaus in Dessau 1925/26, dem als Vorläufer das ebenfalls von Walter Gropius entworfene Faguswerk in Alfeld (1911–1916) vorangeht. Weitere Beispiele in den zwanziger Jahren sind die Cité de Refuge, Paris (1929–1933), und das Gebäude des Centrosoyus, Moskau (1928/29), beide von Le Corbusier. Auch die Fabrik van Nelle in Rotterdam (1926–1930) von Johannes Andreas Brinkman und Leendert Cornelis van der Vlugt kann als Beispiel genannt werden. Ein frühes amerikanisches Beispiel ist das Hallidie Building in San Francisco, 1918, von Willie Jefferson Polk. Aber dieses Prinzip muß schon sehr viel früher im Industriebau Verwendung gefunden haben. So zeigt das Fabrikgebäude der Firma Steiff in Giengen/Brenz (1903) einen scharfgeschnittenen Quader mit einer Curtain-Wall-Konstruktion als Außenwand ohne Dekor. In der Konsequenz seiner Gestaltung übertrifft es bei weitem das acht Jahre später begonnene Faguswerk. Die Ausgereiftheit dieser Formensprache legt den Gedanken nahe, daß es auch hier Vorläufer gibt; – möglicherweise in den USA, von wo der Erbauer, ein Bruder des Firmenbesitzers, kurz vor dem Beginn des Baues zurückgekehrt war. Es ist bis jetzt das früheste Beispiel der kompromißlosen Realisation eines Curtain Walls als Sprossenwerk.

Die Entwicklung in den USA

Aber alle diese Bauten blieben isolierte Erscheinungen. Die weltweite Ausbreitung und Entwicklung dieser Bauweise und der ihr adäquaten Ästhetik begann erst um 1950. 1950 wurde das Hochhaus der United Nations in New York fertiggestellt, 1951/52 entstand das Verwaltungsgebäude der Lever Brothers Co. in New York, und im Jahr 1951 wurden die ersten drei Bauten des Forschungszentrums der General Motors in Warren, Michigan, bezogen.

Der Planungsdirektor für das Gebäude der United Nations war Wallace K. Harrison, ihm standen Berater aus zehn Ländern zur Seite, von denen die bedeutendsten Le Corbusier, Oscar Niemeyer und Sven Markelius waren. Die Kommission trat im Frühjahr 1947 zusammen, es entstand eine große Anzahl von Vorschlägen, von denen schließlich im Mai 1947 ein endgültiger Vorschlag nach langer Dikussion einstimmig angenommen wurde.[2]

Er zeigt in der Massenkomposition deutlich die Handschrift Le Corbusiers. Die Form des Hochhauses als schmale, vertikale Scheibe basiert auf den Ideen, die Le Corbusier in den zwanziger und dreißiger Jahren entwickelt hatte. Aber auch die Gliederung der Curtain Walls mit der Sichtbarmachung des Deckenstreifens und der horizontalen Dreigliederung im Bereich der Geschosse geht auf eine seiner Arbeiten zurück, auf die Cité de Refuge in Paris. Das Gebäude entspricht den Ideen der zwanziger und dreißiger Jahre, zeigt aber in der technischen Installation und der Technologie des Curtain Walls amerikanische Einflüsse. Die Ausführung des Baues lag in den Händen von Harrison; Le Corbusier wirkte nur beim Vorentwurf mit.

Der Curtain Wall des United-Nations-Gebäudes ist ein Sprossenwerk aus Aluminium, das mit grünlich schimmerndem Glas ausgefüllt ist. Die dahinterliegenden Brüstungen sind gemauert.

109

110

[2] Architectural Review, Juli 1952

109
Ludwig Mies van der Rohe: Illinois Institute of Technology, Chicago/Ill., Planung ab 1939

110
Philip Johnson: »Glashaus«, eigenes Wohnhaus, New Canaan/Conn., 1949

111
Skidmore, Owings & Merrill (Chefarchitekt Gordon Bunshaft): Verwaltungsgebäude der Lever Brothers Co., New York, 1951/52

111

112
Eero Saarinen & Ass.: General Motors
Technical Center, Warren/Mich., 1951 bis
1956

113
Skidmore, Owings & Merrill: Connecticut
General Life Insurance Company, Bloom-
field/Conn., 1954–1957

112

Das gleiche Prinzip zeigt auch das Verwaltungsgebäude der Lever
Brothers Co. (Architekten Skidmore, Owings und Merrill, Chefarchitekt Gordon Bunshaft): die Außenhaut als Sprossenwerk aus rostfreiem Stahl, die Ausfüllung durch Glas, wobei vor den gemauerten
Brüstungen tiefgrünes, undurchsichtiges und hitzeabweisendes
Drahtglas und im Bereich der Fenster hitzeabweisendes blaues Glas
verwendet wurde. Wie das United-Nations-Gebäude ist auch das

113

Leverhaus mit einer Klimaanlage ausgestattet, eine unerläßliche Voraussetzung. In der Gliederung des Curtain Walls und in der Massengruppierung (schmale Hochhausscheibe über atriumförmigem, niedrigem Vorbau) wurde das Leverhaus zum Prototyp einer Anzahl von Bürogebäuden in der Welt.

Das Leverhaus besticht nicht nur durch seine Massenkomposition und die Präzision des Details, sondern auch durch die Art, wie humane Belange berücksichtigt wurden. Der atriumartige Vorbau schafft inmitten des hektischen Getriebes der Park Avenue eine relative Zone der Ruhe, die jedem Passanten offensteht.

Die Meisterung der technischen, physikalischen und konstruktiven Probleme und ihre Einordnung im Dienst einer neuen Formauffassung sind wichtige Kriterien dieses Baues und der ihm folgenden Bauten. Erst jetzt findet das Streben nach Leichtigkeit und Transparenz Erfüllung: die Außenwand verliert jede Schwere, die noch den verputzten Quadern der zwanziger Jahre anhaftete.

Die Park Avenue in New York, an der das Leverhaus und eine große Anzahl verwandter Gebäude stehen, ist die Hauptstraße des imaginären Reiches dieser Strömung. Von ihnen muß das Verwaltungsgebäude der Pepsi-Cola Co. (Architekten Skidmore, Owings und Merrill, 1958/59) mit großzügig gegliedertem Curtain Wall erwähnt werden. Zeigt das Leverhaus als Gitterwerk ein enges Netz von horizontalen und vertikalen Linien, so ist beim Pepsi-Cola-Gebäude die Horizontalität durch weit gestellte Sprossen gekennzeichnet.

Beide Gebäude sind sich in der Behandlung der Verhältnisse von Konstruktion und Außenwandausbildung ähnlich; der Curtain Wall legt sich als Haut vor die Konstruktion. Im Gegensatz dazu besteht jedoch auch die Möglichkeit, durch die Gliederung der Außenwand die Konstruktion nach außen zu projizieren. Das Vorbild sind Mies van der Rohes Appartementhäuser am Lake Shore Drive in Chicago. Ein weiteres Beispiel ist das Verwaltungsgebäude der Connecticut General Life Insurance Company in Bloomfield bei Hartford (Architekten Skidmore, Owings und Merrill, 1954–1957). Die Decken und Stützen in den Obergeschossen sowie der infolge der größeren Stützenstellung im Erdgeschoß notwendige Abfangträger und die Erdgeschoßstützen zeichnen sich nach außen ab und zeigen den tektonischen Aufbau des Gebäudes. Dieser Bau dürfte einer der wenigen sein, bei denen sich Präzision und Perfektion nicht nur auf die Hülle beschränken, sondern auch den ganzen inneren Ausbau ergreifen; – ein Musterbeispiel konsequent gestalteter Architektur. Auch die Grundrißgliederung im einzelnen, die Auflockerung des Baukörpers durch Innenhöfe, bezeichnet die Qualität dieses Baues.

Noch einen Schritt weiter in der visuellen Verdeutlichung konstruktiver und technischer Aspekte geht die Ausbildung der Außenwand beim Mile High Center in Denver, Colorado (Architekten Ioh Ming Pei & Ass., 1956). Die in sich glatte Außenwand wird von zwei farblich voneinander abgesetzten Liniennetzen gebildet. Dunkelgraue Gußaluminiumplatten bedecken Stützen und Balken des Tragwerkes; braun-

114
Ioh Ming Pei & Ass.: Mile High Center, Denver/Colo., 1956

115
Skidmore, Owings & Merrill: Chase Manhatten Bank, New York, 1957–1961

114

115

gelb emaillierte Plattenelemente die nichttragenden Fensterstützen, welche die vertikalen Steigleitungen der Klimaanlagen enthalten, und die Klimageräte in der Brüstungszone. Um beide Liniennetze optisch voneinander zu trennen, wurde zwischen Brüstung und Deckenoberkante ein schmaler Glasstreifen eingefügt. Der Grundriß des Mile High Center zeigt nahezu Quadratform mit asymmetrisch sitzendem Festpunkt. Auf diese Weise ist es möglich, an den schmaleren Seiten Einzelbüroräume, auf der größeren Seite Großraumbüros vorzusehen.

Und schließlich sei noch eine weitere Möglichkeit des Verhältnisses von Raum, Konstruktion und Form diskutiert. Der Wunsch nach möglichst stützenfreien Büroräumen mit einem Höchstmaß an Variabilität führte zur Vergrößerung der Spannweiten und damit zur Erhöhung der Belastung der Stützen. Höhere Lasten bedingen jedoch größere Stützenquerschnitte, die bei der üblichen Anlage des Curtain Walls vor den Außenstützen die Raumnutzung behindern können; – vor allem bei Hochhäusern. So ergab sich zwangsläufig die Anordnung der Außenstützen vor der Außenwand. Beispiele dafür sind das Verwaltungsgebäude der Inland Steel Co. in Chicago (1956–1958) und die Chase Manhattan Bank in New York (1957–1961), beide von Skidmore, Owings und Merrill. Diese Gebäude bezeichnen den hohen Standard, den diese Architektur Ende der fünfziger Jahre erreicht hatte.

Der Entwurf für das Forschungszentrum der General Motors ist zweifelsohne von Mies van der Rohes Konzeption für das Illinois Institute of Technology in Chicago beeinflußt. Im Gegensatz zu Mies aber verzichtete Eero Saarinen [3] auf eine symmetrische Anlage. Die einzelnen Gebäudegruppen sind locker um einen künstlich geschaffenen See angeordnet. Jede der fünf Gebäudegruppen ist nach ihren Funktionen gegliedert. Durch die Einbettung der Gebäude in einen Park mit weiten Rasenflächen und Wasserbassins ist die übliche Unterscheidung in Geschäfts- und Industrieviertel und Erholungszonen zugunsten einer Arbeitslandschaft aufgehoben, in der Technik und Natur gleichen Rang besitzen.

Wie schon bei anderen Gebäuden, so beim Leverhaus, zeigt sich auch hier, daß industrielle Baumethoden und die Berücksichtigung humaner Belange sich nicht ausschließen, sondern sich im Gegenteil ergänzen können. In der Detailgestaltung erreicht Saarinen ein Optimum an technischer Perfektion und Präzision. Die Außenwandelemente übernehmen nicht nur die Funktion des Wetterschutzes und des Raumabschlusses nach außen, sondern auch die Funktion der Wärmedämmung und des Raumabschlusses nach innen. Es handelt sich um »Sandwich panels«, die einen wärmeisolierenden Kern aus hexagonal angeordnetem, imprägniertem Papier besitzen, der mit Perlite gefüllt und außen und innen mit emailliertem Blech bedeckt ist. Die Verbindung der Platten mit einem Rahmen aus Aluminium übernehmen I-förmige Dichtungsstreifen aus Neoprene, ein aus dem Automobilbau übernommenes Verfahren.

Vergleicht man das Leverhaus mit dem 1955–1958 entstandenen Seagram Building in New York, so zeigen sich wesentliche Unterschiede.

[3] Der Entwurf aus dem Jahre 1948/49 stammt von Eliel und Eero Saarinen, die Ausführung lag nach dem Tode von Eliel Saarinen am 30. 6. 1950 in den Händen von Eero Saarinen.

115a

Gemeinsam ist beiden die Perfektion und Präzision des Details, die Verwendung industrieller Baustoffe und das Grundprinzip, die Trennung der tragenden und nichttragenden Elemente; – unterschiedlich jedoch der gewollte und erreichte Ausdruck. Das Leverhaus zeigt Schwerelosigkeit, das Seagram-Gebäude dagegen bewußt sichtbar gemachte Schwere. Mies erreicht diesen Ausdruck der Schwere durch die Ton in Ton gehaltene Farbwirkung von Glas und aussteifenden Sprossen (– das Leverhaus dagegen betont durch unterschiedliche Farbgebung das Filigran des Sprossenwerks); – durch die in engen Absätzen gesetzten, vorgezogenen vertikalen Profile, die im Gegensatz zum Leverhaus nicht die Fläche betonen, sondern der Fassade Relief geben, und schließlich durch die infolge der vorgezogenen Profile entstehende Schattenwirkung: die Fassade erscheint nicht mehr als Hülle, wie beim Leverhaus, sondern als Aufbau. Dieser Eindruck wird verstärkt durch die Baukörpergliederung. Das Leverhaus scheint über dem Vorbau zu schweben, während das Seagram-Gebäude, obwohl es auch im vorderen Teil auf Stützen steht, den Eindruck des Lastenden hervorruft.

116

117

115a
Skidmore, Owings & Merrill: Inland Steel Company, Chicago/III., 1956–1958

116
Eero Saarinen & Ass.: Verwaltungsgebäude der John Deere & Co., Moline/III., 1961–1964

117
Ludwig Mies van der Rohe, Philip Johnson: Seagram Verwaltungsgebäude, New York, 1955–1958
im Vordergrund rechts:
Skidmore, Owings & Merrill (Chefarchitekt Gordon Bunshaft): Verwaltungsgebäude der Lever Brothers Co., New York, 1951/52

Der Eindruck von Monumentalität wird durch die symmetrische Anordnung und axiale Erschließung des Seagram-Gebäudes betont. Auch sie stehen im Gegensatz zur asymmetrischen Anordnung und Erschließung des Leverhauses. Das Leverhaus steht am Beginn der Entwicklung, während im Seagram-Gebäude Mies van der Rohes sehr persönlich bestimmter Beitrag gesehen werden kann, der vielleicht schon die Grenzen aufzeigt, die dieser Richtung gesteckt sind. Jede Datierung des Beginns oder des Endes einer Epoche ist problematisch, weil sie einen Einschnitt in ein fließendes Geschehen bedeutet. Was in Wirklichkeit sich überlappende Bereiche sind, wird durch eine Datierung in genau definierte Bereiche auseinandergerissen. Immerhin kann aber mit einiger Sicherheit die Feststellung getroffen werden, daß sich Ende der fünfziger Jahre Veränderungen vollzogen, die neue Aspekte eröffneten. Um zwei Beispiele zu nennen: die Architektengruppe Skidmore, Owings und Merrill, die bisher einige der wesentlichen Gebäude dieser Richtung entworfen und gebaut hatte, begann, ihre Auffassung zu ändern. 1958–1962 entstand die Banque Lambert in Brüssel, ein Bau, der eine veränderte Formensprache zeigt. Auch Philip Johnson, der mit Mies das Seagram-Gebäude entworfen hatte, entfernte sich nach der Fertigstellung dieses Baues von den hier vertretenen Prinzipien und Formen.

Freilich wäre es völlig falsch, das Ende dieser Richtung als solche zu proklamieren. Aber einige der Architekten, die bisher diese Richtung vertraten, suchten zumindest zu diesem Zeitpunkt nach neuen Inhalten und Formen.

Ausbreitung

Es kann nicht die Aufgabe dieses Buches sein, die weltweite Ausbreitung mit Bauten zu dokumentieren, da es sich zumeist um eine Variante des Vorhandenen handelte. Aber es soll zumindest auf einige jener Bauten verwiesen werden, bei denen sich über die Variation hinaus neuartige Ansätze zeigen. 1955/56 baute Arne Jacobsen das Bürogebäude Jespersen in Kopenhagen. Es ist in der Eleganz der Proportionierung des Curtain Walls ein herausragendes Beispiel dieser Richtung. Das Neuartige aber ist die Beziehung zwischen »Vorhangwand« und Konstrukion. Wenn der Curtain Wall als eine vor die Konstruktion gesetzte Wand definiert wird, so zeigt das Bürogebäude Jespersen die entschiedenste Definition dieses Verhältnisses. Die Stützen sind nicht unmittelbar hinter dem Curtain Wall angeordnet, sondern bis auf die Flurwände der zweibündigen Anlage zurückgenommen; der Curtain Wall hängt an den weit auskragenden Decken. Zwei weitere Bauten dieser Architekten sind das Rathaus in Rødovre (1954–1956) und der SAS Air Terminal mit Hotel in Kopenhagen (1959), der das Grundschema des Leverhauses, Hochhausscheibe über Flachbau, aufnimmt.

118

118
Helmut Hentrich, Hubert Petschnigg: Verwaltungsgebäude der Phoenix Rheinrohr AG, Düsseldorf, 1957–1960

Der Deutsche Pavillon auf der Weltausstellung in Brüssel von Egon Eiermann und Sep Ruf (1957/58) ist von der Raumgliederung interessant. Die Pavillons – zwei- oder dreigeschossige Quader mit eingezogenem Erdgeschoß – sind so gruppiert, daß sie zusammen mit offenen Verbindungsgängen einen Innenhof umschließen. Auch die Wandbegrenzung der Pavillons ist räumlich gegliedert. Die erste Begrenzung bilden die Deckenvorderkanten mit dem sie verbindenden weißen Gestänge; – die zweite Ebene die zurückliegenden Glaswände mit den Sprossen und die dritte Ebene die davon wiederum abgesetzten Stützen.

Von der Grundrißorganisation her ist das Verwaltungsgebäude der Phoenix Rheinrohr AG, Düsseldorf (Architekten Helmut Hentrich und Hubert Petschnigg, 1957–1960), bedeutsam. Der Baukörper ist in drei Scheiben gegliedert, eine mittlere mit Festpunkt und zwei kleinere und niedrigere an beiden Seiten, die gegenseitig versetzt sind. Durch diese Anlage wird die Länge des Flursystems reduziert. Jedoch ergeben sich an den Enden nur von den Schmalseiten her geschlossene Büroräume. Im Aufbau gewinnt die Anlage durch die Versetzung der Baukörper Plastizität.

Der Versuch einer Auflockerung der ebenen Wandbegrenzung durch mehrschichtige Ausbildung, die schon Eiermanns und Rufs Pavillon in Brüssel erkennen läßt, zeigt sich auch bei Eero Saarinens Bürogebäude für John Deere & Co. in Moline, Illinois (1961–1964). Die sachliche Motivierung liegt hier in dem Schutz der Glaswände durch außen angebrachte Sonnenblenden. Die Stützen sind an den Längsseiten des Bürogebäudes vor die verglaste Außenfront gesetzt. Die Träger kragen noch über die Stützenebene aus. In ihrem äußeren Ende verlaufen quer zu ihrer Spannrichtung Nebenträger, an welchen mittels einzelner vertikaler Profile horizontal verlaufende Sonnenblenden aufgehängt sind. In Höhe der obersten Sonnenblende liegt ein Gitterrost. Ähnlich sind die Schmalseiten ausgebildet. Hier kragen Nebenträger über die Außenwand aus und halten die Sonnenblenden.

Das John-Deere-Gebäude entfernt sich jedoch trotz der Verwendung von Stahl von der dieser Richtung eigenen Glätte und Perfektion. Die Details – so die Anschlüsse der Stützen an die Träger – sind eher brutal als elegant. Sie erinnern an Tanges Konzeption bei der Präfektur in Takamatsu. Auch der verwendete Stahl zeigt nicht Glätte, sondern Rauheit. Es ist ein Spezialstahl, der durch Rosten eine Schutzschicht bildet, die ihn vor weiterer Korrosion schützt.

Eine interessante Sonderentwicklung vollzog sich Anfang und Mitte der sechziger Jahre in der Schweiz, und zwar bei einer Gruppe von Architekten, die im Kanton Solothurn ansässig sind, so daß man angesichts der Verwandtschaft der Ideen versucht ist, von einer »Schule von Solothurn« zu sprechen. Zu dieser Gruppe gehören die Architekten Franz Füeg, Fritz Haller, Alfons Barth, Hans Zaugg und Max Schlump. Sie fußen mit ihren Entwürfen auf der Ästhetik von Mies van der Rohe.

Diese Architekten streben nach einer Architektur der strengen Ordnung. Sie versuchen, kompromißlos nur jene Mittel zu verwenden, die sie unserem Zeitalter, als einer Epoche der Technik, für angemessen halten. Daraus erklärt sich ihre Vorliebe für Stahl und ihr Streben nach Vorfabrikation und Montagebau.

Hallers Kantonsschule in Baden läßt noch den direkten Einfluß Mies van der Rohes erkennen, während das Bürogebäude Schärer und vor allem das Technikum in Windisch-Brugg neue Ansätze zeigen. Sie sind in der Vereinheitlichung der Konstruktion mit dem Fachwerkträger als konstituierendem Element zu sehen und bei Windisch-Brugg in der Vorfertigung aller Bauelemente – der Außenwand, der Konstruktion und des Innenausbaues.

Füeg variiert bei der Kirche in Meggen das »Haut-und-Knochen«-Prinzip Mies van der Rohes. Die Konstruktion, die innen und außen als sichtbares Formelement in allen Einzelheiten bis zur Wandaussteifung ablesbar ist, wird nicht, wie üblich, mit Ziegelstein oder technisch hergestellten Außenwandelementen ausgefüllt, sondern mit dünnen, durchscheinenden Marmorplatten. Die Verbindung eines mit den Mitteln moderner Technik erstellten Gerüstes mit einem schon seit Jahrtausenden angewandten Baustoff ergibt einen Raum, der über das Rationale hinaus in den Bereich des »Sakralen« transzendiert.

Hans Zauggs Haus Dr. Süß demonstriert am Beispiel der Bauaufgabe Wohnhaus, welche Möglichkeiten dieser Richtung selbst bei kleineren Bauaufgaben zugänglich sind. Gelungen erscheinen hier besonders die räumliche Gliederung des Wohnbereiches in der Verbindung von Wohnraum und Terrasse sowie die Zuordnung des Glashauses zu einem mit einer Mauer umgebenden Innenhof; – ein Thema, das sich schon in Mies' früheren Entwürfen findet.

119

119
Arne Jacobsen: Bürohaus Jespersen, Kopenhagen, 1955/56

120
Bruno und Fritz Haller: Kantonsschule, Baden, 1962–1964

121
Franz Füeg: Katholische Kirche, Meggen, 1964–1966

122
Egon Eiermann, Sep Ruf: Deutscher Pavillon auf der Weltausstellung, Brüssel, 1957/58

121

120

122

Brutalismus

Zur Begriffsbestimmung

Wenn hier im allgemeinen vom Brutalismus[4] als einer Strömung der Gegenwart gesprochen wird, so muß von vornherein eine Reihe von Einschränkungen und Vorbehalten gemacht werden. Sie beziehen sich ganz allgemein auf Fehldeutungen, die jeder generalisierenden Betrachtung anhaften; – zumal wenn es sich um eine Interpretation von Tendenzen handelt, die der unmittelbaren Gegenwart angehören. Nur so viel ist sicher, daß sich bei einzelnen Architekten Entsprechungen feststellen lassen, die als brutalistisch bezeichnet werden können. Zum anderen hat der Brutalismus oder dasjenige, was als Arbeitshypothese als Brutalismus bezeichnet wird, zwei unterschiedliche Phasen durchlaufen. Es muß zwischen dem Brutalismus im engeren Sinn unterschieden werden, wie er sich innerhalb der Diskussion im Kreis der Smithsons und allgemein in England darstellte, und zum anderen zwischen dem sich danach entwickelnden internationalen Brutalismus. Und schließlich müssen davon jene Einzelgänger getrennt werden, die als Vorläufer oder parallel zur allgemeinen Entwicklung in ihrem Werk brutalistische Erscheinungen erkennen lassen.

Der Begriff »New Brutalism« wurde seit 1953 in dem Kreis um Alison und Peter Smithson verwendet. Seine Entstehungsgeschichte ist verworren. Banham[5] gibt an, daß der Begriff Neobrutalist zuerst (1950) von Hans Asplund zur Charakterisierung der Architekten Bengt Edman und Lennart Holm verwendet worden ist. Von hier sei der Begriff 1951 durch Michael Ventris, Oliver Cox und Graeme Shankland nach London gebracht worden und seitdem in Gebrauch und von den Smithsons übernommen worden. Die Cox-Shankland-Gruppe habe damit die kompromißlose Architektur Mies van der Rohes bezeichnet.

In einer Besprechung von Banhams Buch weisen die Smithsons[6] jedoch diese Deutung zurück. Ihrer Darstellung nach war der Begriff New Brutalism eine spontane Erfindung von Alison Smithson, als Wortspiel und Scherz zu dem Begriff New Empiricism 1953 geprägt, ohne Kenntnis der Personen und Ereignisse, die Banham beschreibt. Das Wort brutal sei dabei einem abwertenden Artikel über Le Corbusiers Unité in Marseille entnommen.

Diesen beiden Versionen kann noch eine dritte gegenübergestellt werden, die vor allem die rasche Verbreitung des Wortes im internationalen Sprachbereich erklärt. Demnach liegt der Ursprung des Wortes

[4] Die erste, heute noch gültige Darstellung des Brutalismus gab Reyner Banham mit seinem Artikel »The New Brutalism« in der »Architectural Review«1955, S. 855 ff. Eine Ergänzung der Thesen dieses Artikels stellt Banhams Beitrag »Brutalismus« in Knaurs Lexikon der modernen Architektur, München/Zürich 1963, dar. Eine umfassende Behandlung des Themas findet sich in Banhams »Brutalismus in der Architektur«, Band 5 der Dokumente der Modernen Architektur, Stuttgart 1966. Siehe auch Jürgen Joedicke: New Brutalism – Brutalismus in der Architektur, Bauen + Wohnen, Heft 11/1964, S. 421–425

[5] Reyner Banham: Brutalismus in der Architektur, a. a. O., S. 10

[6] Alison und Peter Smithson: Banham's Bumper Book on Brutalism, The Architects' Journal, 28. 12. 1966

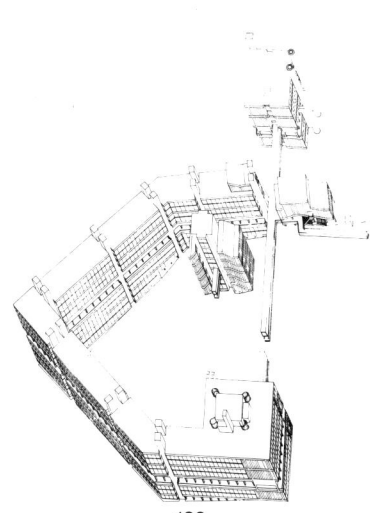

123

124

[7] Louis Kahn: Talk at the Conclusion of the
Otterlo Congress, Oscar Newman in: CIAM
'59 in Otterlo, Band 1 der Dokumente der
Modernen Architektur, Stuttgart 1961

in Le Corbusiers Formulierung béton brut. Da für die Architektur des internationalen Brutalismus die Bauformen Le Corbusiers vorbildlich wurden, ist es wahrscheinlich, daß mache Architekten die von den Smithsons mit diesem Begriff verbundenen Vorstellungen nicht kennen.

Soviel ist aber sicher, daß der Begriff New Brutalism Anfang der fünfziger Jahre in England zuerst verwendet wurde, und zwar vor allem im Kreis der Smithsons, die damit eine Ethik und nicht eine Ästhetik bezeichneten. Es trägt nicht zur Erhöhung der Klarheit dieses Begriffes bei, wenn man feststellen muß, daß der Begriff von den Smithsons verwendet wurde, ehe eine damit zu bezeichnende Architektur überhaupt vorhanden war (die Schule in Hunstanton wurde fertiggestellt, als der Begriff in England bereits gebraucht wurde), und daß er Ende der fünfziger Jahre in den internationalen Sprachgebrauch übernommen wurde und völlig neu und anders als bei den Smithsons interpretiert wurde. Er erfuhr weltweite Verbreitung, weil er einer allgemein vorhandenen Stimmung prägnanten Ausdruck verlieh.

Im Ansatzpunkt war der Brutalismus weniger eine Frage der Form oder des Baustoffes als der geistigen Grundeinstellung. In der Folgezeit jedoch wurde diese Einstellung durch eine auf brutalistische Oberflächenmätzchen zielende Gestaltung überspielt.

Ehe jedoch der internationale Brutalismus als solcher charakterisiert wird, ist es notwendig, einige Aspekte der Theorie der Smithsons zu kennzeichnen. Das Denken der Smithsons kreiste um eine Reihe von sich ergänzenden Begriffen wie Verantwortung, Wahrheit, Objektivität, Material- und Konstruktionsgerechtigkeit und Ablesbarkeit.

Mit dem Begriff Verantwortung verbindet sich vor allem die Verpflichtung des Architekten vor der Gesellschaft. Der Begriff Verantwortung beinhaltet aber auch den Bezug des Einzelbauwerkes zur Struktur der Stadt: ganz allgemein also die Einordnung innerhalb eines durch die Gesellschaft und durch städtebauliche Anforderungen gegebenen Rahmens. Allerdings unterläuft hier den Smithsons der gleiche Trugschluß wie den meisten anderen Verfechtern dieser These: die Gesellschaft, für die sie zu bauen vorgeben, existiert nicht; sie existiert nur als Vorstellung des Architekten. Die vorhandene Gesellschaft dagegen steht den Bemühungen avantgardistischer Architekten zumeist verständnislos gegenüber.

Der Begriff Wahrheit wird vor allem auf die Herstellungsweise bezogen. Das Gebäude soll seine Herstellungsart zeigen. Hierher gehört Louis Kahns Definition des architektonischen Raumes: »I think an architectural space is one in which it is evident how it is made.«[7] Die Smithsons gehen in Hunstanton so weit, daß untergeordnete Dienste, wie zum Beispiel Leitungen, frei vor der Wand verlegt werden – eine Anordnung übrigens, die sich schon bei Berlages Börse in Amsterdam (1898 bis 1903) findet.

Mit dem Begriff Objektivität verbindet sich die Forderung, daß sich nicht der Architekt im Bauwerk ausdrücken solle, sondern dasjenige, dem das Gebäude dient. Neu interpretiert wurde der Begriff Material-

[8] »Valuation of material as found« definiert Banham in seinem in der »Architectural Review« erschienenen Artikel »The New Brutalism«, a. a. O.

[9] »Die vorgeschlagene Konstruktionsform stellt jedoch eine andere Art des Einfalls in die industrielle Formgestaltung der USA dar: die doppelte Kunststoffhülle war als Äquivalent zur Verkleidung einer Karosserie gedacht. So war kein Ersatzteil mit irgendeinem anderen im gleichen Haus auswechselbar, nur mit dem entsprechenden Teil in einem anderen Haus. Diese Situation, die beim Bau von industriell hergestellten Hüllen, wie etwa Karosserien, Rumpfverkleidungen der Flugzeuge etc., seit langem akzeptiert wird, läuft den in Architekturkreisen verbreiteten Gedanken über Vorfertigung natürlich direkt zuwider (etwa den verschiedenen Entwürfen für Vorfabrikation, die mit den Namen Gropius und Wachsmann verbunden sind), bei denen stets der Versuch gemacht wurde, auf ein Universalelement hinzuarbeiten, das jede konstruktive Aufgabe erfüllen kann.« Aus Banham: Brutalismus in der Architektur, a. a. O., S. 64

gerechtigkeit. Der Baustoff soll so verwendet werden, wie er vorgefunden wird.[8] Unter Konstruktionsgerechtigkeit wurde wie im bisherigen Sprachgebrauch die ästhetische Verdeutlichung konstruktiver Funktionen gemeint.

Eine zentrale Rolle nehmen die Begriffe Ablesbarkeit und Erkennbarkeit ein. Sie sind von eminenter Bedeutung. Die meisten der von Architekten aufgestellten Theorien scheitern an der Frage, in welcher Weise die abstrakt aufgestellten Theorien in das Gebaute überführt werden können und wie sie im Gebauten wahrnehmbar sind. Bei den Smithsons wird diese Frage reduziert auf die Forderung, daß die Logik des Entwurfsgedankens und – präziser – die räumliche Fügung, die Konstruktion und die Baustoffe außen ablesbar sein sollen. Damit dies erreicht werden kann, soll der Blick des Betrachters mit Aufdringlichkeit gereizt werden. So war auch theoretisch eine expressive Note von Anfang an mit dem Brutalismus verbunden, wenn sie auch bei den Smithsons infolge einer puritanischen Grundeinstellung noch nicht in Erscheinung trat. Hinzu kam der Begriff »image«, der nur schwer zu übersetzen ist. Er besagt, daß das Gebäude eine einprägsame Bildhaftigkeit, eine erinnerungswürdige Gestalt besitzen müsse. Keiner dieser Begriffe ist neu. Die Verbindung dieser Begriffe jedoch und ihre besondere und eigenwillige Interpretation charakterisieren die Theorie der Smithsons.

Wenn man danach fragt, welche Projekte und Bauten der Smithsons in diesem Zeitraum, der ersten Hälfte der fünfziger Jahre, entstanden, so sind die Secondary School in Hunstanton (Entwurf 1949, Ausführung 1952–1954), das Haus der Zukunft (1956) und das Wohnhaus Sugden (1956) zu nennen sowie die Projekte für Golden Lane, London (1952), das Haus in Soho (1953) und die Universität Sheffield (1953). Es ist nicht möglich, diese Bauten auf einen gemeinsamen Nenner zu bringen. Wenn man die Schule in Hunstanton, den Geniestreich der jungen Smithsons, als brutalistisch bezeichnet, so ist es unmöglich, den Entwurf für Sheffield als solchen zu bezeichnen. Ebensowenig sind Golden Lane und Hunstanton mit den gleichen Kategorien zu beurteilen. Das Haus Sugden ist formal schwach und keinesfalls mit der Qualität von Hunstanton zu vergleichen. Ob allein die Verwendung von Ziegelstein innen und außen ausreicht, es als Vorläufer späterer Entwicklungen zu bezeichnen, ist mehr als zweifelhaft. Das Haus der Zukunft wiederum zeigt in der Art der Gestaltung Ansätze, die über den Brutalismus hinauswachsen; – so in der Entsprechung der Herstellung mit den Methoden des Automobilbaues.[9]

So verbleibt nur die Feststellung, daß zwei Architekten einen Begriff theoretisch begründeten, ohne ihm vom Gebauten her nachvollziehbaren Inhalt zu geben.

Der internationale Brutalismus – Vorläufer

Die Situation änderte sich um 1958. Einer der ersten Bauten, auf den sich dieser Begriff im Sinne der nun international sich durchsetzenden Interpretation anwenden läßt, ist nicht von den Smithsons entworfen, sondern von James Stirling und James Gowan; – es sind die Wohnhäuser in Ham Common, London (1958). Das Vorbild für diese Häuser freilich steht nicht in England, sondern in Frankreich, Le Corbusiers Jaoul-Häuser in Neuilly/Paris (1954–1956). Wie Jaoul zeigen die Häuser in Ham Common einen Wandaufbau aus Ziegelstein mit Streifen aus Stahlbeton, hier wie dort sind Wasserspeier aus Beton angebracht (– ein beliebtes Motiv des nun einsetzenden Brutalismus), und auch das L-förmige Fenster, das in Jaoul zum ersten Mal auftritt, findet sich in Ham Common. Gemeinsam ist beiden vor allem die Vorliebe für das Herausstellen des roh belassenen Materials innen wie außen, wenn auch Ham Common viel gepflegter erscheint als die Häuser in Neuilly. Mit Recht weist Banham[10] jedoch darauf hin, daß Ham Common mehr ist als eine Imitation von Le Corbusiers Formen. Es treten Elemente auf, die sich nicht bei Le Corbusier finden; – so die Ausbildung des oberen Flures im Treppenhaus der zweigeschossigen Häuser als frei in den

125

125
Le Corbusier: Jaoul-Häuser, Neuilly, 1954–1956

[10] Reyner Banham: Brutalismus in der Architektur, a. a. O., S. 88

Raum gehängter U-förmiger Trog; – eine Anordnung, die sich schon in ähnlicher Form (und zwar bei den die Blocks verbindenden Gehwegen) in Alison und Peter Smithsons Entwurf für die Universität in Sheffield (1953) findet und die später bei der Wohnbebauung von Park Hill in Sheffield (1961) wieder auftreten sollte. Und unterschiedlich ist auch die Auffassung über die Gliederung der Baukörper. Le Corbusier geht von einem rechteckigen Quader aus, der in Räume unterteilt wird; – Stirling und Gowan dagegen von einer Gliederung in einzelne Funktionselemente: in Treppen, Verbindungsgänge und Wohnungseinheiten.

Im Hintergrund der Häuser von Jaoul steht jedoch ein anderer Bau Le Corbusiers, die Unité d'Habitation in Marseille (1948–1952). In bezug auf dieses Bauwerk verwendete Le Corbusier zuerst den Begriff des »béton brut«, und so wurde dieses Gebäude für viele Architekten zu einem Prüfstein, an dem sie die Frage, was brutalistisch sei, maßen. Zwar ist es nicht richtig zu behaupten, daß dieser Bau der erste sei, bei dem Le Corbusier die Maschinenästhetik der glatten, unstrukturierten Flächen und Volumen verlassen habe (Beispiele dafür sind verschiedene Entwürfe und Bauten Le Corbusiers aus den dreißiger Jahren), aber es war der erste große Nachkriegsbau, in dem sich diese Gestaltungsart zeigte.

Vorläufer des Brutalismus sind aber meines Erachtens auch bei Aalto zu finden; – so bei dem Studentenwohnhaus des M.I.T., Cambridge (1947/48), bei dem als einem der ersten Bauten das Erschließungssystem als eine miteinander verbundene Folge von Plätzen konzipiert ist. Ebenso zeigt die Rückseite, bei der die Treppenhäuser und Gänge, also einzelne Funktionselemente, betont als bestimmende Gestaltungselemente herausgestellt werden, für den späteren Brutalismus typische Gestaltungsmerkmale.

126

126
Alvar Aalto: Studentenwohnheim des Massachusetts Institute of Technology, Cambridge/Mass., 1947/48

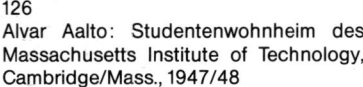

Der englische Brutalismus

127

128

127
James Stirling, James Gowan: Bebauung Langham House, Ham Common/London, 1958

128
Sheffield City Architect's Department (J. Lewis Womersley, City Architect; Jack Lynn, Ivor Smith and Frederick Nicklin, designers); Sheffield (England), Park Hill Development. 1961

129, 131
Sir Leslie Martin, Colin St. John Wilson:
Wohnheim Harvey Court, Cambridge, 1962

130, 132
Richard Sheppard, Robson und Partner:
Churchill College, Dozentenwohnungen,
Cambridge, 1960

129

130

131

132

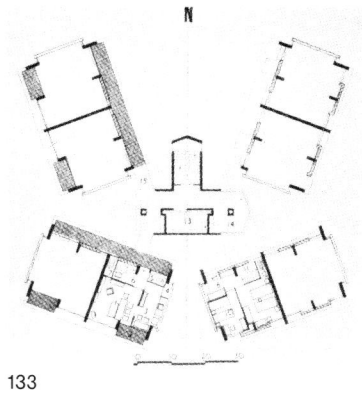

133

133, 134
Denys Lasdun und Partner: Cluster Block,
Bethnal Green/London, 1955–1960

135
Denys Lasdun und Partner: University of
East Anglia, Norwich, ab 1962

135

134

Gestaltungsprinzipien

Der um 1958 einsetzende internationale Brutalismus ist durch eine Reihe von Gestaltungstendenzen zu bestimmen. Man kann sie am besten charakterisieren, wenn man sie mit der Auffassung Mies van der Rohes vergleicht. Mies geht davon aus, eine sich als sinnvoll erweisende rechtwinklige Grundfläche in einzelne Räume zu unterteilen: der Großraum wird in kleinere Teilräume zerlegt, wobei die Unterteilung so ausgeführt wird, daß sie jederzeit wieder aufgehoben werden kann. Im Gegensatz dazu geht der Brutalismus (oder dasjenige, was ich darunter verstehe) von der einzelnen, kleineren Raumgruppe aus, die gemäß der Funktion proportioniert und mit anderen verbunden wird. Mit anderen Worten: autonome und als solche ästhetisch betonte Funktionselemente werden zusammengefügt. Ausgangspunkt ist also nicht die Großform, sondern die Einzelform. Während aus der Auffassung Mies van der Rohes der reine Quader resultiert, entsteht aus der Auffassung der Brutalisten ein aus Einzelkörpern zusammengesetztes, mit Vor- und Rücksprüngen versehenes Ganzes. Hinter diesem Gestaltungsprinzip steht eine Funktionsauffassung. Sie besagt, daß es bestimmte, genau zu definierende Teilfunktionen gibt, die durch spezifische Gebäudeformen erfüllt werden können, während hinter der Großform Mies van der Rohes die Auffassung steht, daß es keine spezifischen Funktionen gibt, sondern daß es nur darum gehen könne, den beliebig zu nutzenden, anonymen Großraum zu schaffen.

Ich möchte dieses Prinzip des Brutalismus ein städtebauliches nennen, denn hier wie dort geht es darum, aus spezifischen, unterschiedlichen Funktionen dienenden Einheiten das Ganze zusammenzusetzen. Ein typisches Beispiel für diese Auffassung ist das Gebäude der Ingenieurabteilung der Universität Leicester. Die Smithsons versuchen, beim Entwurf für die Secondary School in Hunstanton eine Reihe von sich selbst zusammenhaltenden Gemeinschaften zu schaffen, die sich wie die Einheiten einer Stadt zu einem Ganzen fügen.

Je nach Temperament und Eigenart ist die Tendenz zur Einbindung der autonomen Gebäudeteile mehr oder weniger stark. Aber selbst da, wo die alles überspielende Großform angestrebt wird, bleibt die Einzelheit sorgfältig akzentuiert. Eines der Mittel zur Akzentuierung von Raumfolgen nach außen sind dabei ungewöhnliche Fensterformate, die teilweise um Ecken herumlaufen – oder sich in der Höhe staffeln.

Das Ergebnis derartiger Gestaltungsprinzipien sind räumlich und plastisch reich gegliederte Anlagen, für die im angelsächsischen Sprachbereich der Begriff »cluster« geprägt wurde. Was sich so zunächst als ein von innen nach außen entwickeltes Gebilde darstellte, das durch eine auf die Funktion bezogene Raumform bestimmt wurde, hat sich heute bereits verselbständigt. Der ästhetische Reiz derartiger Anlagen war so groß, daß sie bereits als Selbstzweck, also nicht bezogen auf einen Inhalt, entwickelt werden.

Die Tendenz zu separieren, jedes Funkionselement als autonomes Formelement zu begreifen, führte zur gestalterischen Betonung funktionaler Sekundärelemente. Sie kann in bestimmten Fällen sinnvoll

136

sein, sie führt aber auch zu einer exhibitionistischen Ausdruckssteigerung und kann als Vorläufer der manieristischen Tendenzen der siebziger Jahre gesehen werden.

Die Gefahr der exhibitionistischen Ausdruckssteigerung zeigt sich
auch in der Art der Verwendung der Baustoffe. Banhams Kennzeichnung, daß der Baustoff »as found«[11] verwendet werden soll, läßt sehr
unterschiedliche Interpretationen offen. Denn das »as found« bezieht
sich beim Stahlbeton, dem beliebten Baustoff der Brutalisten, auf die
Herstellungsweise und die Kornzusammensetzung, also auf zwei Faktoren, die weder ursprünglich noch vorgefunden sind. Der Brutalist
wählt jene Herstellungsweise, die einen möglichst grobkörnigen, rauhen Beton ergibt. Diese Tendenz zur Rauheit führt schließlich dazu,
daß dort, wo die direkte Herstellungsweise zur Erzielung des
gewünschten Effektes nicht ausreicht, der Beton noch nachträglich
steinmetzmäßig aufgerauht wird (wie bei dem Gebäude der Kunstabteilung der Yale University in New Haven von Paul Rudolph, 1959 bis
1963). Die gleiche Vorliebe für das Rauhe zeigt sich auch bei der Auswahl der Ziegelsteine. Auch hier gilt die Vorliebe nicht dem glatten
Baustoff, dem Klinker, sondern dem unregelmäßigen Ziegelstein zwei-

[11] Reyner Banham: The New Brutalism,
a. a. O.

91

ter Wahl. So ist schließlich jene leicht kopierbare Masche des Oberflächenbrutalimus entstanden, die mit dem ernsthaften Brutalismus nichts mehr gemein hat.

Der gleiche Prozeß der Ablösung zunächst als wesentlich unterstellter Sinngehalte zeigt sich auch in der Behandlung der Konstruktion. Es gibt Beispiele, bei denen die Betonung konstruktiver Elemente zur Verdeutlichung und Ablesbarkeit des Kräfteflusses dient; bei anderen dagegen – und hierzu gehört das Marchiondi-Institut in Mailand von Vittoriano Viganò (1959) – werden konstruktiv erscheinende Formen formal verwendet.

Die Tendenz, Raumgefüge, Konstruktionen und Baustoffe durch Betonung ablesbar zu machen, wird begleitet von einem Streben nach Schwere. Es geht nicht um die grazile, leichte Form, sondern um den Ausdruck lastender Körperlichkeit. Das zeitweilig auch die Architektur bestimmende Ideal des Ingenieurs, mit einem Minimum an Mitteln ein Maximum an Raum zu überqueren, gilt nicht für den Brutalismus.

Das Zuviel an Mitteln trägt die Gefahr der Übergestaltung in sich. Überspitzt könnte man formulieren, daß überall dort, wo dauernd etwas geschieht, nichts mehr wahrgenommen werden kann, weil die Erlebnisfähigkeit abgestumpft wird. Angesichts der Herden von Wasserspeiern, die infolge einer falsch verstandenen Anwendung des Brutalismus viele Gebäude bevölkern, sei an den einen von Ronchamp erinnert!

Wenn am Anfang davon gesprochen wurde, daß der Brutalismus seine ursprüngliche Kraft verloren hat und allzu rasch ein Opfer modischer Abnutzungserscheinungen wurde, so können jetzt die Gefahren, die

137

138

137
John Andrews, Page & Steele: Scarborough College, University of Toronto, 1964–1966

138
Paul Rudolph: Gebäude der Architektur- und Kunstabteilung der Yale University, New Haven/Conn., 1959–1963

seinen Bestand bedrohten, gekennzeichnet werden: es sind der exhibitionistische Exzeß und die Überbetonung der haptischen Oberfläche.

Für viele erschöpft sich der Begriff Brutalismus in der rauhen Oberfläche; für die Epigonen ist an die Stelle der eleganten Industrieform, an die Stelle des Curtain Wall das Grobschlächtige getreten: eine Architekturmode hat die andere abgelöst. Demgegenüber muß festgehalten werden, daß der Brutalismus nicht auf eine besondere Art der Fassadenkosmetik zielte. Er erneuerte vielmehr die moralischen Imperative der Moderne, wie sie sich in den Schriften von Berlage bis Bakema finden. Er versuchte, die emotionale Unterkühltheit der Architektur Mies van der Rohes zu überwinden. Der Brutalismus begriff das Bauwerk als ein von innen nach außen zu entwickelndes Gebilde und weckte wieder den Sinn für die plastischen Qualitäten der Raumbegrenzung.

Der Ausgangspunkt der Theorien des Brutalismus lag in der Feststellung von Alison und Peter Smithson, daß »jede Diskussion über den

140

139
Kenzo Tange: Kulturzentrum, Nichinan, 1962

140
Vittoriano Viganò; Mailand, Istituto Marchiondi. 1959

139

141
Helmut Striffler: Evangelische Versöhnungskirche im ehemaligen Konzentrationslager Dachau, 1965–1967

142
Gottfried Böhm: Rathaus, Bensberg, 1963–1967, Wettbewerbsentwurf 1962

141
142

[12] Reyner Banham: Brutalismus in der Architektur, a. a. O., S. 47

143

143
Kenzo Tange: Rathaus, Kurashiki, 1958–1960

144
Kunio Mayekawa: Städtische Festhalle, Tokio, 1958–1961

Brutalismus am wesentlichen vorbeigeht, wenn nicht seinem Bemühen Rechnung getragen wird, die Wirklichkeit objektiv zu sehen ... Der Brutalismus versucht, der Gesellschaft der Massenproduktion zu entsprechen«.[12] Es blieb jedoch bei diesem Postulat. Der internationale Brutalismus ging andere Wege. Die Betonung des Rauhen führte zur Verwendung handwerklicher Arbeitsmethoden, die Anwendung industrieller Techniken und Konstruktionen unterblieb; – aus einer Ethik wurde eine neue Ästhetik, die in den Händen von Epigonen rasch verflachte.

144

Formalistische Tendenzen

Zur Begriffsbestimmung

Der Begriff Formalismus und die Bezeichnung formalistisch haben für viele Architekten negative Bedeutung. Der Begriff wird hier jedoch nicht im abwertenden Sinne gebraucht, sondern historisch. Er dient zur Charakterisierung gewisser Strömungen der heutigen Architektur. Inwieweit einzelne formalistische Erscheinungen positiv oder negativ zu bewerten sind, hängt von der Beurteilung der geschichtlichen Situation und der Einschätzung künftiger Tendenzen ab.

Allgemein wird hier also mit Formalismus eine Auffassung bezeichnet, welche die Form gegenüber dem Inhalt betont.

So einleuchtend diese allgemeine Definition des Formalismus in der Architektur auch erscheinen mag, die Schwierigkeit liegt darin, zu definieren, was unter Inhalt in der Architektur zu verstehen ist. Üblicherweise wird darunter Zweckerfüllung verstanden und Bezogenheit der Form auf Aufgabenstellung, Material, Konstruktion und Raum. Aber selbst diese Begriffe sind nicht objektivierbar; – was zum Beispiel zweckmäßig ist, darüber hat es zu verschiedenen Zeiten verschiedene Auffassungen gegeben. Der Begriff Inhalt ist also nur relativ zur Auffassung einer Zeit zu bestimmen.

Formalismus

Von hier aus erklärt sich auch die häufig mit der Bezeichnung dieses Begriffes verbundene negative Wertung; – als formalistisch gilt alles, was den allgemein akzeptierten Inhaltsbegriff negiert. Das zunächst als negativ Kritisierte kann sich aber auch als die Vorwegnahme künftiger Möglichkeiten erweisen, etwa in dem Sinne, in dem Bakema die von Louis Sullivan geprägte These »form follows function« in »form evokes function« umprägte. Oder aber, um ein anderes Beispiel zu erwähnen, indem vom Architekten Formen konzipiert werden, deren adäquate Konstruktion im Sinne einer Identität von Konstruktion und Form mit den vorhandenen Mitteln noch nicht möglich ist, wohl aber mit Mitteln, die auf neuen Einsichten und Konstruktionsmaterialien beruhen.

Formalismus in der Architektur ist also eine Erscheinung, deren Wertung zu unterschiedlichen Urteilen führen kann. Die Beurteilung ist abhängig von exakten Analysen des Einzelbauwerkes und einer auf Intuition beruhenden Einschätzung zukünftiger Entwicklungen. Stärker als bei der Betrachtung anderer Erscheinungen ist der Kritiker hier der Gefahr von Fehlurteilen ausgesetzt.

145
Skidmore, Owings & Merrill: John Hancock Mutual Life Insurance Company, San Francisco/Cal., 1960

145

Unabhängig davon, wie der Kritiker zu diesem Problem Stellung nimmt, ob er also Verfallserscheinungen diagnostiziert oder neue Möglichkeiten zu erkennen glaubt, bleibt das Faktum zu registrieren, daß sich seit Ende der fünfziger Jahre formalistische Erscheinungen bemerkbar machten, und zwar gerade bei jenen Architekten, die sich bisher in der als »Technische Perfektion« bezeichneten Strömung ausgezeichnet hatten. Ein Beispiel dafür sind Skidmore, Owings und Merrill, ein anderes ist Philip Johnson.

In den Bauten von Skidmore, Owings und Merrill zeigten sich zunächst die der »Technischen Perfektion« zugänglichen Möglichkeiten: sie reichen von der Lösung des Curtain Walls als vorgehängte Haut bis zur Sichtbarmachung der Konstruktion als bestimmendes Formelement. Bei aller Differenzierung blieb die Formensprache auf Aufgabe und Material bezogen, sachlich und an die Ästhetik Mies van der Rohes gebunden. Diese strenge und sachliche Architekturauffassung haben Skidmore, Owings und Merrill mit dem Bürogebäude der John Hancock Mutual Life Insurance Company in San Francisco (1960) verlassen. Es ist bezeichnend, daß sich diese Veränderungen auf die äußere Form beziehen, der Aufbau des Bürogebäudes und die Grundrißglie-

146

derung mit zentralem Festpunkt bleiben unverändert. Das 15geschossige Turmhaus ist als Massivbau mit tragendem Kern und an der Außenseite angeordneten Massivscheiben aus Schüttbeton errichtet; – im Gegensatz zu den Bürobauten der fünfziger Jahre, die durchweg als Skelettbauten errichtet wurden. Diese Konstruktionsart bedingt zwangsläufig eine Reduzierung der Fensterflächen: anstelle durchgehender Fensterflächen weist das Gebäude Einzelfenster auf. Es ist schwer zu unterscheiden, was der Ausgangspunkt war: eine veränderte Formeinstellung oder die Konsequenz der verwendeten Konstruktionsart.

Entscheidend für die Klassifizierung ist die Ausbildung des Erd- und ersten Obergeschosses. Um die Lasten der Obergeschosse auf die hier in weiten Abständen angeordneten Stützen abzuleiten, ist ein Abfangträger notwendig. Da zudem die Stützen gegenüber der Ebene der Außenwand zurückgesetzt sind, müssen die Lasten von der Ebene der Außenwand auf die Stützebene zurückgeführt werden. Um diesen statischen Erfordernissen gerecht zu werden, verwenden die Architekten eine Form, die in der Ansicht und im Schnitt durch Bogen begrenzt ist. Während die vordere Begrenzung der Abfangträger als Segmentbogen noch motiviert werden kann (Zunahme der Biegemomente über den Stützen), ist die hintere Begrenzung als halber Kreisbogen nicht mehr konstruktiv motivierbar. Auch die Verbreiterung der Stütze nach vorn ist bei einem Material, das druck- und zugfest ist, nicht aus der Konstruktion ableitbar. Und ein weiteres fällt auf: während in der Erdgeschoßzone sorgfältig zwischen tragender Konstruktion und ausfüllender Wand unterschieden ist, wird durch die gleichmäßige Verkleidung der Obergeschosse mit Granitplatten dieser strukturelle Unterschied verwischt. Tragend sind nur die Wandfragmente zwischen den Pfeilern, die Teile oberhalb und unterhalb der Fenster haben keine tragende Funktion.

Die Gestalt dieses Bauwerkes ist also, obwohl die Konstruktion teilweise freigelegt wird, von formalen, d.h. nicht inhaltsbezogenen Überlegungen bestimmt. Sie zielen auf plastische Durchformung einzelner Teile und auf die Geschlossenheit des Baukörpers; – also auf die Abkehr von der Glasfassade früherer Bauten.

Ein anderes Beispiel ist die Banque Lambert in Brüssel (1958–1962). Auch hier zeigt sich die Abkehr von der Glasfassade, allerdings in anderer Form als bei dem Bürogebäude der John Hanrock Co. in San Francisco. Die Begrenzung der Büroräume ist nach innen gezogen und liegt hinter der nach außen gesetzten Tragkonstruktion des Baues. Sie besteht aus kreuzförmigen Fertigelementen aus Stahlbeton, die jeweils in Geschoßmitte durch ein Stahlgelenk untereinander verbunden sind. Zwei Feststellungen sind zunächst zu treffen: Form und Konstruktion sind identisch, die gewählte Konstruktionsform mit Gelenken in jeder Stützenachse und in jedem Geschoß ist in der Herstellung aufwendig. In diesem Bau verbindet sich das Streben nach Abkehr von der herkömmlichen Curtain-Wall-Fassade mit der Suche nach der ungewohnten, überraschenden Konstruktionsform. Die Organisationsform des Gebäudes mit zentralem Kern und frei unterteilbarer Bürofläche erfährt dabei gegenüber früheren Bauten keine Veränderung. Die Veränderung bezieht sich ausschließlich auf den Ausdruck der Form (Schwere statt Leichtigkeit, Geschlossenheit statt Offenheit, Tektonik statt Hülle).

Philip Johnson war zunächst Kunstkritiker und gab 1932 zusammen mit Henry-Russell Hitchcock ein vielbeachtetes Buch über die moderne Architektur heraus. Er wirkte am Museum of Modern Art in New York und war maßgeblich daran beteiligt, daß die moderne Architektur in Amerika bekannt wurde. Ende der dreißiger Jahre entschloß er sich, Architektur zu studieren. Seine Einstellung zu architektoni-

147

147
Philip Johnson: Schrein, New Harmony/Ind., 1960

99

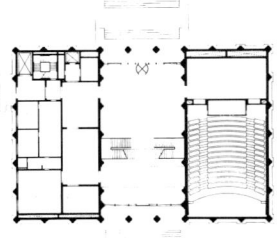

148

148, 149
Philip Johnson: Sheldon Memorial Art Gallery, University of Nebraska, Lincoln/Neb., 1960–1963

149

schen Fragen unterscheidet ihn von vielen seiner Kollegen. Die genaue Kenntnis der Architektur vergangener Zeiten regte ihn zu dem Versuch an, Gestaltungsprinzipien der Vergangenheit wieder für die Gegenwart zu aktivieren. Dabei bewahrte ihn lange Zeit eine von Mies van der Rohe beeinflußte strenge Formdisziplin vor jeder schwächlichen Nachahmung. Ende der fünfziger Jahre deutet sich bei ihm ein Wandel an, er versucht, das Erbe Mies van der Rohes zu überwinden. Er verwirft »die sieben Krücken der modernen Architektur«,[13] zu denen er unter anderem Zweckmäßigkeit und Konstruktion rechnet, und sucht eine Architektur, deren »Aufgabe hier auf Erden ist, zu ihrer größeren Schönheit beizutragen, so daß spätere Generationen auf die Formen, die wir ihnen hinterlassen, zurückschauen können und daran dieselbe erregende Freude haben, wie ich sie habe, wenn ich selbst zurückschaue – auf den Parthenon, auf die Kathedrale von Chartres«.[14] Ein Beispiel dafür ist der Schrein in New Harmony, Indiana (1960). Er ist »reine Form – häßlich oder schön –, aber reine Form«.[15] Das Spekulative spielt bei Johnson eine große Rolle, in der Formfindung ebenso wie in der eigenen Argumentation. So baut er sich unmittelbar neben seinem Glashaus einen kleinen Gartenpavillon (1962),

[13] Philip Johnson: Die sieben Krücken der Modernen Architektur, Perspekta III, 1955, abgedruckt in: John Jacobus: Philip Johnson, Ravensburg 1962
[14] Philip Johnson: Die sieben Krücken der Modernen Architektur, a. a. O.
[15] Brief an Jürgen Joedicke vom 6.12.1961, abgedruckt in: John Jacobus: Philip Johnson, Ravensburg 1962

der bewußt in einem falschen Maßstab konstruiert ist; er wirkt wie ein Modell im halben Maßstab, seine Größe ist berechnet für Liliputaner. Und für diese intellektuelle Spielerei hat er auch die entsprechende Begründung bereit:»Es tut wohl, im falschen Maßstab zu sein – zu klein oder zu groß zu sein. Wie klein ist man im Schiff der Peterskirche in Rom ..., wie groß fühlt man sich in einem Puppenhaus.«[16] Und als Grund für dieses Gartenhaus führt er neben der Notwendigkeit, ein solches zu besitzen, an, daß er »völlig bewußt die moderne, herkömmliche, sachliche Architektur vor den Kopf stoßen«[17] wollte; – eine manieristische Motivation.

Die bei diesem Bau verwendeten Bogenstellungen finden sich auch bei anderen Gebäuden, beim Amon Carter Museum of Western Art, Fort Worth, Texas (1961), bei der Sheldon Memorial Art Gallery der University of Nebraska in Lincoln (1960–1963) und bei einem der Vorentwürfe für das Asienhaus in New York (1960). Die Argumentation charakterisiert seine Einstellung: »Der Gedanke eines Bogens steht natürlich im Widerspruch zum modernen Entwurfsprinzip der Nützlichkeit, weil es klar ist, daß diese Bogen nicht wirklich konstruktiv tragend, – also nicht ehrlich sind. Aber für mich sehen sie gut aus, und ich habe sie gern ... die großen 12-m-Bogen der Sheldon-Kunsthalle in Lincoln, Nebraska, sind monumental und sollen einen erhebenden Eindruck machen, man soll dadurch für die schönen Künste in diesem Bau empfindsam gemacht werden.«[18]

Die Lösung der Form vom Inhalt und ihre alleinige Bestimmung durch subjektive Geschmacksfragen und intellektuelle Assoziationen zeigt sich auch in den verschiedenen Entwürfen für die Fassade des Asienhauses in New York: der erste Entwurf zeigt ein geschlossenes Sockelgeschoß und Gliederung der Obergeschosse durch Stützen, die unterhalb des Gesimses durch Bogen zusammengefaßt sind, der zweite und dritte dagegen eine Metall-Glasarchitektur, wobei einmal die Konstruktion freigelegt wird, zum anderen ein Curtain Wall Verwendung findet.

Es ist schwer, die Antriebe Johnsons im einzelnen zu analysieren, zumal seine eigene Argumentation oft eher geeignet ist, Verwirrung zu stiften als zu klären. Als sicher kann unterstellt werden, daß er Anregungen aus seiner genauen Kenntnis der Baugeschichte gewinnt. Es handelt sich dabei zunächst noch nicht um einen Eklektizismus im Sinne von Formenübernahmen (– wie wir ihn teilweise in der zweiten Hälfte des 19. Jahrhunderts vorfinden), sondern vielmehr um die Verarbeitung bestimmter Anordnungsprinzipien und Raumbildungen. Selbst ein Bau wie das Museum des Munson-Williams-Proctor Institute in Utica, New York (1957–1960), der in der Anordnung der Konstruktion deutliche Einflüsse von Mies van der Rohe zeigt, ist in der Behandlung des Raumes als von außen abgeschlossenes Kontinuum historisch bestimmt. Am gleichen Bau erfolgt aber auch die dialektische Umformung: das Sockelgeschoß öffnet sich nach außen. Dasselbe dialektische Spiel zeigt auch der Reaktor in Rehovot/Israel (1961): nach außen betont geschlossen, zum Innenhof geöffnet.

150

[16] Philip Johnson: Volle Größe, falscher Maßstab, Show, Juni 1963, abgedruckt in: John Jacobus: Philip Johnson, Ravensburg 1962
[17] Philip Johnson: Volle Größe, falscher Maßstab, a. a. O.
[18] Philip Johnson: Volle Größe, falscher Maßstab, a. a. O.

Die Tendenz zu schweren, lastenden Formen zeigt sich in seinen späteren Arbeiten. Das Kline Science Center der Yale University in New Haven, Conn. (1962–1965), ein Hochhaus und zwei flache Bauten, ist außen durch voluminöse, als Zylinder erscheinende Formen aus Ziegelstein gegliedert. Dazwischen spannen sich massive horizontale Streifen. Gegenüber dieser Struktur sind die Raumbegrenzungen zurückgesetzt. Das Ganze stellt praktisch eine in das Monumentale gesteigerte Abwandlung des »Haut und Knochen«-Prinzipes Mies van der Rohes dar.

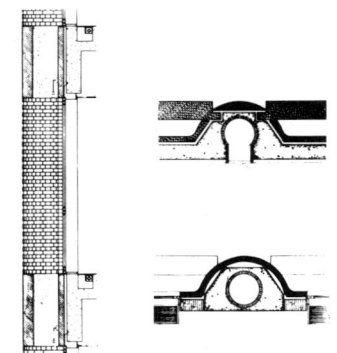

151

151, 152
Philip Johnson: Kline Science Center der Yale University, New Haven/Conn., 1962–1965

153
Max Abramovitz, Wallace K. Harrison, Philip Johnson, Eero Saarinen: Lincoln Center for the Performing Arts, New York, 1957–1966

152

153

Der Eindruck lastender Schwere, den die Fassadengestaltung des Hochhauses hervorruft, entsteht durch die voluminöse Ausbildung der Säulen. Sie sind in der Eingangshalle im Erdgeschoß und im Installationsgeschoß als Rundzylinder abzulesen, während sie in den Normalgeschossen als Halbzylinder ausgebildet sind. Es stellt sich die Frage, worin die voluminöse Ausbildung begründet ist. Die Außensäulen enthalten die vertikalen Elemente der Konstruktion, die Stahlbetonstützen, und ein Entlüftungsrohr von 50 cm Durchmesser. Für beides reicht der Halbzylinder der Normalgeschosse aus: die Ausbildung als Vollzylinder im Erdgeschoß und im Installationsgeschoß ist somit nur in formalen Überlegungen zu begründen. Die gleiche Tendenz zur Überdimensionierung zeigt sich auch bei der Ausbildung der außen sichtbaren Deckenstreifen.

Im Inneren sind die Stützen des Hochhauses mit schmal dimensioniertem, rechteckigem Querschnitt ausgebildet, eine an sich logische Entscheidung, da hier keine Entlüftungsrohre in den Stützen notwendig sind. Jedoch durchbricht Johnson dieses Prinzip wieder an anderen Stellen, so in der Bibliothek oder bei den vorgelagerten Loggien, wo die Stützen wieder als voluminöse Rundzylinder ausgebildet sind. Es wurde bereits auf die kritische Einstellung einiger Formalisten gegenüber den gültigen Prinzipien der modernen Architektur hingewiesen. Bei Johnson findet sich eine völlige Absage an die moralischen Kategorien der modernen Architektur, an die »Krücken«[19] der Architektur.

Wie fließend die Grenzen zwischen Brutalismus und Formalismus sind, läßt Paul Rudolphs Gebäude der Architektur- und Kunstabteilung der Yale University in New Haven (1959–1963) erkennen. In seiner betont plastischen Gestaltung, dem Vorziehen einzelner Trakte, scheint es eine auf die Aufgabe bezogene Lösung darzustellen. Untersucht man jedoch im einzelnen, welche Räume hinter den jeweils vorgezogenen Trakten angeordnet sind, so zeigt sich eine Diskrepanz zwischen Außenform und der Nutzung der dahinterliegenden Räume. Auch die Rauheit des Betons ist nicht im Sinne des Brutalismus aus dem Herstellungsprozeß entwickelt, sondern künstlich erzeugt. In die Schalung wurden dreieckförmige Leisten eingelegt. Nach dem Ausschalen wurden die so entstehenden Grate teilweise abgeschlagen. Diese als maniert zu bezeichnende Gestaltungsart zeigt sich auch in der Behandlung der Konstruktion, die schweren Träger werden nicht in der Stützenebene geführt, sondern streichen seitlich vorbei; – eine Maßnahme, die in formalen Überlegungen ihren Ursprung hat. Andererseits zeigt auch die Verwendung der Konstruktion im Inneren als raumgliederndes und und plastisches Element den Willen zur Integration des Einzelelementes; – ein für den Brutalismus typisches Charakteristikum.

[19] Philip Johnson: Die sieben Krücken der Modernen Architektur, a. a. O.

154

155

154, 155
Pietro Belluschi: Erlöserkirche, Baltimore/Md., 1958

Formalismus – Historizismus

Im Gegensatz zum Brutalismus steht der amerikanische Formalismus in einem gespannten Verhältnis zur unmittelbar vorausgehenden Moderne. Was zu dieser Zeit in Europa als lebendige Tradition empfunden wurde, erschien in den USA vielfach als lästige Fessel. So entsteht die paradoxe Situation, daß die kritische Einstellung zu bestimmten Tendenzen der Moderne nicht zu einer progressiven Architekturauffassung führt, sondern in Teilen zu einer Anknüpfung an bestimmte Gestaltungsprinzipien, Anordnungsschemata und Formen historischer Baustile. Der Formalismus führt so bei einigen zu einem Neo-Historizismus.

Um Mißverständnissen vorzubeugen, muß hier mit allem Nachdruck darauf hingewiesen werden, daß die Annahme einer voraussetzungslosen Architektur, wie sie in den Diskussionen der zwanziger Jahre getroffen wurde, eine Fiktion ist. Wer zum Beispiel die frühen Reisen Le Corbusiers nach Italien, Griechenland und der Türkei aufmerksam anhand seiner Skizzen und Notizen verfolgt hat, weiß, wieviel Le Corbusier dem Studium geschichtlicher Bauformen verdankt. Jedoch war die Vergangenheit für Le Corbusier nicht ein manipulierbarer Fundus von Formen, sondern er fand durch das Studium der Vergangenheit zu sich selbst. Das Studium der historischen Baugestaltungen diente ihm zur Bestätigung seines eigenen Wollens. Und so sicher es ist, daß ein Spätwerk wie das Kloster La Tourette ohne das genaue Wissen um die Organisationsform mittelalterlicher Klosterbauten nicht denkbar ist, ebenso sicher ist aber auch, daß es ein Bau der Moderne ist, frei von eklektischen Nachahmungen.

Es geht also bei der Kritik am Neo-Historizismus nicht darum, ob die Tradition im allgemeinen Sinne Einfluß auf die Moderne haben kann oder nicht, sondern nur darum, ob die Vergangenheit ein manipulierbares Formenreservoir darstellen kann. Pietro Belluschi hat die hier anklingende Problematik sehr genau bezeichnet: »Nachdem der Kampf gegen dogmatische Vorstellungen gewonnen wurde, wird der Architekt – wie ich hoffe – auch etwas Toleranz den menschlichen Symbolen und Formen der Vergangenheit gegenüber gewinnen, weil das Volk diese Symbole notwendig braucht ..., weil sie ein Gefühl der Kontinuität geben, welches dem Volk Vertrauen in die Entwicklung verschafft.« Aber auch: »Architektonische Formen, welche nicht aus der Logik, dem Studium und dem tiefen Verständnis der besonderen Probleme entwickelt werden, kommen in gefährliche Nähe zum Manierierten oder Modischen.«[20]

Die Spielbreite der Anlehnung an die Vergangenheit ist groß. Sie reicht von der Übernahme klassizistischer Raumausbildungen bei modernen Formen, so bei Johnsons Munson-Williams-Proctor Institute in Utica, über die Anlehnung an pittoreske Bauformen mittelalterlicher Städte (Ezra Stiles und Samuel F. B. Morse-Studentenwohnhäuser in New Haven, Conn., 1958–1962, von Eero Saarinen) bis zur Verwendung gotischer Einzelformen bei Minoru Yamasaki (Synagoge Glencoe, Illinois, 1964; Verwaltungsgebäude N. W. National Life Insurance in

[20] Pietro Belluschi in: Jo Stubblebine: The Northwest Architecture of Pietro Belluschi, New York 1953, S. 13 und 22

157

Minneapolis, 1964/65). Amerika findet sich offensichtlich in diesem
monumentalen Neo-Historizismus bestätigt, was auch das aus Privat-
initiative errichtete Lincoln Center for the Performing Arts in New York
(Max Abramovitz, Wallace Harrison, Philip Johnson, Eero Saarinen,
1957–1966) mit seinen monumentalen, historisierenden Bauformen
zeigt.
Inwieweit dieser Trend durch die Architekturkritik gefördert wurde,
bleibt offen. Immerhin ist festzustellen, daß einige amerikanische

156

158

159

Minoru Yamasaki: Verwaltungsgebäude N. W. National Life Insurance, Minneapolis/ Minn., 1964/65

159

Architekturkritiker versuchen[21], Analogien zu historischen Bauformen herzustellen. Vielleicht entsprang diese Art der Betrachtung der polemischen Absicht, der modernen Architektur den Ruf des rein Zweckmäßigen ohne ästhetische Qualität zu nehmen und sie durch den Vergleich als ebenbürtig mit vergangenen Stilen zu kennzeichnen. Wenn diese Annahme richtig ist, dann macht die polemische Absicht den wissenschaftlichen Wert der Methode zweifelhaft.

Wenn hier das Werk Eero Saarinens, Philip Johnsons und Minoru Yamasakis als Beispiel für die veränderte Einstellung zur Vergangenheit genannt wird, so muß zugleich aber auf die Unterschiede aufmerksam gemacht werden. Was Johnson und Saarinen vortragen, hat bei aller Einschränkung noch Qualität, während sich Yamasaki in Manieriertheiten verliert. An seinen Bauten läßt sich der Prozeß der Entwicklung einer manierierten Form in einzelnen Phasen deutlich ablesen. Das Flughafengebäude in St. Louis (1954) ist von Tonnenschalen, die in Form dreier sich wiederholender Kreuzgewölbe angeordnet sind, überdeckt. Die Form-Inhalt-Beziehung ist vorhanden, auffällig aber ist das Streben nach einer besonderen und herausragenden Form. Beim Betoninstitut in Detroit (1958) deutet sich eine erste Auflösung dieser Form-Inhalt-Beziehung an. Das schmale Gebäude ist von einem Faltwerk überdeckt, einer Konstruktionsform, die von der Aufgabe her, der Überdeckung eines schmalen Gebäudes, nicht mehr begründet werden kann. Sie kann nur als expressive Übersteigerung der Konstruktionsform gedeutet werden.

Die hier noch vorhandene Konstruktion-Form-Beziehung wird beim Wissenschaftspavillon in Seattle (1961/62) aufgelöst. Als konstituierendes Formelement tritt ein gotisierender Spitzbogen auf; – eine Form, die bei einem gotischen Bauwerk in einem genau zu definierenden Sinnzusammenhang mit anderen und mit der Konstruktion stand. Yamasaki löst diese Form aus ihrer historischen Vielschichtigkeit und reduziert sie auf ein Dekorationselement. In der Manipulation vorgegebener Ausdrucksmittel und der Negierung ursprünglicher Sinnzusammenhänge zeigt sich die Manieriertheit seiner Formensprache. Es wäre aber, zumindest theoretisch, die Frage zu stellen, ob die auf diese Weise entstandene desintegrierte Architektur schöpferische Ansätze enthält. Nach der Ästhetik von Max Bense[22] bedeutet dies Vermehrung des Bekannten durch neue Information. Sie besteht hier in der für den Betrachter in unserer Zeit überraschenden Tatsache der Wiederverwendung gotisierender Formen. Anfängliche Sensation aber ist kein Ersatz für ästhetische Information. Im Gegenteil erfahren die Bauten von Yamasaki eine Minderung der ästhetischen Information durch Redundanz, das heißt durch die Verwendung von Elementen vergangener Stilepochen.

[21] so z.B. William H. Jordy: Seagram Assessed, Architectural Review, Dezember 1958. Auch John Jacobus wendet in seinem Buch »Die Architektur unserer Zeit«, a. a. O. diese Methode an
[22] Max Bense: Aesthetica, Baden-Baden 1965

Das Spätwerk von Eero Saarinen

Davon kann im allgemeinen im Werk Eero Saarinens nicht gesprochen werden, wenn freilich auch bei einigen schwacheren Werken Manieriertheiten nachzuweisen sind; – so bei dem Studentenwohnheim der University of Pennsylvania in Philadelphia (1957-1960) und der Botschaft der USA in London (1955-1960), wo die Gliederung der Fassaden durch Manipulation herkömmlicher Fensterformate bestimmt ist.

In den Stiles und Morse Studentenwohnhäusern übernimmt Saarinen bestimmte Anordnungsprinzipien mittelalterlicher Bauformen. Die Argumentation dafür ist die gleiche, die sich auch bei anderen Architekten findet: es ist der Versuch, sich an eine vorhandene Situation anzupassen und eine bestimmte Atmosphäre zu schaffen. Grundsätzlich muß aber die Frage gestellt werden, ob die vorhandene neogotische Bebauung einen solchen Versuch rechtfertigt, und zum anderen, ob es überhaupt möglich ist, Anordnungsprinzipien, die aus einer bestimmten geschichtlichen und soziologischen Situation entstanden sind, in unserer Zeit meist völlig veränderten Voraussetzungen neu zum Leben zu erwecken. Angesichts der durch Saarinen auf-

160

160
Eero Saarinen & Ass.: Ezra Stiles und Samuel F. B. Morse, Studentenwohnhäuser, Yale University, New Haven/Conn., 1958–1962

162

161

geworfenen Frage, wie ein neues Gebäude in einer von Bauwerken vergangener Stilepochen geprägten Umgebung eingeführt werden kann,
sollte man sich daran erinnern, wie früher Baumeister dieses Problem
gelöst haben. Balthasar Neumann zum Beispiel hat am Anfang des 18.
Jahrhunderts an den romanischen Dom in Würzburg die Schönborn-
Begräbniskapelle angefügt. Er hat sich dabei ohne Kompromiß der
Formenwelt seiner Zeit, des Barocks, bedient, im Maßstab aber und in
den Proportionen die vorhandene romanische Bebauung aufgenommen.

In einigen der letzten Werke Saarinens zeigt sich eine charakteristische Veränderung. Er verzichtet darauf, Anleihen bei der Vergangenheit zu machen. Die Betonung der Form ist zwar noch vorhanden,
aber unverkennbar ist der Versuch, die Integration von Inhalt und Form
wiederzugewinnen.

Im Hinblick auf den beim TWA-Flughafenempfangsgebäude in Idle-
wild, New York (1956–1962), unternommenen Versuch, eine außerarchitektonische Bildhaftigkeit auf ein Gebäude zu übertragen, ist man
versucht, von einer manieristischen Tendenz zu sprechen, da im
Manierismus des 16. und 17. Jahrhunderts Analogiestreben, d.h. die
Übertragung von Bedeutungsinhalten auf andere Bereiche, weit verbreitet war. Saarinen gab dem Bauwerk den Ausdruck des Bewegten,
wobei das Formvorbild ein zum Flug ansetzender Vogel gewesen ist,
wie sich aus der Frontalansicht deutlich ablesen läßt. Die Überdeckung des Hauptbaues schwingt weit nach oben und nach beiden Seiten gleich den Flügeln eines Vogels aus. Die Auflagerpunkte sind weit
nach innen gezogen; – zwischen ihnen ragt spitzschnabelartig die
Überdeckung des mittleren Teils nach vorn. Die der Gebäudeform
zugrunde gelegte außerarchitektonische Bildhaftigkeit ist in allen Teilen erkennbar. In diesem Analogiestreben zwischen heterogenen
Bereichen ist ohne Zweifel eine manieristische Tendenz zu sehen.

Saarinen hat selbst davon gesprochen, daß er in seinem Gebäude die »erregte Reisestimmung« wiedergeben wollte. »So planten wir das Gebäude nicht als etwas Statisches, sondern als einen Ort der Bewegung und des Überganges.«[23] An dieser Interpretation des Bauwerkes sind zwei Dinge interessant: einmal wird der Formausdruck als wesentliches Ziel angegeben, und zum anderen wird versucht, durch Bildhaftigkeit des Bauwerkes bestimmte Assoziationen auf den Benutzer zu übertragen. Mit Recht wies John Jacobus darauf hin, daß Saarinen eine »architecture parlante« anstrebte, »eine literarische Architektur, die Gefühle hervorruft und das Gemüt beeindruckt«.[24]

Diese Feststellung genügt jedoch noch nicht, um das Bauwerk zu charakterisieren. Es ist vielmehr die Frage zu stellen, inwieweit es gelungen ist, die angestrebte Bildhaftigkeit mit den dem Bauen eigentümlichen Mitteln zu bewältigen. Bei einer Analyse der Großform des Baues zeigt sich, daß diese im Einklang mit dem Kräftefluß steht: Konstruktion und Form sind identisch.

Die Überdeckung der Halle ist von vier durch Oberlichtstreifen getrennte Schalen gebildet. Die Kräfte innerhalb der einzelnen Schalen summieren sich an den Rändern zu Resultierenden, die schräg nach unten gerichtet sind und deren Größe zum Auflagerpunkt hin zunimmt. In jedem Pfeiler wirken zwei Resultierende, deren Verlauf sich in der Form der Randglieder und dem mit ihm kontinuierlich verbundenen Pfeiler nach außen abzeichnet. So verbleibt die Feststellung, daß die durch das Analogiestreben Saarinens mögliche Desintegration überwunden und Integration erreicht wurde, soweit es das Verhältnis von angestrebter Bildhaftigkeit und Konstruktion betrifft.

Zu einem anderen Urteil kommt man, wenn man das Verhältnis der Form zur Aufgabenstellung untersucht. Betritt man das Innere, so steht man einer aus der Aufgabenstellung nicht begründbaren, gera-

163

163
Eero Saarinen & Ass.: Dulles International Airport, Chantilly, Washington/D. C., 1958 bis 1962

[23] Eero Saarinen, zitiert nach einer Baubeschreibung des Architekten aus dem Jahre 1959
[24] John Jacobus: Die Architektur unserer Zeit, a. a. O., S. 160

dezu penetranten Symmetrie gegenüber mit dem Informationsabstand als Point de vue. Sie widerspricht der von Saarinen aufgestellten Prämisse, die »erregte Reisestimmung« im Gebäude widerspiegeln zu lassen.

Hinter dem Versuch, dem Gebäude eine von anderen Bezirken entlehnte Bildhaftigkeit zu geben, steckt jedoch mehr als nur die Suche nach dem Ausgefallenen und Überraschenden. Es ging Saarinen wohl auch darum, dem Gebäude individuellen Charakter zu geben.

Hugo Häring hat Ähnliches versucht. Auch er sprach zunächst davon, daß die Leitbilder nicht mehr aus dem Bereich der Geometrie, sondern aus dem Bezirk der organischen Welt zu entnehmen seien.[25]

Jedoch zeigt sein Denken später eine charakteristische Veränderung. Er erkannte, daß die Form nicht von außen oktroyiert werden könnte, sondern aus der Sache entwickelt werden müßte. Und die Sache, um die es, so scheint mir, in der Architektur immer geht, ist die Ausbildung des auf eine Aufgabe bezogenen Raumes und seine Gestaltung innerhalb einer gegebenen städtebaulichen Konzeption. Und dahinter steht letztlich für jeden Architekten die Frage, ob das Bauwerk Ausdruck subjektiver Empfindungen sein kann oder ob das Persönliche gegenüber dem in jeder Aufgabe enthaltenen objektiven Gehalt zurückzutreten habe; – eine Frage, deren Antwort ebenso abhängig ist von der persönlichen Einstellung des einzelnen wie von den in einer bestimmten Zeit herrschenden Tendenzen.

Vielleicht stellen das Empfangsgebäude und die Organisation des Dulles International Airport in Chantilly bei Washington (1958–1962) einen Schritt auf diesem Wege dar. Auch hier lassen sich einige formalistische Aspekte nicht übersehen, wie zum Beispiel die Gestaltung der Ausgänge zu den Parkplätzen. Aber der Ausgangspunkt war nicht formalistisch, sondern der Versuch, eine sachbezogene Organisationsform für einen Flughafen im Zeitalter der Düsenflugzeuge zu finden. Das Ergebnis war die Trennung der Abfertigungshalle und der Stellplätze der Flugzeuge und die Verbindung durch sogenannte »mobile lounge«-Wagen.

So war es möglich, das Empfangsgebäude ohne die üblichen »Finger« als schmales, rechteckiges Gebäude zu konzipieren, das jederzeit erweiterbar ist. Es unterscheidet sich wesentlich von den auf einen fixierten Endzustand hin konzipierten Gebäuden des Formalismus. Für die Konstruktion des Empfangsgebäudes wählte Saarinen ein Hängedach, das an zwei (von unten nicht sichtbaren) Längsträgern aufgehängt ist, die von eingespannten Stützen gehalten werden. Der sich nach oben verjüngende Pfeiler ist ebenso auf den Kräftefluß bezogen wie das nach unten hängende Dach. Ohne Zweifel verband Saarinen mit dieser Form symbolische Vorstellungen (der Flughafen als Tor zur Hauptstadt der USA), aber sie sind auf die Sache bezogen und von hier zu legitimieren. In seinen eigenen Worten drückt sich die Überwindung der formalistischen Motivation der Architektur aus: »Das Empfangsgebäude soll nicht nur als ein Werk der Kunst betrachtet werden. Wir betrachten diese Arbeit als eine Architektenaufgabe, die in einer totalen Beziehung zur heutigen Welt steht.«[26]

[25] Hugo Häring: Wege zur Form, a. a. O.
[26] Aline B. Saarinen: Eero Saarinen on his Work, New Haven und London 1962

Utopische Ansätze

Je mehr sich die Beschreibung architektonischer Sachverhalte der Gegenwart nähert, um so schwieriger ist ihre Betrachtung, Wertung und Einordnung. Manches, was aus der Zeitperspektive wichtig erscheint, kann sich später als Eintagsfliege erweisen; – anderes dagegen, das belanglos oder utopisch erschien, enthielt Ansätze, die sich als fruchtbar für die Zukunft erweisen. Hinzu kommen die Befangenheit des Kritikers, der in der unmittelbaren Zeitnähe begründete mangelnde Überblick und die Schwierigkeit, künftige Entwicklungen zu erfassen.

Da Subjektivität nicht zu vermeiden ist, sei eine persönliche Erfahrung vorangestellt. Der Verfasser gehört zu jener Generation, die unmittelbar nach dem Krieg zu studieren begann und ihre ersten praktischen Erfahrungen als Architekt Anfang und Mitte der fünfziger Jahre sammelte. In diesem Zeitraum begann sich die moderne Architektur in Mitteleuropa nach der Unterbrechung durch politische Verhältnisse und durch Krieg und Kriegsfolgen wieder auszubreiten. Die Träger dieser Entwicklung waren zunächst die gleichen Architekten, welche die moderne Architektur in den zwanziger Jahren begründet hatten: sie allein verfügten über das Wissen und die Erfahrung, um den Faden wieder aufzunehmen und weiterzuspinnen. Bauten wie die Unité d'Habitation in Marseille oder das Illinois Institute of Technology in Chicago waren ohne vergleichbares Beispiel und vorbildlich. Die Jüngeren dagegen, oft genug infolge widriger Zeitumstände an den Schulen mangelhaft informiert, waren gezwungen, durch Selbststudium sich jene Erfahrungen und Erkenntnisse anzueignen, die unter besseren Verhältnissen selbstverständliche Voraussetzung gewesen wären.

Diese Situation änderte sich erst Ende der fünfziger Jahre. Was nachzuholen war, war nachgeholt worden, und das bis dahin unbestrittene Vorbild der Meister begann angesichts neu auftretender Problemstellungen und Einsichten an Faszination zu verlieren.

Dieser Prozeß, der auch andere, ältere Architekten ergriff, verlief nicht ohne Mißverständnisse und gegenseitige Bezichtigungen. Das Ende der CIAM 1959 auf dem Kongreß von Otterlo[27] war ein erstes Zeichen dieses Vorganges.

Anfang der sechziger Jahre meldete sich eine neue Generation zu Wort, die Generation der um 1935 geborenen Architekten, welche ohne den Ballast, den die Generation der um 1925 Geborenen zu tragen hatte, ihre Ideen entwickeln konnten und von der schon eingeleiteten Entwicklung profitierten.

[27] Oscar Newman: CIAM'59 in Otterlo a. a. O., siehe auch den Briefwechsel zwischen J. Bakema, S. Giedion und J. Joedicke

Was diese jungen Architekten vorlegten, waren Utopien. Zweifelsohne hatte diese Tendenz zur Utopie ihren Ursprung in der Unzufriedenheit mit der gegenwärtigen Architektursituation und in den Fesseln, die den Architekten heute durch Gesetze und Verordnungen auferlegt wurden. Es ist relativ einfach, diese Vorschläge vom Standpunkt des Praktikers zu kritisieren und zu verdammen, jedoch können diese Utopien Ansätze enthalten, die sich in der Zukunft als fruchtbar erweisen. Der vorschnelle Kritiker sei daran erinnert, um wieviel ärmer unsere Welt wäre, wenn es nicht jene Träumer gäbe, die sich über die heutigen Realitäten hinwegsetzen und dadurch Perspektiven eröffnen, die dem im täglichen Einerlei der Praxis Befangenen nicht zugänglich sind.

Und schließlich sei auch daran erinnert, daß es notwendig ist, das scheinbar Unerreichbare zu versuchen, um das Zuträgliche und Sinnvolle zu erreichen. Ein Beispiel dafür bieten die Utopisten Anfang der zwanziger Jahre, wie Bruno und Max Taut, Walter Gropius und Hans Scharoun, die später, in der zweiten Hälfte der zwanziger Jahre, vorbildliche Siedlungen in Deutschland erstellten. Für den Historiker ist interessant, daß seit jener Zeit zum ersten Mal wieder Utopien innerhalb der modernen Architektur auftreten.

Metabolisten

Als 1960 in Tokio die World Design Conference stattfand, legte eine Gruppe junger japanischer Architekten ihre Vorschläge für eine Neuordnung Tokios und eine Neuorganisation von Städten vor. Sie nannte sich in Anlehnung an das griechische Wort Μεταβολη (= Veränderung) Metabolisten. Ihre 1960 erschienene Publikation hatte den Titel:»Metabolism, the Proposal for New Urbanism«. Zu dieser Gruppe gehörten neben dem Theoretiker Noboru Kawazoe die Architekten Kiyonori Kikutake (1928), Masato Otaka (1923), Fumihiko Maki (1928) und Noriaki Kurokawa (1934). 1962 vereinigte das Team von Kenzo Tange – K. Tange, K. Kamiya, A. Isozaki, S. Watanabe, H. Koh, N. Kurokawa – ihre Ideen für den Vorschlag einer Erweiterung Tokios.[28] In ihren Projekten wird Architektur nicht als etwas Festgefügtes, Unwandelbares betrachtet, sondern als etwas nicht endgültig Fixiertes, ständig der Wandlung Unterworfenes. Architektur soll so die adäquate Form einer Gesellschaft sein, die ebenfalls prozeßhaft begriffen wird. In diesen Ideen wirkt das Erbe des Shintoismus nach, der den ewigen Wandel aller Dinge und die Kontinuität des Ewigen im Vergänglichen lehrt.[29] Ein weiterer Gedanke ist der der Flexibilität, d.h. der möglichen Veränderung der Nutzung; – ein Gedanke, der auch in alten japanischen Bauten vorgebildet ist. Und schließlich wird der Gedanke der Austauschbarkeit einzelner architektonischer Elemente eingeführt: einzelne Bauteile werden auf eine gewisse Nutzungsdauer hin konzipiert und sollen dann durch andere, verbesserte ersetzt werden. Die Stadt selbst wird als offenes System betrachtet, das Veränderungen erlaubt. Eine große Rolle spielt die Ordnung des Verkehrs. Anstelle eines zentripetalen Systems werden lineare Systeme gewählt, die Ausdehnung ohne Verkehrsverstopfungen erlauben sollen.

Um Flexibilität der Nutzung zu erreichen, wird zwischen weitgespann-

164–166, 168
Kiyonori Kikutake: Meereszivilisation, 1959

164
Schematischer Querschnitt durch Hohlzylinder mit angefügten Wohneinheiten

165
Ansicht und Schnitt einer zweigeschossigen Wohneinheit

166
Erdgeschoß und Obergeschoß einer zweigeschossigen Wohneinheit

168
Modell. Zylinderförmige Hohlkörper in verschiedenen Stadien der Entwicklung. Die Wohnungen werden als vorfabrizierte Elemente außen angebracht.

167, 169, 170
Kiyonori Kikutake: Projekt Unabara, 1960

[28] Plan für Tokio, Bauen + Wohnen, Heft 1/1964
[29] Kenzo Tange hat zusammen mit Noboru Kawazoe ein Buch über den Isetempel herausgegeben, der alle zwanzig Jahre abgerissen und neu erbaut wird: Kenzo Tange, Noboru Kawazoe, Yoshio Watanabe (Fotograf): Ise, Prototype of Japanese Architecture, Cambridge/Mass. 1965

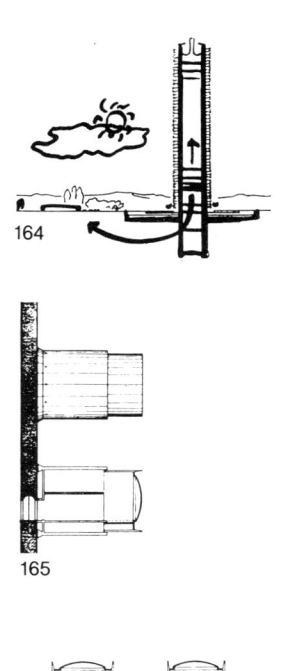

164

165

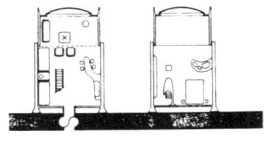

166

168

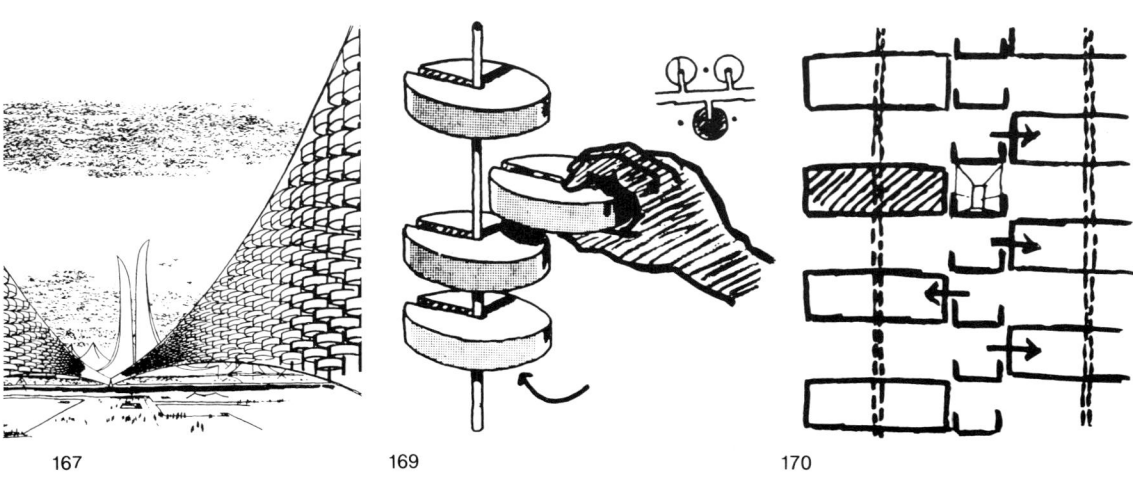

167

169

170

171-175
Kenzo Tange: Plan für Tokio, 1961

171
Schema einer zentripetalen Stadt.

172
Schema einer linearen Stadtstruktur, die nach Tange im Gegensatz zur zentripetalen Anordnung entwicklungsfähig ist.

173
Gesamtübersicht: Links oben Tokio, daran anschließend die vorgeschlagene neue Stadtstruktur

174/175
Vorschläge für die Bebauung innerhalb der linearen Struktur
1 Bürogebäude
2 vertikale Erschließung
3 Parkzone
4 Plaza
5 Schnellverkehrsstraße
6 Verkehrsknotenpunkt

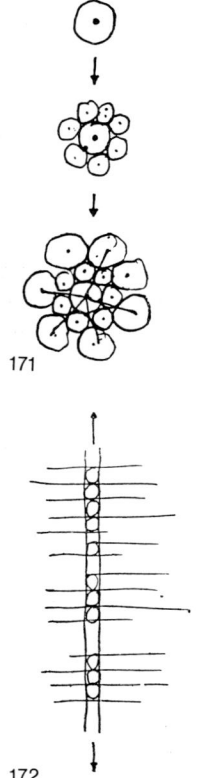

171

172

ten und langlebigen Primärstrukturen, die festgelegt sind, und veränderbaren, kurzlebigen Elementstrukturen unterschieden. In der Projektierung läuft dies auf weitgespannte Konstruktionen hinaus, die von einzelnen, in größerem Abstand stehenden Festpunkten getragen werden (– welche zugleich als vertikale Kommunikationsstränge dienen), und frei dazwischengesetzte Wohneinheiten. Da der einzelne so die Möglichkeit hat, seine Wohnung mit von der Industrie gelieferten Elementen nach seinen Intentionen zu gestalten, sollen damit zugleich eine Anpassung an unterschiedliche Bedürfnisse und die Identifikation des Bewohners mit seiner Wohnung erreicht werden; – ein Gedanke, der sich in abgewandelter Form auch bei Bakema und in den Projekten von Candilis-Josic-Woods findet.

Entsprechend dieser Aufgliederung des Bauens soll auch das Eigentumsrecht neu geordnet werden: der Boden und die darauf errichteten Infrastrukturen gehören der Gesellschaft, das Privateigentum erstreckt sich lediglich auf die Wohneinheit selbst.

Die Aufgabe der metabolischen Architektur[30] wird ganz allgemein darin gesehen, »Wege zu ersinnen, um die Probleme unserer sich schnell ändernden Gesellschaft zu bewältigen und gleichzeitig stabili-

173

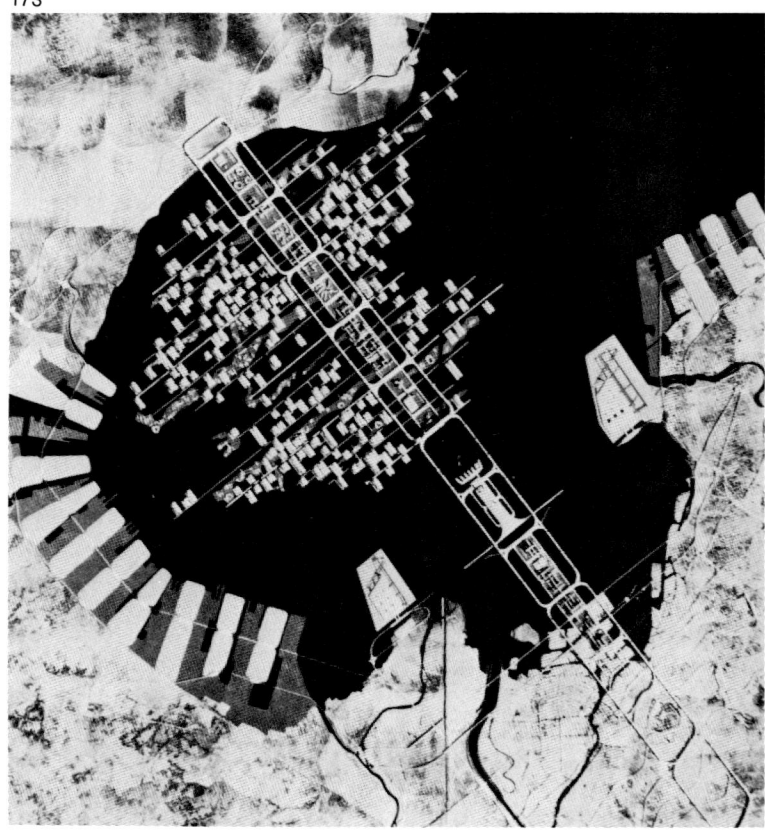

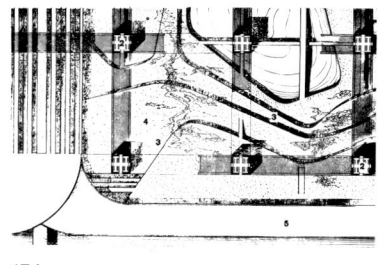

174

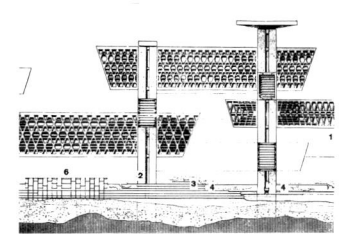

175

siertes menschliches Leben zu gewährleisten.«[31] Manche der Ideen der Metabolisten sind nicht neu, sondern bereits von anderen formuliert (so sei zum Beispiel an Yona Friedman erinnert und sein ab 1957 geplantes Konzept »Paris spatial«), aber ihr Verdienst ist es, diese Gedanken in ein Gesamtsystem integriert zu haben. Die Konzeption einer veränderbaren Architektur mit austauschbaren Elementen bestimmter Nutzungsdauer; – der Versuch, Flexibilität und Variabilität im Bauwerk zu erreichen; – die Gliederung des Bauwerkes in Primär- und Sekundärstrukturen (Elementstrukturen) sind zweifelsohne Gedanken, die fruchtbare Ansätze enthalten.

Meine Kritik richtet sich gegen zwei Punkte: dem Programm wird die Vision einer Gesellschaft zugrunde gelegt, ohne daß überhaupt danach gefragt wird, welche Trends die Soziologen innerhalb der gesellschaftlichen Entwicklung annehmen. Mit anderen Worten: der Architekt entscheidet, was sein wird, ohne sich des Rates und der Mitarbeit der Nachbarwissenschaften zu versichern. Es kann deshalb nicht mehr entstehen als die Projizierung der eigenen Wünsche auf andere und in die Zukunft.

Und zum zweiten wird die Vision der kommenden Stadt sofort als formale Realität angeboten; – d.h. in Form von Perspektiven, Schnitten, Ansichten und Grundrissen und nicht in Form von Strukturen. Die Stadt von morgen mit dem Formenrepertoire von heute darzustellen, muß zu Fehlleistungen führen. Und da das Repertoire der Metabolisten dem (– japanischen) Brutalismus entnommen ist, entsteht das Paradoxon, daß eine in der Idee auf Variabilität, Flexibilität und Mobilität orientierte Architektur in der formalen Realität der Zeichnungen monumentale Aspekte gewinnt; – also genau das Gegenteil dessen, was sie sein sollte.

Es ist immer der gleiche Vorgang: zwar werden zunächst neue Ideen, Methoden und Ethiken proklamiert; – was erscheint, ist nichts anderes als eine veränderte Ästhetik. So wie die Bauten der zwanziger Jahre auf keinen Fall sachlich im Sinne der Maschinenästhetik waren, so sind auch die Projekte und vor allem die Bauten der Metabolisten nicht veränderbar, sondern nur dem Anschein nach. Vielleicht ist diese Haltung die Folge einer unausrottbaren Berufskrankheit der Architekten, und möglicherweise werden deshalb Architekten in Zukunft auch nur zu einer veränderten Ästhetik gelangen.

[30] Eine erste zusammenfassende Darstellung und Interpretation gab Günter Nitzschke in der Bauwelt, Heft 18–19/1964 unter dem Titel: Die Metabolisten Japans. Zu Arbeiten von Kikutake siehe Bauen + Wohnen, Heft 5/1967. Einzelne Arbeiten der Metabolisten sind in l' Architecture d'Aujourd'hui, Nr. 101/102 veröffentlicht. Die ersten Arbeiten der Metabolisten sind in dem Buch »Metabolism, the Proposal for New Urbanism«, Tokio 1960, a. a. O., zusammengefaßt. Kenzo Tanges Plan für Tokio findet sich in Bauen+Wohnen, Heft 1/1964
[31] Noboru Kawazoe: Von Metabolismus zu Metapolis. Bauen + Wohnen, Heft 5/1967
[32] Die erste Nummer erschien 1961.

Archigram

Der zweite Anstoß ging von England aus. »Archigram« war zunächst nichts anderes als ein studentisches Protestblatt[32], in einer Mischung von Science-fiction, Comic-strip und Pop-art gemacht und durchaus bereit, auch Anleihen bei der kommerziellen Werbung, vor allem der USA, zu machen. Seit 1964 erregte es Interesse im Ausland. Was Archigram, d.h. Warren Chalk, Peter Cook, Dennis Crompton, David Greene, Ron Herron und Michael Webb, anzubieten haben, ist das Image einer volltechnisierten Umwelt, ist also die »Computerstadt«, um das Thema

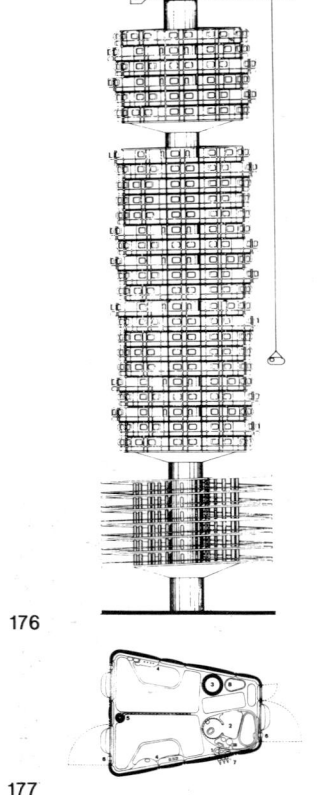

176

177

176, 177
Archigram (Warren Chalk, Peter Cook, Dennis Crompton): Plug-in-City, 1964

176
Ansicht des Capsule-unit-Turmes

177
Grundriß einer Kapseleinheit
1 Leitungen
2 Baderaum
3 pneumatischer Aufzug
4 Wand zur Befestigung von Einrichtungs-
   gegenständen (Clip-on Wall)
5 Trennwand
6 Tür
7 Anschluß der Versorgungsleitungen
8 Schrank

eines ihrer Entwürfe zu nennen. Im Gegensatz zu den Japanern aber ist dieses Image viel weniger formalisiert, es ist mehr Struktur als Architektur.

Das Konzept der Plug-in-City weist gewisse Verwandtschaften mit den Ideen der Metabolisten auf. Hier wie dort geht es um eine Architektur der Variabilität und Flexibilität in der Nutzung, um Austauschbarkeit der Elemente und um die Klassifizierung der Elemente nach ihrer Nutzungsdauer. Auch hier wird unterschieden zwischen Primärstrukturen von langer Nutzungsdauer und eingesetzten Elementen (zum Beispiel Wohnzellen) von kürzerer Verbrauchsdauer. Während die Primärstrukturen bei den Metabolisten zumeist im Sinne des Brutalismus monumentalisierte Formen annehmen, werden sie bei dem Entwurf von Archigram auf eine neutrale Diagonalstruktur reduziert. In diese Struktur werden wichtige Elemente der Stadt eingesetzt: Straßen, Shopping center, Wohneinheiten, Theater, Schulen etc. Aufblasbare Membranen überdecken bestimmte Zonen und bieten Wetterschutz. Die Stadt selbst ist in ständiger Veränderung gedacht: Kräne sorgen für den Einbau und Ersatz verbrauchter Wohnzellen.

Freilich gehen auch Archigram häufig die Gäule durch; – so bei der Idee der sich bewegenden Stadt oder dem Vorschlag, Bürohäuser mittels des Prinzipes des Luftkissenbootes beweglich zu machen.

Das am weitesten getriebene Beispiel von Variabilität und Flexibilität zeigt der Strukturentwurf für eine Universität. Eine Primärstruktur mit einem Informationszentrum gibt alle Möglichkeiten für variable Nutzungen und Veränderungen im Laufe der Benutzung.

Zur Kritik utopischer Ansätze

Die Utopie von Archigram ist technologisch bestimmt. Sie sucht der Bevölkerungsexplosion durch gigantische Superstrukturen gerecht zu werden und betont den technischen Aspekt. Der Begriff des Hauses und der Wohnung im herkömmlichen Sinne wird völlig aufgehoben. Die Frage jedoch, wie der Mensch beschaffen sein muß, der in diesen Superstrukturen leben soll, ja, ob der Mensch seiner Veranlagung nach überhaupt bereit ist, sich mit diesen Wohnformen zu identifizieren, wird nicht gestellt. Wird der Mensch seine Vorstellungen und Wünsche, die sich über Jahrtausende relativ konstant gehalten haben, aufgeben, um in dieser Welt zu leben, oder kann auch sie ihnen Raum geben? Diese Frage, die wohl die entscheidende ist, wenn Architektur als Dienst am Menschen verstanden wird, wird nicht gestellt.

178, 179
Plug-in University Node
Ansicht und schematischer Grundriß

180
Maximale Verdichtungszone der Plug-in-
City

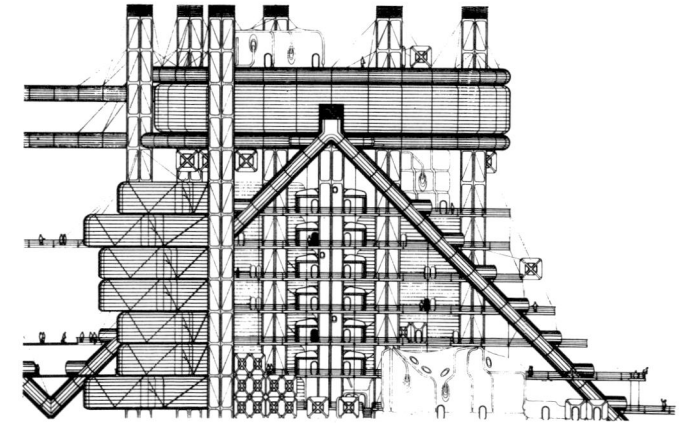

178

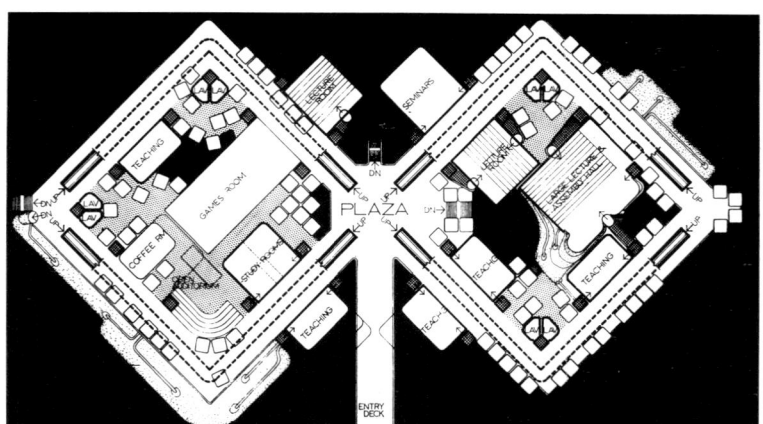

179

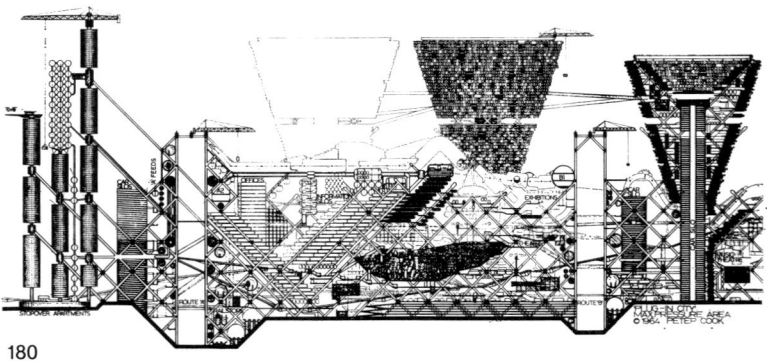

180

Louis Kahn

181

182

Obwohl die Zeit der großen Meister, der Pioniere, vorbei zu sein schien, ragt in den sechziger und siebziger Jahren das Werk eines Mannes heraus, das die scheinbar so widersprüchlichen Tendenzen der Zeit vereinte und ihnen unverwechselbaren Ausdruck gab: das Werk Louis Kahns. Und dies ist um so erstaunlicher, als seine internationale Anerkennung erst mit der Fertigstellung des Medical Research Centers in Philadelphia einsetzte – Kahn war damals sechzig Jahre alt geworden. Ohne in den Formen eklektisch zu sein, finden sich im Werk Kahns Analogien zu Prinzipien vergangener Epochen, zugleich nimmt sein Werk Ende der fünfziger Jahre Tendenzen der späteren Zeit vorweg.
Louis Kahn wurde 1901 auf der Insel Ösel (Estland) geboren, 1905 wanderte seine Familie nach den USA aus. Sein Vater war Kunsthandwerker, seine Mutter Harfinistin. Von 1920–24 studierte er an der Universität von Philadelphia, sein Lehrer war der französische Architekt Paul Cret. 1928/29 besuchte er Europa, wo er unter anderem die ersten Publikationen von Le Corbusier entdeckte, die ihn stark beeinflußten. Von 1929–1930 war er im Büro von Paul Cret tätig und beschäftigte sich anschließend als Leiter der Architectural Research Group und in verschiedenen Büros mit Wohnungs- und Städtebaufragen. 1941 eröffnete er mit George Howe als Partner ein eigenes Büro, 1942 bis 1943 trat Oscar Stonorow als weiterer Partner hinzu, seit 1947 leitete er ein eigenes Büro. 1947–57 lehrte er an der Yale-Universität, 1966–71 als Inhaber des Paul-Cret-Lehrstuhls an der Universität von Pennsylvania in Philadelphia.
1974 verstarb Louis Kahn.

Zur Theorie von Louis Kahn
Kahns Architekturtheorie ist weder widerspruchsfrei, noch in Teilen leicht zu verstehen. Sie enthält jedoch neben sehr allgemeinen, eher philosophisch begründeten Anschauungen auch oft genug sehr konkrete Handlungsanweisungen, von denen sich ein Zugang erschließt. Sein Weltbild ist ontologisch begründet, er geht – hier in einer überraschenden Parallelität zu Hugo Häring – vom Sein der Dinge, vom Wesen einer Aufgabe aus. Entscheidend ist für ihn – wie für Hugo Häring und Hans Scharoun – die geistige Auseinandersetzung mit der Aufgabe vor dem Beginn der Aufzeichnung der Idee. »Ich glaube, daß man eine innere Vorstellung von der Verwirklichung des Planes haben muß, ehe man den Antrieb zum Entwurf in sich hat. Sehr viele in unserem Beruf vertrauen gänzlich auf den Entwurf als solchen und sehr

181-184
Louis Kahn: Medical Research Center, University of Pennsylvania, Philadelphia/Pennsylvania, 1957–1961

181, 182
Entwurfsskizzen

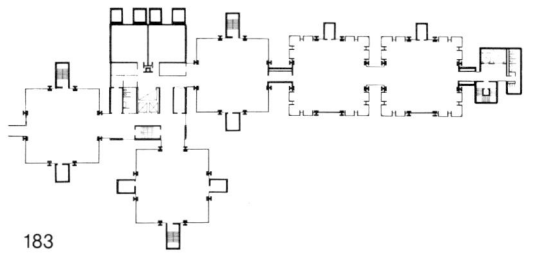

183

184

183
Grundriß

184
Gesamtansicht

119

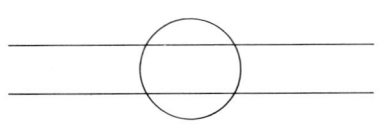

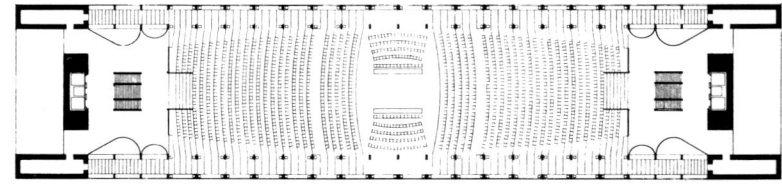

185, 187
Louis Kahn: Kongreßhalle Venedig, 1969

185
Entwurfsidee

187
Grundriß

186
Louis Kahn: Jüdisches Gemeindezentrum, Trenton, New Jersey, 1954–1959. Grundriß des Badehauses

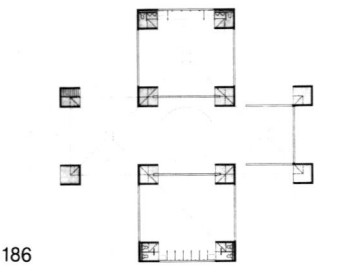

186

¹ Louis Kahn: Rede zum Abschluß des Otterlokongresses in: Oscar Newman, CIAM '59 in Otterlo, Stuttgart, 1961. Bd. 1 Dokumente der modernen Architektur, Hrsg. J. Joedicke, S. 205
² Heinrich Klotz und John W. Cook: Architektur im Widerspruch, Zürich, 1974, S. 209
³ Heinrich Klotz und John W. Cook. a. a. O. S. 234

wenige auf die gedankliche Vorstellung von dem, was eigentlich werden soll, bevor sie den Entwurf als konkrete Lösung der Aufgabe zu entwickeln beginnen.«¹
Kahn spricht von dem existence-will (Daseinswille) einer Sache. Dieser Daseinswille kann durch Fühlen und Denken erfahren werden. Kahn sieht diesen existence-will nicht nur in der belebten und unbelebten Natur, sondern auch in den von Menschen zu verfertigenden Gebilden – also auch in jeder Bauaufgabe. Oder noch deutlicher: »Vor dem Entwurf, der eigentlichen Formgebung, existiert etwas schon als Gestalt mit ihren unbestreitbaren Eigenschaften ... Entwerfen heißt Gegenwart verleihen«.² Kahn spricht in diesem Zusammenhang auch von einer allgegenwärtigen Wahrheit, die im Entwurf konkretisiert wird, bedingt durch die Gegebenheiten einer Zeit. Der Architekt ist so für ihn ein Mittler dessen, was schon immer da war.
Kahn unterscheidet also zwei Aspekte. Auf der einen Seite die Erfassung des allgemeinen Charakters einer Sache, des Wesens einer Sache, die für ihn eine allgemein gültige Wahrheit ist, objektiv und für alle verbindlich, und zum zweiten den Entwurf, die Überführung dieser allgemeinen Erkenntnis in eine bestimmte Gestalt, die zeichnerisch entwickelt wird; – der Entwurf unterliegt somit persönlichen und zeitbedingten Einflüssen.
Wichtig an dieser Auffassung Kahns ist die Vorstellung, daß jedem Entwurf eine allgemeine geistige und gefühlsmäßige Auseinandersetzung vorauszugehen habe. Er stellt sich jedoch die Frage, ob und wie eine objektive Erkenntnis des Wesens einer Sache möglich ist. Danach befragt, äußert sich Kahn einmal wie folgt: »Ich weiß nicht, wie man eine erste Idee als solche erkennt, aber für mich ist es gewöhnlich das Gefühl vom Kern eines Gebäudes, von seiner wahren Bedeutung, seinem Wesen, nicht seiner äußeren Form. Das Wesen dieses Gebäudes (Kongreßhalle Venedig, 1969) hier war Engagement, Teilnahme. Eine einfache Form, die bloß eine Richtung betont, hätte das nicht ausgedrückt ... Der Kreis bedeutete für mich Teilnahme«.³ An dieser eigenen Interpretation sind zwei Aspekte bedeutsam: Die Grundidee äußert sich in einer allgemeinen Vorstellung (Engagement, Teilnahme), nimmt aber zugleich Form an; – d. h., Grundform und Vorstellung überdecken sich.
Es stellt sich hier wie bei Hugo Häring das gleiche Problem, ob es möglich ist, das Wesen einer Sache unabhängig von der baulichen Gestalt

zu sehen. Denn der Erkenntnis dieses Wesens liegt bereits eine bewußte oder unbewußte Auswahl zugrunde, die unter dem Einfluß einer bestimmten Zeitkonstellation steht. Wenn Kahn z. B. beim Medical Research Building in Philadelphia davon ausgeht, alle technischen Installationsleitungen nach außen zu legen, so liegt dieser scheinbar allgemeinen Vorstellung auch eine sehr spezielle baukörperlich-plastische zugrunde.

Neben diesen allgemeinen, oft widersprüchlichen Forderungen enthält Kahns Architekturtheorie auch speziellere Anweisungen. Architektur ist für ihn »the thoughtful making of spaces« - sinngemäß vielleicht am besten mit Architektur ist »das wohlüberlegte Schaffen von Räumen« zu übersetzen. Er fordert eine Gestaltung, die klar erkennen läßt, wie die raumbegrenzenden Elemente errichtet sind und aus welchem Material sie bestehen. Sein großes Vorbild ist der sichtbare Backsteinbau. Hier ist nicht nur das Material zu erkennen, sondern im Verband auch die Methode der Errichtung. Er geht so weit, nur das als architektonischen Raum zu bezeichnen, was die Methode der Fertigung seiner raumbegrenzenden Elemente erkennen läßt. »Ich meine, ein architektonischer Raum ist ein solcher, der klar zum Ausdruck bringt, wie er gemacht ist. Man muß die Stützen, die Träger oder die Mauern, die Türen oder die Wölbungen in einem Raum … sehen können.«[4]

Ganz im Sinne Le Corbusiers sieht er in der Architektur das »Spiel der Formen im Licht«. Ohne natürliches Licht ist ein architektonischer Raum für ihn undenkbar. Räume zu schaffen bedeutet für ihn zugleich, Licht zu schaffen.

Sein Verhältnis zur Funktion wird durch die lapidare Feststellung charakterisiert, daß ein Gebäude, das nur funktioniert, in seinem Sinn kein Gebäude darstellt. Kahn unterscheidet zwischen dem Zweck eines Raumes und seinem Charakter. »Der Zweck eines Raumes ist definierbar, sein Charakter hingegen nicht. Das Gebäude kann sowohl einen sehr edlen, als auch einen sehr niedrigen Charakter haben und trotzdem funktionieren.«[5]

Deutlich wird dies auch an der Umdeutung der alten Formel von Sullivan, die Kahn jetzt »form evokes function« formuliert. Bakema hat im gleichen Zusammenhang von der Funktion der Form gesprochen. Kahn hat den Begriff der Beziehung von Funktion und Form damit nach zwei Seiten erweitert: Die Einführung des Begriffes existence-will führt den Bereich der Funktion über das rationell Erfaßbare hinaus; – Sullivan hat es im Praktischen ähnlich verstanden, ohne es allerdings theoretisch zu formulieren, Häring hat es als erster 1925 so verstanden, ohne allerdings gehört zu werden, – der Satz »form evokes function« dagegen verdeutlicht, daß die im Zusammenhang mit der Funktion entwickelte Gestalt nun ihrerseits wieder neue Funktionen, d. h. neue Verhaltensweisen, anregen kann.

Architektur ist für ihn Kunst. Von dorther ist auch seine Feststellung zu verstehen, daß der Architekt nie nur für Bedürfnisse bauen soll.

[4] Louis Kahn: Rede zum Abschluß des Otterlokongresses. a. a. O. S. 210
[5] Heinrich Klotz und John W. Cook. a. a. O. S. 238

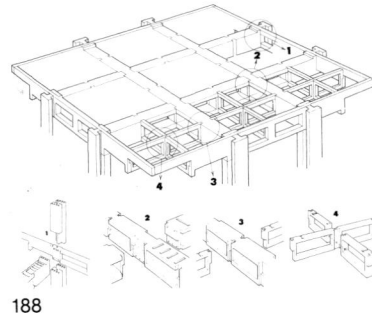

188

188, 189
Louis Kahn: Medical Research Center, University of Pennsylvania, Philadelphia/ Pennsylvania, 1957–1961

188
Isometrie der Konstruktion

189
Eingangsbereich

Charakteristik der Entwürfe und Bauten

Beim Entwurf für das jüdische Gemeindezentrum in Trenton/New Jersey (1954–59), von dem jedoch nur das Badehaus (1955–56) verwirklicht wurde, taucht zum ersten Mal der Gedanke der Trennung in dienende und bediente Räume auf. Die Stützen sind als Hohlkästen ausgebildet und nehmen Nebenräume auf.

Beim Medical Research Center der University of Pennsylvania (1957 bis 1961) sind die Nottreppen und Installationsschächte als dienende Räume in schmalen Türmen vor die Fassade gelegt.

Diese Anordnung ergab Vorteile funktionaler Art (Anordnung ungeteilter Arbeitsflächen), konstruktiver Art (Trennung unterschiedlicher Konstruktionssysteme: Skelettbau für die Labors, Massivbau für die Schächte) und gestalterischer Art (Möglichkeit der unterschiedlichen Gestaltung unterschiedlicher Funktionsinhalte). So sinnvoll die Anordnungen auch sind, so muß doch festgehalten werden, daß dadurch der Ausdruck des Gebäudes wesentlich von den die Labors überragenden Schächten bestimmt wird; d.h. durch funktionale Sekundärelemente. Von hier aus kann dieses Konzept relativiert werden, indem gefragt wird, ob die ästhetische Dominanz der Sekundärelemente mit der Aufgabe übereinstimme oder, anders gefragt, ob nicht andere Anordnungen der Aufzugsschächte und Be- und Entlüftungsanlagen ebenso sinnvoll sind und Vorteile funktionaler, konstruktiver und gestalterischer Art bieten würden.

Das Medical Research Center in Philadelphia nimmt zugleich gewisse Tendenzen des internationalen Brutalismus vorweg, die sich in der Anordnung der vertikalen Verkehrs- und Installationselemente, in der Art, wie sich Herstellung, Konstruktion und Material in der äußeren Form zeigen. Zugleich weist die clusterartige Anordnung des Grundrisses auf Prinzipien des Strukturalismus hin. Trotz der Expressivität

189

190

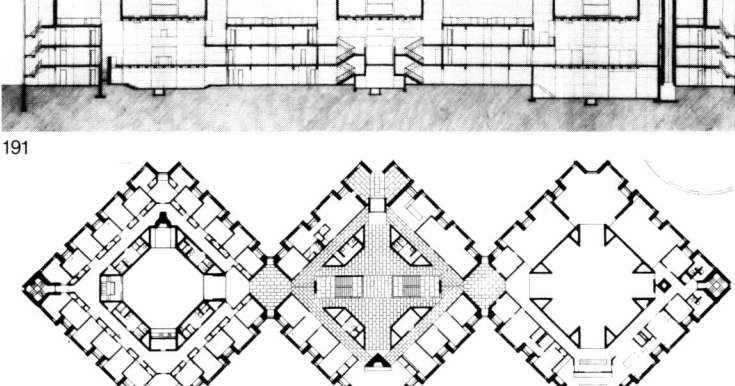

191

192

der vertikalen Türme ist der Bau im Detail feingliedrig, ja akademisch in der Formensprache. In einer Zeit der Wiederholungen wirkte er wie eine Erneuerung der Prinzipien der Moderne.

Die Grundrißgliederung in dienende und bediente Elemente findet sich auch in der Unitarierkirche in Rochester (1959–67) – ein Werk, das Kahns Prinzipien, die auf Ordnung und Disziplin beruhen, deutlich macht.

Etwa zur gleichen Zeit entstand das Wohnheim für Studentinnen des Bryn Mawr College/Pennsylvania (1960–65). An diesem Bau läßt sich

193

190–193
Louis Kahn: Wohnheim für Studentinnen des Bryn Mawr College, Bryn Mawr, Pennsylvania, 1960–1965

190
Treppenaufgang Wohnhalle

191
Querschnitt

192
Grundriß Erdgeschoß

193
Gesamtansicht mit Oberlichtern

194

195

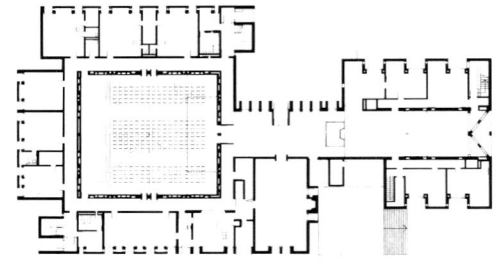

196

erkennen, was Kahn meint, wenn er von der Architektur mehr als Zweckerfüllung fordert. Das Programm enthielt die üblichen Anforderungen: Zimmer für die Studentinnen, Aufenthalts- und Eßraum. Kahn ging von der Idee aus, daß ein Studentenwohnhaus kein neutrales Appartementhaus ist, sondern ein Gefühl des Zusammenlebens vermitteln soll. Aus diesem Grund trennt er die Zimmer der Studentinnen nicht von den Gemeinschaftsbereichen, sondern legte die Einzelzimmer jeweils um die Gemeinschaftsräume. So entstand eine Anordnung von drei auf der Spitze stehenden und ineinander übergehenden

197

195, 197
Louis Kahn: Salk-Institut für Biologische Forschung, La Jolla, Kalifornien, 1959–1965

195
Grundriß 1. Obergeschoß, Tagungsgebäude

197
Ansicht Laborgebäude

194, 196, 198, 199
Louis Kahn: Erste Unitarierkirche, Rochester, New York, 1959–1967

194
Innenansicht des Versammlungsraumes

196
Grundriß Erdgeschoß

198
Nordansicht

199
Blick in den Eingangshof, Westseite

124

Quadraten. Die beiden äußeren Quadrate enthalten den Wohnraum und den Eßraum, das mittlere Quadrat dient als Eingangsbereich. Dieser Eingangsbereich ist nun nicht nur als Zugang zu den Räumen ausgebildet, was er seiner Funktion nach wäre, sondern er soll durch seine räumliche Ausbildung die Atmosphäre eines öffentlichen Treffpunktes, einer »Eingang-Treffpunkt-Zone«, hervorrufen. Ein Mittel, eine solche Stimmung hervorzurufen, ist neben der räumlichen Ausbildung die Belichtung der Räume, der Charakter des natürlichen Lichtes, das durch Oberlichtnischen eingeführt wird.

Kahns Maxime, daß in der Gestaltung der Raumbegrenzung, der Wände und Decken, zum Ausdruck kommen muß, wie sie gemacht ist, läßt sich in allen seinen Bauten im Inneren wie im Äußeren aufzeigen. Das aus einzelnen vorgefertigten Stahlbetonteilen gebildete Tragwerk des Medical Research Center in Philadelphia bestimmt die äußere Erscheinung des Baues; – davon abgesetzt die Füllung aus Ziegelstein und Glas.
Beim Salk-Institut in La Jolla (1959–65) sind es geschoßhohe Wandteile aus Stahlbeton, welche als klar erkennbare und ablesbare Elemente den Ausdruck des Gebäudes bestimmen.
Welche überraschenden Nuancen Kahn dabei selbst traditionellen Baustoffen abgewinnen kann, zeigt das Indische Verwaltungsinstitut in Ahmedabad (1963–74). Die Wände bestehen aus Ziegelstein, die Öffnungen sind mit flachen Segmentbögen überdeckt. Um den schrägen Gewölbedruck aufzunehmen, ordnet Kahn sichtbare Zugbänder aus Stahlbeton an, eine sinnvolle Verbindung zweier verschiedener Konstruktionsprinzipien (– das auf Druck beanspruchte Gewölbe und der zugbeanspruchte Balken), aber zugleich auch wichtige Elemente der Gliederung und Gestaltung der Wände. Weiterhin können dadurch die Öffnungen groß ausgebildet werden, und vor allem, was den Ausdruck sehr maßgebend bestimmt, sind die Pfeiler, die jetzt nur noch auf Druck beansprucht werden, schlank. So gewinnt Kahn einem alten Material völlig neue Ausdrucksmöglichkeiten ab.
In Ahmedabad tauchen auch zum ersten Mal riesige Wände mit großen kreisförmigen Öffnungen auf. Sie dienen als vorgesetzte Sonnenschutzelemente, bilden eine Wand mit reflektiertem Licht. Kahn beschreibt, daß dieses Problem auch durch einen brise-soleil hätte gelöst werden können. »Da ich jedoch Architektur mache, wurde es ein Vorbau. Und dieser Vorbau ist ein Raum. Es entstand somit etwas, was mehr bewirkt, als nur eine Funktion zu erfüllen.«[6]
Hier wird Kahns Auffassung deutlich, daß der Architekt nicht nur Funktionen erfüllen dürfe.
Der Grundriß der Gesamtanlage zeigt gegenüber früheren Bauten einen veränderten Ansatz. Die Grundrißgeometrie wird betont, elementare geometrische Formen, wie Dreieck und Quadrat bei den Studentenhäusern, werden in überraschender Weise gegenübergestellt, und sie werden zugleich durch Addition zu einer geometrisch bestimmten Konfiguration zusammengefügt.
Diese geometrischen Grundrißmuster zeigen sich auch beim Schul-

[6] Heinrich Klotz und John W. Cook. a. a. O. S. 230

200-202
Louis Kahn: Indisches Verwaltungsinstitut, Ahmedabad, Indien, 1963–1974

200
Studentenwohnheim. Grundriß Erdgeschoß, Grundriß 2. und 3. Obergeschoß

201
Gesamtanlage. Grundriß Erdgeschoß

202
Studentenwohnheim

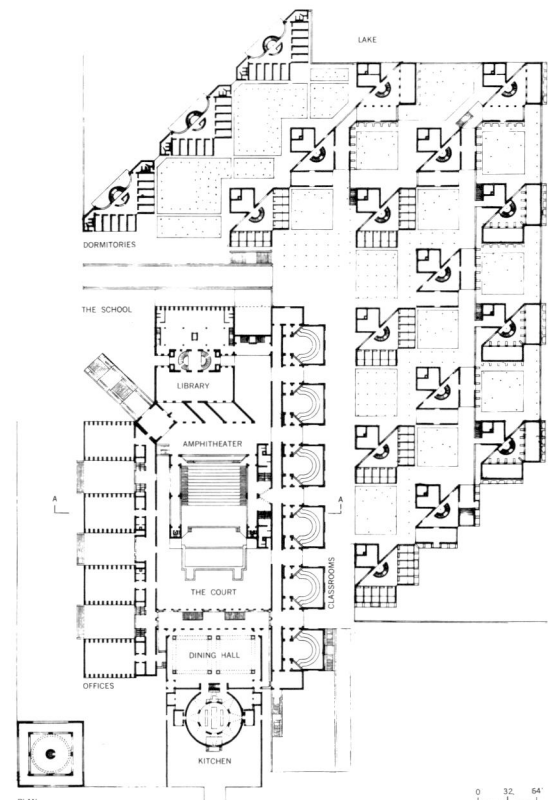

201

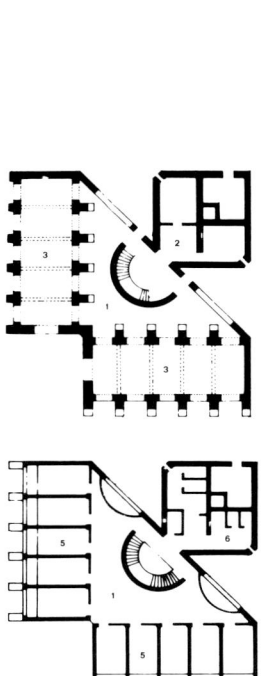

200

202

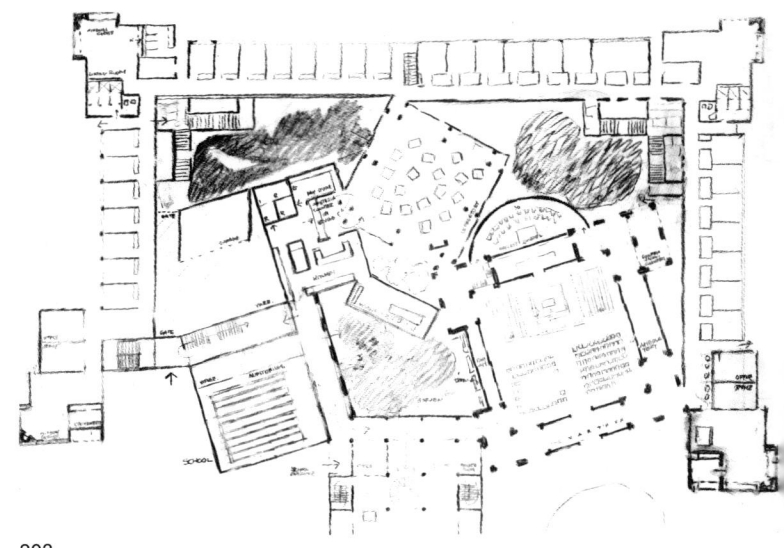

203

gebäude, so bei der Addition der Klassenräume, oder bei der kreisrunden Anlage der Küche, die an die Rotunden spätrömischer Villen erinnert: kreisrunde Anlage mit eingestelltem zweiten Kreis. Oder um auf
ein weiteres Beispiel zu verweisen: die streng symmetrische, rechteckige Anlage der Schulgebäude mit diagonalem Zugang.

Gegen die Frage, ob zum Beispiel die Grundrißanlage der Villa
Hadrians in Tivoli einen gewissen Einfluß auf ihn ausgeübt habe, hat
sich Kahn vehement gewehrt. Einfluß bedeute für ihn, daß sich jemand
hinsetzt und etwas abzeichnet. »Ich gehöre nicht zu denen, die etwas
wörtlich von irgendwo übernehmen … ich käme nie auf die Idee, einen
Kreis zu verwenden, den ich irgendwo gesehen habe, wenn er nicht
einer Ordnung entspricht, innerhalb derer ich etwas Geeignetes
suche.«[7]

Kahn wehrt sich dagegen, etwas kopiert zu haben, er nimmt jedoch
Prinzipien der Vergangenheit auf, wenn sie sinnvolle Teile eines von
ihm entwickelten Konzeptes sein können.

Bei seiner Begründung für bestimmte Formen bezieht sich Kahn über-
raschenderweise auf eine rein funktionale Argumentation. Die kreisrunde Küche bezeichnet er als riesigen Ventilator, als Lüftungsloch,
das so konzipiert wurde, damit die Gerüche der scharfen Küche
Indiens gut abziehen können. Die durch die Zusammenfügung von
Dreieck und Rechteck entstehenden Rücksprünge bei den Studentenhäusern dienen als Luftlöcher, durch welche die Luft hineinge-
zogen wird und zugleich als Schattenspender.

Wenn man sich an Kahns Theorie erinnert, daß Architektur jenseits der
Erfüllung von Bedürfnissen beginne, so kann man aus diesen Feststellungen den Schluß ziehen, daß Bedürfnisse entweder doch einen
höheren Stellenwert haben, oder aber daß diese Begründungen wohl

[7] Heinrich Klotz und John W. Cook. a. a. O.
S. 224 ff.

eher etwas vordergründig sind, das eigentliche Anliegen aber etwas anderes war: die Verfolgung der Gesetzmäßigkeiten eines geometrischen Prinzipes, Zuordnung von Dreieck und Quadrat entlang von Diagonalen bei den Studentenwohnhäusern. Betonung der Grundrißgeometrie aber deutet, wie noch nachzuweisen ist, auf eine manieristische Architekturauffassung hin.

Mit dem gleichen Prinzip, der Diagonale, wird auch die Regelmäßigkeit des Grundrisses des Schulgebäudes aufgebrochen.

Wie dem auch sei, sicher scheint zumindest zu sein, daß ein Aspekt, die Grundrißgeometrie, eine gewisse Dominanz erhält. Der am weitesten in diese Richtung gehende Entwurf scheint mir der für das Dominikanerinnen-Kloster in Media/Pennsylvania (1965–68) zu sein. Aus dem Grundgedanken, Räume direkt ohne Verbindungselemente zu verbinden (ein Gedanke, der auch die Anordnung der Baukörper des Studentinnenwohnheimes in Bryn Mawr bestimmt), entsteht eine manieristisch zu bezeichnende diagonale An- und Zuordnung der Baukörper der Gemeinschaftsräume, eingefaßt von der strengen, U-förmigen Anlage der Zellen.

In seinen letzten Bauten in den USA findet Kahn wieder zu einfacheren Baukörpern zurück. Das Kunstmuseum in Fort Worth (1967–72) zeigt eine Parallelraster-Struktur von mit Tonnen überdeckten Räumen. Das Zentrum für Englische Kunst und Forschung, New Haven (1969–75) ist ein geschlossener Quader mit mehrgeschossigen, zentralen Höfen.

Kahns Werk ist von einer starken Persönlichkeit geprägt, es reicht in seinen Wurzeln weit in die Vergangenheit zurück, nimmt aber zugleich Tendenzen unserer Zeit vorweg. Auf die geistige Verwandtschaft mit Vertretern des organhaften Bauens wurde bereits verwiesen. Härings Formulierung: »Wir wollen die Dinge aufsuchen und sie ihre eigene Gestalt entfalten lassen«[8] nimmt Kahn mit der Formulierung, daß ein Gebäude das sein soll, was es sein will, wieder auf.

Mit seiner Forderung, daß ein Gebäude zeigen soll, wie es gemacht ist, weist Kahn wieder nachdrücklich auf die Tektonik des Baues hin.

Das Prinzip der Trennung in dienende und bediente Räume hat weitwirkend die architektonische Entwicklung beeinflußt. Ebenso scheinen in seinem Werk bestimmte strukturalistische Anordnungsprinzipien vorweggenommen zu sein, so beim Entwurf des jüdischen Gemeindezentrums in Trenton.

Kahn hat unerschütterlich an seiner Überzeugung festgehalten, daß der Architekt Künstler und Architektur Kunst sei. Manchen erschien eine solche Vorstellung Anachronismus in unserer Zeit zu sein, andere dagegen sehen darin ein Versprechen für die Zukunft.

[8] Hugo Häring: Wege zur Form. In: Die Form, 1925/Heft 1

III Architektur der Gegenwart
Von den sechziger Jahren bis heute

Veränderte Voraussetzungen

Architektur und Architekturdiskussion

Wenn man rückblickend die Szene um 1960 betrachtet, so zeigt sich, daß schon damals die Keime für die Entwicklung in den späten sechziger und vor allem in den siebziger Jahren gelegt wurden. Freilich deutet sich damals erst an, was heute weitgehend die Szene beherrscht. Philip Johnsons Absage an die sieben Krücken der Moderne wirkte zunächst eher wie der Versuch eines einzelnen, sich dem übermächtigen Schatten eines großen Meisters zu entziehen. Und ebenso wurden die historisierenden Tendenzen in den USA eher als eine Sonderentwicklung in den USA gesehen, ohne Einfluß auf das allgemeine Baugeschehen in der Welt.

Sigfried Giedion, der wichtige Historiker und Gralshüter der Moderne, schrieb in seiner 1965 herausgekommenen, erweiterten deutschsprachigen Ausgabe seines Standardwerks »Raum, Zeit, Architektur« von einer Playboy-Architektur, weil die Architektur behandelt wird, »wie ein Playboy das Leben behandelt – schnell aller Dinge überdrüssig und von einer Sensation zur anderen hastend«. Für ihn war es unzweifelhaft, »daß diese aus innerer Unsicherheit geborene Mode bald überholt sein wird«.[1]

Sein Urteil zu dieser Zeit war sicher berechtigt, denn tatsächlich schien es sich damals eher um Randerscheinungen zu handeln. Sein Urteil zeigt auch, wie zeitbedingt Prognosen sein können, obwohl es Historiker wohl auch in Zukunft kaum lassen werden, Prognosen zu stellen.

Der Übergang zu einer Epoche unter veränderten Vorzeichen deutete sich auch schon bei dem letzten CIAM-Kongreß 1959 in Otterlo an, wenn es auch hier zunächst so schien, als setzte eine andere Generation das Vorhandene fort.

Seit dem ersten Treffen in La Sarraz 1928 waren diese Zusammenkünfte Meilensteine in der Entwicklung der Moderne gewesen; – auf diesen Kongressen wurden wesentliche Leitlinien der Moderne bestimmt.[2] Bei dem Kongreß 1956 in Dubrovnik kam es zu sehr kontroversen Diskussionen, und schließlich wurde festgelegt, daß die nächste Tagung von einem kleinen Arbeitsausschuß vorbereitet werden sollte, der sich aus J. B. Bakema, E. Rogers, A. Roth, J. Voelker und A. Wogenscky zusammensetzte. Dieser Arbeitsausschuß rief den nächsten Kongreß für 1959 nach Otterlo/Niederlande ein und schlug vor, ihn als reinen Arbeitskongreß zu veranstalten, bei dem Arbeiten der einzelnen Teilnehmer vorgestellt und diskutiert werden sollten. Der

[1] S. Giedion: Raum, Zeit, Architektur. Die Entstehung einer neuen Tradition. Ravensburg, 1965. 2. Auflage, Zürich und München. 1976. S. 22
[2] Ein kurzer Überblick über die Entwicklung der CIAM findet sich in: Oscar Newman. CIAM '59 in Otterlo, Stuttgart, 1961. Bd. 1 der Dokumente der Modernen Architektur, Hrsg. Jürgen Joedicke. S. 11 ff.

Arbeitsausschuß beschloß zugleich, den bisherigen Untertitel »CIAM: Internationale Kongresse für moderne Architektur« umzuändern in »CIAM: Arbeitsgruppe für die Gestaltung soziologischer und visueller Zusammenhänge«. Damit wurde auch die veränderte Zielsetzung deutlich, der Schwerpunkt lag jetzt auf dem menschlichen Verhalten als Grundlage visueller Gestaltung.

Der Kongreß in Otterlo war gekennzeichnet durch die Abwesenheit der Gründer und älteren Mitglieder der CIAM, wie Giedion, Sert, Gropius und Le Corbusier. Er wurde geprägt durch Mitglieder des Team X wie Bakema (geb. 1914), Candilis (geb. 1913), A. Smithson (geb. 1928) und P. Smithson (geb. 1923) und van Eyck (geb. 1918); – durch K. Tange (geb. 1913) und L. Kahn (geb. 1901), sowie durch die Italiener E. Rogers (geb. 1909) und J. Gardella (geb. 1905).

Nahezu 30 Architekten oder Architektengruppen trugen ihre Arbeiten vor, die teilweise heftig diskutiert wurden. Das Ende des Kongresses bedeutete auch zugleich das Ende der CIAM; – statt dessen wurde beschlossen, eine Adresse in Rotterdam einzurichten, die als Anlaufstelle dienen sollte. Das Team X selbst führte noch für einige Zeit seine Tagungen weiter durch. Der große Zusammenhalt, den die CIAM über dreißig Jahre gewährleistet hatten, ging verloren; – als Ausdruck einer Architekturauffassung, die sich nicht mehr international, sondern zunehmend regional orientierte.

Das Wort von der Krise der modernen Architektur fiel damals bereits schon, und zugleich die Forderung, zu überprüfen, »was von dem ideologischen Erbe der modernen Architektur veraltet ist und was noch immer so viel Gültigkeit hat, um dem weiteren Fortschritt zu dienen«[3]. Was unter der Forderung, die moderne Architektur auf neue »nationale Geleise« zu bringen, verstanden werden konnte, zeigte der Torre Velasca von BBPR, Mailand, den E. Rogers vorstellte. Es war der Versuch, ein Gebäude in die Atmosphäre einer traditionsbeladenen Situation einzustimmen, ja zur Steigerung dieser Situation beizutragen, ohne, so muß man hinzufügen, irgendwelche Formanleihen, wenn auch die Umrißlinie des Gebäudes an mittelalterliche Türme erinnerte.

P. Smithson warf Rogers in einer heftigen Diskussion einen Anflug von Verantwortungslosigkeit vor, und J. B. Bakema kritisierte, daß dieses Gebäude nicht der Ausdruck eines modernen Lebensvorganges sei, nicht identisch sei mit dem Leben, das sich vor und in diesem Gebäude abspiele. Auffallend an diesem Gebäude ist jedoch lediglich der Bruch mit der Vorstellung eines Gebäudes als reinem Quader, der sich im dachartigen Abschluß, der plastischen Durchformung der Konstruktion und in der Reliefbildung der Wände zeigt.

Freilich stand dahinter auch eine veränderte Architekturauffassung, die Architektur wieder als Zeichen verstanden wissen wollte; – ein Thema, das später immer stärker in den Mittelpunkt der Diskussion rücken sollte.

Ein völlig anderer Ansatz kam von der holländischen Gruppe, insbesondere von Aldo van Eyck und J. B. Bakema. Symptomatisch dafür

[3] Giancarlo de Carlo. Talk on the Situation of contemporary Architecture. In: Oscar Newman. CIAM '59 in Otterlo. a. a. O.

war der Beitrag von Herman Haan, der sich mit dem scheinbar völlig abgelegenen Thema des Lebens und Wohnens in der Wüste auseinandersetzte. Dahinter stand die Vorstellung, daß es im Verhalten der Menschen unveränderliche Konstante gibt, die man bei ursprünglichen Kulturen besonders gut studieren kann; – die auch heute noch gelten und berücksichtigt werden müssen. »Der Mensch ist immer und überall derselbe«, so Aldo van Eyck, und ...« die moderne Architektur hat sich ganz und gar danach ausgerichtet, der andersartigen, der neuen Situation gerecht zu werden, und ist dabei so weit gegangen, daß ihr der Blick für das verloren ging, was nicht andersartig und neu, sondern alt und ewig gültig ist.«[4] Mit diesen Feststellungen war eine der Grundlagen des späteren Strukturalismus gelegt, wie auch das von ihm gezeigte Waisenhaus in Amsterdam ein Vorläufer des späteren Strukturalismus ist. Und auch der für den Strukturalismus entscheidende Grundgedanke, daß es jedem Menschen möglich sein muß, seinen Bereich nach seinen persönlichen Vorstellungen zu gestalten, taucht im Bericht von J. B. Bakema über die Planung für Nord-Kennemerland auf.

Neben den Beiträgen von G. Candilis, A. und P. Smithson und K. Tange ragt die Abschlußrede von L. Kahn heraus, der mit seinen Gedanken wesentliche Teile der späteren Architekturdiskussion vorwegnimmt, dabei aber auch an Gedanken anknüpft, wie sie zuvor von Vertretern des organhaften Bauens, wie Hugo Häring, in den zwanziger Jahren vertreten wurden. Sein damals kurz vor der Fertigstellung stehendes Richards Medical Research Center in Philadelphia nahm Tendenzen des Brutalismus wie auch des Strukturalismus vorweg.

Soziale, technische und wirtschaftliche Veränderungen

Die beginnenden sechziger Jahre waren nicht nur eine Zeit sich allmählich anbahnender Veränderungen auf architektonischem Gebiet, sondern sind vor allem gekennzeichnet durch eine geradezu stürmische Entwicklung auf technischem und wirtschaftlichem Gebiet.

Am Anfang stand der Glaube an das wirtschaftlich und technisch Machbare, ein ungebremster Glaube an Fortschritt und Wirtschaftswachstum; – am Ende Wirtschaftskrise, hervorgerufen vor allem durch die Ölverteuerung und Ölverknappung als Folge politischer Entwicklungen im Nahen Osten; – am Ende standen aber auch ein neuerwachtes Bewußtsein für den Umweltschutz, eine betont antitechnische Einstellung oder zumindest die Einsicht in die Grenzen des Wachstums. Politisch waren diese Jahre gekennzeichnet durch die Folgen des Vietnamkrieges, die eine Ursache für die weltweiten Studentendemonstrationen waren, die in den USA begannen und 1968 die westeuropäischen Universitäten erreichten; – aber auch durch den allmählichen Abbau des Kalten Krieges und ein Arrangement der Großmächte Russland und USA. Die Auseinandersetzungen im Nahen Osten beeinflußten unmittelbar die wirtschaftliche und politische Entwicklung, seit die Araber den Ölpreis als politische Waffe entdeckt hatten. Die Wirtschaftskrise 1973 und die zunehmende Inflation waren Folgen davon.

[4] Aldo van Eyck. Is Architecture going to Reconcile Basic Values? In: Oscar Newman. CIAM '59 in Otterlo. a. a. O. S. 27

Die Jahre davor waren aber zunächst die Zeit der größten Zuwachsraten des Bruttosozialproduktes der westlichen Industrienationen; – sie brachten technisch die spektakulären Erfolge der Weltraumfahrt in den USA und Rußland.

All das wirkte sich auf die Architektur aus, freilich oft genug nicht in einer logischen Kausalkette, sondern mitunter in Gegenreaktionen. Eine unmittelbare Folge aber war der Bauboom in den sechziger Jahren, eine andere die Suche nach alternativen Techniken wie Solaranlagen Mitte der siebziger Jahre.

Der Glaube an das Machbare und Planbare führte in der Architektur Mitte der sechziger Jahre zu einer Betonung des Rationalen, zu neu entdeckten Planungstheorien und Planungsmethoden als Grundlage des Entwurfes; – er führte aber zugleich auch zur Flucht in das Glück im kleinen Winkel, zu Ferienanlagen im Stil alter Dörfer, zu den Hausbooten von Sausalito, um nur zwei Beispiele zu nennen. Was zunächst Randerscheinungen waren, hat nach 1973 auch auf die offizielle Architektur übergegriffen, gefördert nicht zuletzt durch eine völlig veränderte Einstellung zum historischen Bestand, eine Entwicklung allerdings, die sich bereits um 1960 vorbereitete.

Es ist nicht uninteressant, sich an die Prognosen zu erinnern, die Anfang der sechziger Jahre aufgestellt wurden. So wird sich die Weltbevölkerung bis zum Jahre 2000 verdoppeln und bis zum Jahre 2050 vervierfachen; sie betrug 1962 3,135 Milliarden und wird bis zum Jahre 2000 auf über 6 Milliarden ansteigen. Das Problem der Bevölkerungszunahme wird dadurch verschärft, daß sich diese Zunahme nicht gleichmäßig auf Stadt und Land verteilen, sondern ausschließlich auf die Stadt erstrecken wird. Die auf die Stadt bezogene Zunahme der Bevölkerung ist eine Folge der Strukturänderung der Berufe: für hochindustrialisierte Staaten wird eine Verteilung der arbeitenden Bevölkerung zu 10 Prozent auf den Primärsektor, zu 10 Prozent auf den Sekundärsektor und zu 80 Prozent auf den Tertiärsektor vorausgesagt.

Sicher müssen heute derartige Prognosen des Bevölkerungswachstums in bezug auf Europa revidiert werden, während die Bevölkerungszunahme in den Entwicklungsländern den Prognosen der sechziger Jahre entspricht. Jedoch resultiert der Wohnbedarf in Europa nicht nur als Folge der Bevölkerungszahl, sondern ebenso als Folge der Erhöhung der Raummenge, die der einzelne benötigt, da der höhere Lebensstandard mehr Platz pro Person erfordert als bisher; – und schließlich wird der Wohnungsbedarf gesteigert durch die zunehmende Mobilität der Menschen.

Ein weiterer Aspekt der Entwicklung ist zu beachten: die Abnahme der Arbeitszeit. Im 19. Jahrhundert war es üblich, 13 Stunden täglich zu arbeiten; außer an Sonntagen und kirchlichen Feiertagen gab es keine Arbeitsruhe. Die Arbeitszeit im Jahr betrug 3900 Stunden. Heute dagegen beträgt die Arbeitszeit 38 bis 40 Stunden in der Woche, das sind bei Berücksichtigung der arbeitsfreien Tage etwa 1800 Stunden im Jahr.

Fourastié[5] geht so weit, vorauszusagen, daß die Arbeitszeit in einer hochindustrialisierten Gesellschaft bei 30 Stunden pro Woche und 40 Arbeitswochen nur noch 1200 Stunden im Jahr betragen wird. Die Abnahme der Arbeitszeit und die Zunahme der Freizeit wird den Städter veranlassen, noch mehr als bisher die Natur aufzusuchen, um dort in der Freizeit zu verweilen. Es ergeben sich also zwei gegenläufige Tendenzen: die Zunahme der Bevölkerung führt zur Konzentration der Menschen in den Ballungsgebieten, die Abnahme der Arbeitszeit zur Zersiedelung der noch unberührten Natur.

Diese in Zukunft zu erwartende Entwicklung vollzieht sich jedoch vor dem Hintergrund einer unbewältigten Gegenwart. Die Zustände in den vorhandenen Ballungsgebieten haben heute bereits gesundheitsgefährdende Ausmaße angenommen.[6] Hand in Hand mit der Verseuchung der Luft geht die Verseuchung des lebensnotwendigen Wassers durch ungeklärte oder nicht genügend geklärte Abwässer. Die Flüsse sind oft biologisch tot, weil die Menge des zugeführten, ungenügend oder nicht geklärten Abwassers so groß ist, daß der Fluß die anfallenden Schmutzstoffe nicht mehr verarbeiten kann. Das Fischsterben in den Flüssen ist ein sicheres Zeichen dieser oft nicht mehr aufzuhaltenden Entwicklung.

Und schließlich nimmt die Ausdehnung der Städte und damit die Zersiedelung der Landschaft in den meisten Industrieländern rapide zu, weil immer noch an überlieferten und angesichts der Bevölkerungszunahme überholten Bebauungsformen festgehalten wird, die kostbares Bauland vergeuden.

Aber nicht nur auf gesellschaftlichem, sondern auch auf technischem Gebiet haben sich entscheidende Veränderungen vollzogen. Die spektakulären Erfolge der Raumfahrt wären nicht möglich ohne eine hochentwickelte Informationstechnik. Sie wird, wie zuvor im 19. Jahrhundert die Maschinenbautechnik, das zu Ende gehende Jahrhundert entscheidend bestimmen.

Zum Gebiet der Informationstechnik gehören nicht nur Telefon, Radio, Fernsehen, Nachrichtensatelliten, Lehrmaschinen und Produktionsautomaten, sondern auch die Computertechnik. Karl Steinbuch nimmt an, daß die Computerindustrie im Jahr 2000 der Industriezweig mit dem größten Umsatz sein wird, noch vor der Automobilindustrie und der Bauindustrie.[7]

[5] Jean Fourastié: Die 40000 Stunden, Düsseldorf 1966 (franz. Ausgabe: Les 40.000 heures, Paris 1965)

[6] Die Verseuchung der Luft mit giftigen Abgasen im Ruhrgebiet z.B. hat die Stadtverwaltung von Essen veranlaßt, zeitweise Verkehrssperren für Automobile auszusprechen. Die Smog-Gefahr im Ballungsgebiet Groß-London mit ihren gesundheitsgefährdenden Einwirkungen ist zu bekannt, um beschrieben zu werden. Gleiches gilt für die Ballungsgebiete von New York, Los Angeles und Tokio. Die Behörden von Tokio gaben an 154 Tagen des Jahres 1966 Smog-Alarm.

[7] Karl Steinbuch: Zukunftsplanung als politische Aufgabe. Die Deutsche Universitätszeitung, Heft 10/1957

Zur Stellung des Architekten

Aussagen zur Stellung des Architekten sind sicher nicht global zu machen; – sie werden unterschiedlich nach den besonderen Gegebenheiten des Landes ausfallen, in dem der Architekt arbeitet, wenn sicher auch Gemeinsamkeiten vorhanden sind. Die folgenden Aussagen beziehen sich deshalb auf Mitteleuropa, speziell auf die Verhältnisse in der Bundesrepublik Deutschland.

Die Rezession von 1973 hatte für den Berufsstand des Architekten Folgen. Nach einer Veröffentlichung des BDA (Bund Deutscher Architekten) mußten in den Jahren 1973–75 30% der Mitarbeiter entlassen werden, die Honorarumsätze gingen um 25% zurück[8]. Die alleinige Ursache dieses Notstandes wird zumeist ausschließlich in der Konjunkturflaute gesehen, was aber wahrscheinlich nicht richtig ist. Andere Ursachen haben zu dieser Entwicklung, die sich zumindest in ihrer Tendenz schon seit längerem abzeichnet, beigetragen.

Zu den Ursachen gehört vor allem, daß der freie Beruf des Architekten in einer zunehmend vor allem von rein wirtschaftlich und technisch bestimmten Denken geprägten Welt in Mißkredit geraten ist und als Folge davon unter der Konkurrenz scheinbar wirtschaftlicher arbeitender Planungsorganisationen wie gemeinnützige Unternehmen, Bauindustrie, aber auch staatlicher und städtischer Planungsbüros zu leiden hat. »Die Überbetonung wirtschaftlicher Kriterien und die gleichzeitig betriebene Demontage kultureller, ideeller und geistiger Faktoren hat eine deprimierende Lage geschaffen, unter der die Lage des freien Architekten immer schwieriger wird.«[9] Wenn man von dieser Feststellung auch einiges abziehen muß, da sie die Äußerung des Interessenverbandes der Architekten ist, so trifft sie doch im Kern die Sache.

Wenn von Veränderung im Bauen gesprochen wird, so muß auch darauf verwiesen werden, daß sich gegenüber früher das Verhältnis von Rohbau und Ausbau völlig verändert hat. Hatten früher die Kosten für den Bau, also für Dach, Wände, Decken und Fundamente den überwiegenden Teil der Kosten ausgemacht, so überwiegt heute der Ausbau. Im Krankenhausbau beträgt der Anteil des Rohbaues nur noch ca. 30% der gesamten Kosten.

Es ist zu fragen, wie der Architekt auf diese Veränderungen reagiert hat. Eine allgemeine Antwort fällt schwer, da sich Äußerungen und Meinungen dazu rasch verändern. Wurde z.B. als Folge der Veränderungen Ende der sechziger Jahre noch die Forderung nach einer Verwissenschaftlichung der Architektentätigkeit erhoben, so gilt heute eher die umgekehrte Maxime, die des Architekten als Künstler.

Unabhängig von diesen Etiketten, die auch oft genug nichts anderes als Schutzbehauptungen in einer schnell sich verändernden Zeit waren, läßt sich zumindest ein gewisser Trend zu einer Spezialisierung in bestimmten Bereichen erkennen: eine Spezialisierung von Büros für eine bestimmte Gruppe von Bauaufgaben, sowie eine Spezialisierung einzelner Mitarbeiter im Büro auf bestimmte Tätigkeiten. Jedoch muß diese Feststellung zugleich im Bezug auf die Größe der

[8] BDA (Hrsg.): Die Bedrohung des freien Berufes am Beispiel der Architekten. Bericht '76 des Bundes Deutscher Architekten BDA, Bonn, 1976
[9] BDA (Hrsg.). Die Bedrohung des freien Berufes am Beispiel der Architekten. a. a. O., S. 3

Büros relativiert werden. In Kleinstbüros mit geringen Honorarumsätzen, und das sind 62,5% der Anzahl nach[10], macht der Büroinhaber oder der Angestellte noch offensichtlich alles selber, während die Spezialisierung einzelner Mitarbeiter nur in größeren Büros zu finden ist, die allerdings auch den größten Anteil am Bauvolumen haben. Die früher übliche Differenzierung in Entwerfer und Bauleiter läßt in diesen Büros neue Spezialisierungen erkennen, wie Erarbeitung von Planungsgrundlagen, Bedarfsplanung, Objektplanung, Prozeßplanung und -steuerung, Ausführungsplanung und Bauabwicklung. Neben der Gebäudeplanung sind heute Architekten auf dem Gebiet des Städtebaues, der Stadt-, Regional- und Landesplanung tätig.

So ist es außerordentlich schwierig, wenn nicht unmöglich, ein einheitliches Berufsbild des Architekten zu beschreiben, zu unterschiedlich sind die Tätigkeitsmerkmale und Tätigkeitsbereiche. Jedoch scheint zumindest ein gemeinsames Merkmal für alle jene erkennbar zu sein, die als Büroinhaber, als Projektleiter oder als Entwerfer tätig sind: die Verantwortung für den Bau als Ganzes; – im Unterschied z.B. zum Ingenieur, der stets nur für einzelne Teilbereiche zuständig ist wie z.B. für das Tragwerk oder die Heizungs- und Lüftungsanlagen. So scheint sich also eine scheinbar widersprüchliche, aber von der Sache her notwendige Entwicklung des Berufsbildes des Architekten abzuzeichnen. Auf der einen Seite der sich auf bestimmte Tätigkeitsmerkmale oder Objektbereiche spezialisierende Architekt, auf der anderen Seite der Entwurfsarchitekt als Generalist.

Jedoch gilt diese Feststellung bisher nur für die Tätigkeit größerer Büros. In kleineren Büros dagegen kann der Architekt schon auf Grund der Personalsituation nichts anderes tun als bisher, nämlich alle Tätigkeiten in einer Person auszuführen. Ob damit das Schicksal derartiger kleiner Büros, die oft genug unter schwierigen Umständen arbeiten, besiegelt ist, kann nicht vorausgesagt werden. Es ist sogar möglich, daß derartige Büros in Zukunft besondere Bedeutung bekommen, weil der Bauherr zumindest bei kleineren Bauaufgaben in einer immer mehr verwalteten und organisierten Welt gerade den persönlichen Kontakt zu einem Architekten als Person und nicht als Organisation sucht.

Trotz aller Fehler und Versäumnisse ist der Architekt auch heute noch einer der wenigen, der die Fähigkeiten und den Willen zur Integration aufbringt. Fällt dieses Gebiet in die Hände von Spezialisten, die zwar zur Lösung von Detailproblemen prädestiniert sind, denen aber die Fähigkeit zur übergeordneten Wertung der Detailprobleme fehlt, so werden die Folgen für die Umweltgestaltung irreparabel sein.

Seiner Tätigkeit nach muß der Architekt Pragmatiker sein, aber pragmatische Berufserfahrung reicht heute nach meiner Erfahrung nicht mehr aus. Notwendig ist eine Vertiefung im theoretischen Bereich und systematisches Vorgehen dort, wo es sinnvoll und von der Sache her nützlich ist.[11]

Nur so wird es dem Architekten in einer Zeit zunehmender Rationalisierung möglich sein, seinen Anspruch als Gestalter der Umwelt nach-

[10] Gernot Feldhusen: Berufsbild und Weiterbildung des Architekten, Stuttgart, 1974, S. 17 f.
[11] Jürgen Joedicke: Angewandte Entwurfsmethodik für Architekten, Stuttgart, 1976

haltiger als bisher zu vertreten. Mehr als bisher wird der Architekt in Zukunft auf die Zusammenarbeit mit Vertretern anderer Disziplinen angewiesen sein. Zusammenarbeit aber setzt Kommunikation voraus, Kommunikation wiederum eine dem Partner verständliche Argumentation.

Die Charakteristika seiner notwendigen Fähigkeiten hat Meinhard von Gerkan auf folgende Kurzformel gebracht[12]: »Offenheit für alle Probleme, präzises Analysieren und Denken, Beherrschung eines gestalterischen und formalen Repertoires, Kooperationsbereitschaft und Durchsetzungskraft und als Wesentliches: Kreativität und Fähigkeit zur Synthese ...«

Forschung auf dem Gebiet der Architektur wird vielfach mit dem Hinweis abgelehnt, daß dadurch die Fähigkeit intuitiven Gestaltens verlorengehe. Rationalität und Phantasie sind jedoch keine Gegensätze, sondern sich notwendigerweise ergänzende Fähigkeiten des Menschen. Ohne zureichende Information verliert sich die Phantasie im Phantastischen. Auch historisch läßt sich leicht nachweisen, daß Entwerfen und Gestalten immer einen hohen Anteil Rationalität enthielten. Es geht deshalb nicht um eine Verwissenschaftlichung der Architektur, sondern vielmehr um die Einführung wissenschaftlicher Methoden in jenen Bereichen der Architektur, die dafür zugänglich sind.

Das Produkt des Entwurfes ist die gebaute Form. Die wiederholt vertretene Anschauung, daß die richtige Erfassung der Bedürfnisse von selbst zur Form führe, ist falsch. Immer sind ästhetische Entscheidungen beteiligt, wenn es um Formfragen geht. Es besteht bisher kein Grund zu der Annahme, daß dies in Zukunft anders sein wird.

[12]Meinhard von Gerkan: Gedanken zum Berufsbild und zur Berufspraxis des Architekten heute. In: Detail, 1975/3

Vorfabrikation und industrielles Bauen

Vorfabrikation und industrielles Bauen werden häufig als Synonyme verwendet, sie sind aber keineswegs identisch. Vorfabrikation besagt zunächst nichts anderes, als daß der Bau aus vorfabrizierten Einzelelementen montiert wird. In Erweiterung dieser Definition verbindet sich mit dem Begriff der Vorfabrikation der Begriff der Normung, der Beschränkung auf bestimmte Größen, unabhängig von einer speziellen Bauaufgabe.

Je kleiner ein vorfabriziertes Element ist, um so universeller ist seine Verwendungsmöglichkeit; – zugleich aber erhöht sich mit abnehmender Größe der Arbeitsaufwand am Bau und die Anzahl der Fugen zwischen den Elementen; je größer dagegen ein genormtes, vorfabriziertes Element ist, um so geringer ist die universelle Anwendbarkeit; – geringer ist aber auch der Arbeitsaufwand am Bau. Das Optimum zwischen universeller Anwendbarkeit und Arbeitsaufwand am Bau ist nur schwer zu bestimmen, grundsätzliche Untersuchungen darüber stehen noch aus. Man verwendet heute z. B. im Stahlbetonbau geschoßhohe Wandelemente und Deckenelemente mit Spannweiten zwischen 4,0 und 8,0 m. Entscheidend wird die Größe von Fertigelementen durch die Transportmöglichkeiten und durch die am Bau vorhandenen Hebewerkzeuge determiniert.

Vorfabrizierte Elemente in diesem Sinne brauchen durchaus nicht industriell gefertigt zu sein. Von industrieller Fertigung kann man erst dann sprechen, wenn die Herstellung nicht von Hand, sondern mit Maschinen und nach industriellen Methoden erfolgt. Industrielle Fertigung bezieht sich nicht nur auf die Herstellung, sondern ebenso auf die Montage am Ort. Und sie setzt, was meist übersehen wird, eine völlige Veränderung der herkömmlichen Planungsmethoden durch den Architekten voraus. Vor Beginn der Fertigung muß nicht nur der Rohbau, sondern auch der Ausbau in allen Einzelheiten festgelegt sein; die heute noch beliebten Änderungen am Bau entfallen. Zum anderen erhöht sich die Zahl der bei der Planung notwendigen Spezialisten erheblich. Nur wenn es dem Architekten gelingt, einen wesentlichen Teil seiner Zielvorstellungen zu quantifizieren, ist Kommunikation als Grundlage der Teamarbeit möglich.

Das Hauptproblem jeder Serienfabrikation und damit auch der industriellen Vorfabrikation ist die Anzahl der erzeugten Elemente. Wenn heute Vorfabrikation zumeist nicht billiger ist als handwerkliche Fertigung am Bau, so liegt es auch daran, daß die Stückzahl zu gering ist; – d. h., daß jeweils nur für einen bestimmten Bau oder einen bestimmten Bautyp vorfabrizierte Elemente entwickelt und hergestellt werden.

Das Bauen mit industriell vorgefertigten Elementen hat jedoch nicht nur funktionelle und wirtschaftliche, sondern auch soziale Aspekte. Die handwerkliche Arbeit am Bau ist durch Witterungseinflüsse behindert und leidet unter wenig optimalen Arbeitsverhältnissen. Der Trend zur Arbeit in der Fabrik und der Ersatz von handwerklichen Methoden durch maschinelle hat auch das Bauhandwerk ergriffen. Es wird immer schwieriger, Nachwuchs für die traditionellen Bauberufe zu finden; – junge Facharbeiter ziehen die Arbeit in der Fabrik mit ihren besseren Arbeitsbedingungen der Arbeit mit der Hand und an der Baustelle vor. Und dieser Trend wird sich aller Voraussicht nach in Zukunft verstärken. Es ist möglich, daß allein der Mangel an Nachwuchs in den traditionellen Bauberufen eine rasche Industrialisierung der Baumethoden erzwingen wird.

In diesem Zusammenhang ist die Feststellung nicht uninteressant, daß die Ausweitung des Bauvolumens in der Bundesrepublik Deutschland in der Nachkriegszeit nicht so sehr auf der Einführung industrieller Baumethoden beruhte, sondern vielmehr auf der Vergrößerung des Arbeitspotentials durch Gastarbeiter aus anderen Ländern. Wenn diese Quelle eines Tages versiegen wird, bleibt nur noch die Möglichkeit der Ausweitung des Bauvolumens durch industrielle Baumethoden.

Die aus wirtschaftlichen, funktionellen und sozialen Gründen wahrscheinlich immer stärker werdende Verwendung derartiger Baumethoden wird jedoch zweifellos auch die Gestalt der künftigen Bauten bestimmen. Mittel und Ziele stehen in der Architektur in einer engen Relation. So sicher es ist, daß Ziele nicht durch Mittel determiniert werden sollten, so sicher ist aber auch, daß bei der Realisierung die Mittel die Grenzen des Möglichen bestimmen.

Eine weitere Determinante ist die Fertigungsmethode. Möglicherweise gibt es in Zukunft Baustoffe, die jede Form erlauben. Aber selbst dann bleibt wahrscheinlich noch eine gewisse Begrenzung der Möglichkeiten aus wirtschaftlichen Gründen, zumindest für die Massenproduktion. Die heute verwendeten Baustoffe haben einen bestimmten und begrenzten Spielraum der Anwendungsmöglichkeiten, der nicht nur durch die Materialeigenschaften, sondern ebenso durch die verwendete Baumethode bestimmt wird. Eine plastische Form, wie z.B. das TWA-Empfangsgebäude auf dem Kennedy-Flughafen von New York, ist in seiner Herstellung an die Verwendung von Ortbeton und an handwerkliche Herstellungsmethoden gebunden.

Die dritte Determinante ist die Planungsmethode der Architekten, die sich durch die Verwendung industrieller Baumethoden zumindest in Teilbereichen verändert hat.

Wenn jedoch industrielle Baumethoden die präzise Vorwegbestimmung jedes Details erfordern, dann stellt sich die Frage, wie sich die Bauten der Zukunft darstellen werden. Ist z.B. Monotonie die unausbleibende Folge? Werden sich neue Bautypen herauskristallisieren, die nur in ihrer Struktur festgelegt sind und so dem einzelnen Raum lassen zur Selbstgestaltung seiner Umgebung?

Strukturalismus

Theoretischer Hintergrund

Es wurde schon bei der Behandlung des Brutalismus darauf verwiesen, daß eine Darstellung von Tendenzen der Architektur der Gegenwart nur unter Einschränkungen und Vorbehalten möglich ist. Dies gilt um so mehr für den Strukturalismus[1], da die Verfolgung seiner ersten Ansätze in den Kreis jener Architekten führt, die sich 1959 in Otterlo versammelt hatten. Mit dem Namen von Alison und Peter Smithson verbinden sich die theoretischen Ansätze des Brutalismus, wobei hinzuzufügen ist, daß auch andere der dort anwesenden Architekten ähnliche oder verwandte theoretische Ansätze verfolgten. Zu diesem Zeitpunkt freilich war aus der von den Smithsons vertretenen neuen Ethik schon eine neue Ästhetik geworden. Der Begriff war in den internationalen Sprachgebrauch übernommen worden und wurde völlig neu und anders interpretiert.

So ist es zu verstehen, daß zwischen den Denkansätzen des Brutalismus und des Strukturalismus Gemeinsamkeiten bestehen. Auch bei einzelnen, um 1960 entstandenen Gebäuden wird es wohl eher vom Temperament und Standort des Betrachters abhängen, ob er das Gebäude als brutalistisch oder strukturalistisch einschätzt oder Elemente beider Tendenzen darin zu entdecken glaubt. Ein Beispiel hierfür dürfte Louis Kahns Medical Research Center in Philadelphia (1957 bis 1961) sein.

Jedoch sind in der Folgezeit aus diesen ersten Denkansätzen Bauten mit gemeinsamen, unverwechselbaren Merkmalen entstanden, die es als gerechtfertigt erscheinen lassen, vom Strukturalismus als einer wichtigen und eigenständigen Architekturströmung der sechziger und siebziger Jahre zu sprechen.

Der Begriff Struktur und Strukturalismus taucht 1966 bei Tange auf. Tange ging bei seiner Argumentation vom Funktionalismus aus, der spezifische Räume für spezifische Funktionen forderte. Dagegen betrachtet der Strukturalist die Beziehung zwischen Raum und Nutzung nicht mehr statisch und deterministisch. Der Raum und seine Form soll offen sein für Wandel und Veränderung, soll neue Nutzungen anregen (form evokes function), oder soll, so bei Hertzberger, unfertig sein, zu Veränderung durch die Bewohner anregen.

Tange wies darauf hin, daß es »zum Funktionalen noch einen Prozeß der Gliederung« bedarf, »der die funktionalen Einheiten verbindet«.[2] Was den Strukturalismus kennzeichnet, ist deshalb die Betonung bestimmter Anordnungsprinzipien. So bezeichnet Tange das, was die

[1] Eine erste zusammenfassende Darstellung gab Arnulf Lüchinger in Bauen + Wohnen 1976/1. Siehe auch seinen Beitrag in Architecture and Urbanism, 1977/3
[2] Kenzo Tange. Funktion, Struktur und Symbol. In: Udo Kultermann (Hrsg.). Kenzo Tange, 1946–1969, Zürich 1970.

Räume verbindet, was ihnen Strukur verleiht, als Kommunikation. Kommunikationselemente in diesem Sinn sind für Tange die Festpunkte, aber auch horizontale Verbindungswege im Gebäude und die Erschließungswege zwischen den Gebäuden. »Der Prozeß, diesen kommunikativen Tätigkeiten und Strömungen zwischen Räumen Form zu geben, heißt architektonischen und städtischen Räumen Strukur verleihen.«[3]

Dieser Gedanke ist nicht neu. Er taucht schon in den fünfziger Jahren bei den Smithsons auf, so z.B. beim Entwurf für die Universität Sheffield, wo das Erschließungssystem (Straßendecks, Fußgängerbrücken und Aufzugsanlagen) zum Prinzip des Entwurfes erhoben wurde. Während Tange damit den Strukturbegriff von der kybernetischen Seite begreift, vertreten die holländischen Strukturalisten einen betont anthropologisch geprägten Strukturbegriff. Aldo van Eycks Rede auf dem Otterlokongreß 1959 enthält eine deutliche Absage an den Fortschrittsglauben und »die Überbewertung der Technik. Wann endlich werden die Architekten damit aufhören, der Technik den Hof zu machen und dem sogenannten Fortschritt nachzulaufen.«[4] Demgegenüber setzte er seine These, daß der Mensch immer und überall derselbe ist; – daß sich zwar die Anforderungen ändern, aber der Mensch, der sie stellt, sich gleich bleibt.

Dies ist eine ähnliche Position, wie sie seit Mitte der fünfziger Jahre Claude Lévi-Strauss vertreten hatte, so in seinen Schriften »Tristes Tropiques« (1955) und »Anthropologie Structurale« (1958).

In einer Zeit also, die alles für machbar hielt und vom Griff in die Zukunft träumte, versuchte der Strukturalismus, sich an der Vergangenheit zu orientieren, um hier grundsätzliche menschliche Verhaltensweisen zu entdecken. Ähnlich wie Lévi-Strauss, der primitive Kulturen untersuchte, um hier grundlegende menschliche Strukturen zu finden, beschäftigte sich die holländische Gruppe mit Bauformen der Pueblo-Indianer in Neumexiko oder mit Bauformen in der Sahara, die in der holländischen Zeitschrift »Forum«, zu deren Redaktionsmitglied zwischen 1959 und 1963 unter anderen A. van Eyck und J. B. Bakema gehörten, publiziert wurden. Sie wandten sich damit gegen eine einseitig mechanische, technisch orientierte Architekturauffassung und versuchten, den Menschen als Ganzheit zu begreifen. Dies ist im Grunde der Versuch, die Erkenntnisse der auf W. Dilthey zurückgehenden Strukturpsychologie in die Architektur umzusetzen.

Während die holländischen Strukturalisten Ende der fünfziger Jahre die Welt einfacher Bauformen für sich entdeckten, hatten ihnen Georges Candilis und Shadrach Woods diese Erfahrung voraus. Von 1951–54 leiteten sie die afrikanische Niederlassung von ATBAT in Tanger. In dieser Zeit entstanden eine Reihe von Wohnbauten, bei denen typische, traditionelle Anordnungsprinzipien in unsere heutige Formensprache transponiert wurden.

Wie für alle späteren Strukturalisten waren auch für sie Veränderungen und Wandel Grundbedingungen der Planung. Da sie davon ausgingen, daß sich mögliche menschliche Verhaltensweisen nicht im vor-

[3] Kenzo Tange a. a. O. S. ...
[4] Aldo von Eyck. Is Architecture going to Reconcile Basic Values. In: Oscar Newman. CIAM '59 in Otterlo. Bd. 1. Dokumente der modernen Architektur. (Hrsg.) Jürgen Joedicke. S. 26.

aus bestimmen lassen oder daß die Menschen aufgrund ihrer individuellen Erfahrungen die allen gemeinsamen Grundbedürfnisse unterschiedlich befriedigen, unterschieden sie im Wohnungsbau zwischen bestimmbaren Räumen und solchen, die in ihrer Nutzung relativ offen sind. Zu den bestimmbaren Räumen rechneten sie die Erschließung, also Treppen und Flure, sowie Küche und sanitäre Räume, zu den für Veränderung offenen die Räume für Arbeiten, Wohnen, Essen und Schlafen. Es gab also kein spezifisches Schlaf- oder Wohnzimmer. Hier findet sich bereits der Gedanke des polyvalenten Raumes, der später eine große Rolle spielen wird.

Aber auch der Gedanke der Veränderung und Erweiterung der Wohnung durch die Bewohner und die Forderung, daß trotz dieser möglichen Veränderung die visuelle Ordnung des Gebäudes nicht zerstört werden darf, ist damals bereits vorhanden. »Beim Nid d'Abeilles-Typ ... haben die Bewohner die Freiheit, ihre Wohnung zu verändern und zu erweitern; die ursprüngliche Ordnung bestimmt jedoch nach wie vor den visuellen Ausdruck des Gebäudes.«[5]

Die konsequent durchgeführte Gliederung des Grundrisses in Räume mit bestimmbaren Funktionen und solche, die für Veränderung offen sind, ist mit Louis Kahn's Auffassung von dienenden und bedienten Räumen verwandt. Und ebenso ist das Grundprinzip erkennbar, das Gebäude durch Addition identischer Einheiten zu gliedern.

Herman Hertzberger hat später ähnliches formuliert: »Groß dürfen Dinge nur sein als Vielfalt von an sich kleinen Einheiten, denn mit Übermaß wird ziemlich schnell Abstand geschaffen. Indem man alles zu groß, zu leer und dadurch zu weitab und unantastbar macht, werden Architekten vor allem Produzenten von Abstand und Unherbergsamkeit.«[6] Das für Städtebau wie Architektur als verbindlich angesehene Grundprinzip ist das der Gliederung in kleine, überschaubare, menschlich erlebbare Einheiten.

Von J. B. Bakema stammt die Feststellung, daß »die Beziehungen zwischen den Menschen und den Dingen ... wichtiger« sind »als die Dinge selbst.«[7]

Diese Anmerkung betont die Relation zwischen der gebauten Umwelt und dem Benutzer, ein entscheidendes und immer wieder angesprochenes Problem der Strukturalisten. Daneben bleibt das Problem der Zuordnung der kleinen baulichen Einheiten selbst, das bei den Strukturalisten oft stark formalisiert wird, sei es auf der Grundlage des Rasters, der Addition identischer Einheiten, des Prinzipes der Gliederung in dienende und bediente Elemente bei Kahn oder durch die Betonung der der Kommunikation dienenden Verbindungselemente. Werden derartige Anordnungsprinzipien konsequent angewandt, so besteht die Gefahr einer schematischen Lösung, wie auch die Addition identischer Einheiten bei großem Bauvolumen zur Unübersichtlichkeit führen kann. Deshalb weisen die von den Strukturalisten angewandten Ordnungsgefüge immer Ausbrüche auf, Durchbrechungen des Prinzipes, worauf schon Paulhans Peters hingewiesen hat[8]; – und die sich auch bei den Rationalisten später nachweisen lassen.

[5] Candilis-Josic-Woods: Ein Jahrzehnt Architektur und Stadtplanung. Stuttgart, 1978. Nachdruck der Orginalausgabe von 1968.
[6] Herman Hertzberger. Homework for more hospitable form. In: Forum 1973/3.
[7] Erklärung auf dem CIAM-Kongreß 1953. Abgedruckt in: Van den Broek en Bakema. Architektur-Urbanismus, Stuttgart, 1976. Bd. 12 der Dokumente der modernen Architektur, Hrsg. Jürgen Joedicke.
[8] Paulhans Peters: Die letzten 20 Jahre in der Architektur. In: Baumeister 12/1978, S. 1147

Dahinter steht die These Aldo van Eycks, daß eindimensionales Denken in der Architektur falsch sei; – daß jedes Phänomen nur von zwei Seiten gleichzeitig zu begreifen sei, als Zwillingsphänomen, und nicht in eine Polarität aufgelöst werden könne. So verdeutlicht er das Zwillingsphänomen Ordnung und Chaos an Begriffen wie »labyrinthian clarity« oder »Casbah organisée«. Ordnung in diesem Sinn wäre das grundlegende Anordnungsprinzip, der Raster z.B., Chaos die Durchbrechungen dieses Prinzipes.

Charakteristisch für die Ausbildung der Grundeinheiten ist das Unfertige, Deutbare, oder genauer gesagt: die nicht auf eine Funktion festgelegte Form. Diese Auffassung wird unterschiedlich interpretiert. Für Louis Kahn hat ein Raum über die Erfüllung von Funktionen hinaus eine bestimmte Atmosphäre zu vermitteln und dadurch neue Funktionen anzuregen. Dieser Grundsatz »form evokes function« findet sich auch bei J. B. Bakema und darüber hinaus die Vorstellung, daß der Benutzer sein Haus durch Umbauten und Anbauten verändern kann; – so z.B. bei dem Prinzip des wachsenden Hauses, das bei der Wohnsiedlung 't Hool in Eindhoven 1969–72 realisiert wurde. Bauen ist für Bakema über das so verstandene Erfüllen von Bedürfnissen vor allem das Setzen von Zeichen und Bedeutungen, die der Identifikation des Menschen mit der gebauten Umwelt dienen. Von den Grundfragen menschlicher Existenz
– was bin ich?
– wer bin ich?
– wo bin ich?
hat die letztere für Bakema als Architekt Bedeutung. Die gebaute Umwelt des Wohnquartiers soll dem Menschen Orientierung und Identifikation ermöglichen; – die Wohnung als Grundeinheit soll ein unverwechselbarer Ort im Gesamtgefüge des Hauses, des Wohnquartieres und der Stadt sein.

Für Herman Hertzberger besteht die Aufgabe des Architekten nicht im Herstellen fertiger und perfektionierter Lösungen, sondern der Nutzer soll die Möglichkeit haben, zu ändern, zu vervollkommnen. Damit wird aber nicht einer völlig flexiblen oder neutralen Behälterarchitektur das Wort geredet, im Gegenteil, die Architektur soll einen festen Rahmen bilden, eine erkennbare Ordnung, die jedoch so gestaltet ist, daß sie Veränderungen erträgt. Das ist, mit anderen Worten gesagt, die These Aldo van Eycks über die Zwillingsphänomene, über Ordnung und Chaos. »Unbeschränkte Freiheit kann wohl die potentielle Möglichkeit für vieles sein, es besteht aber keine Zündung, die den Motor in Bewegung setzt. Deshalb müssen wir mit Ansätzen kommen, die zu persönlicher Interpretation stimulieren und die, individuell aufgegriffen, zu verschiedenartigen Lösungen führen.«[9] So entstand der Begriff der polyvalenten (vielwertigen) Form, die als Prinzip Architektur und Städtebau bestimmen soll. Ordnende Struktur und individuelle Interpretation sind zwei Schlüsselbegriffe der Strukturalisten.

Zur Erläuterung seiner Architekturauffassung greift Hertzberger auf das Sprachmodell Ferdinand de Saussure's zurück. Demnach ist

[9] Herman Hertzberger: Strukturalismus-Ideologie. In: Bauen + Wohnen, 1976/1, S. 22

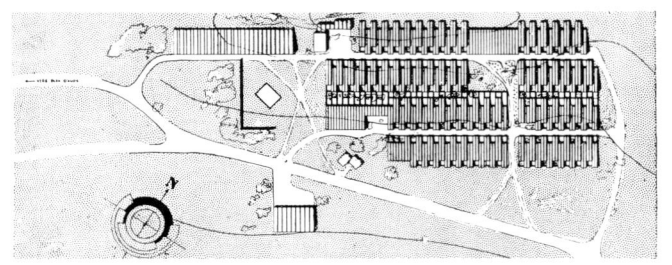

204
Le Corbusier: Pilgerzentrum La Sainte-
Baume, 1948

204

Sprache ein allen gemeinsames System, in dem der Mensch individuell spricht. »Wir kennen jedermanns persönliche Vorstellungen nicht, aber wir nehmen an, daß sie aufgefaßt werden können als individuelle Interpretation einer kollektiven Struktur. Dieses Verhältnis von kollektiver Struktur und individueller Interpretation kann verglichen werden mit dem Verhältnis von Sprache und Sprechen (langue et parole). Wir gebrauchen die Sprache auf individuelle Weise innerhalb allgemeiner Regeln ... In der Architektur gehen wir ebenfalls von einer unterliegenden »objektiven« Struktur von Formen aus, die wir Archeformen nennen möchten ...«[10]; – auch hier besteht eine gewisse Verwandtschaft zum Denkansatz der Rationalisten.

Aus diesen unterschiedlichen Ansätzen und Überlegungen kristallisieren sich einige Merkmale heraus, welche Bauten gemeinsam sind, die als strukturalistisch bezeichnet werden können.

Kennzeichnend ist die Betonung bestimmter Anordnungsprinzipien im Grundriß und Aufriß, die ordnende Struktur. Sie wird als Mittel angesehen, polyvalente Räume zu schaffen; – also nicht auf eine Funktion festgelegte Räume, die unterschiedliche Interpretationen erlauben oder von den Benutzern verändert werden können.

Die Konstruktion tritt zumeist als sichtbares Gestaltungsmittel in Erscheinung. Die Begründung dazu reicht von Louis Kahns Feststellung, daß ein architektonischer Raum nur derjenige ist, der zeigt, wie er gemacht wurde, bis zu Hertzbergers These, daß das Unfertige eine Aufforderung für die Benutzer ist, den Bau zu vervollkommnen. Ein Kennzeichen ist also die mögliche Veränderung, das Wachstum, um diesen Begriff zu gebrauchen, wobei aber immer die Forderung gilt, daß der Bau immer eine erkennbare Ganzheit bildet.

Wesentlich ist Imagebildung und Identifikation des Benutzers mit dem Bau.

Hinter der Architekturauffassung der holländischen Strukuralisten aber steht vor allem ein bestimmtes Bild des Menschen, die Einsicht, daß es bestimmte unveränderliche Grundbedingungen des Menschen gibt.

[10] Herman Hertzberger: Strukturalismus-
Ideologie, a. a. O.

144

Der internationale Strukturalismus – Vorläufer

Jede Zeit findet ihre Entsprechungen in der Vergangenheit. So ist auch der Gedanke, ein Gebäude aus kleineren, überschaubaren Einheiten zusammenzusetzen und diese Einheiten in einer Strukur anzuordnen, nicht neu. 1925 entwarf Le Corbusier eine Studentenstadt, die beides erkennen läßt: die Studentenwohnung als kleines Haus in einer orthogonalen Struktur. Dieses gleiche Prinzip kehrt 1948 wieder in dem Entwurf für die Wohnstadt La Sainte-Baume, die für Pilger oder für Menschen, welche die Einsamkeit suchen, gedacht war. Es handelt sich um tonnengewölbte, in vier gegeneinander versetzten Reihen angeordnete Häuser, die sich am Hang staffeln. Die Starrheit des Schemas wird durch einen offenen Bereich innerhalb der beiden obersten Reihen sowie durch den Versatz der Reihen aufgebrochen. In der Siedlung Halen bei Bern (1961) kehrt dieser Grundgedanke wieder.

Verwirklicht hat Le Corbusier diese Gedanken erst 1965–69 bei dem Gebäude der Kunst- und Architekturschule in Chandigarh. Ein rechteckiger, eingeschossiger Bau mit Innenhof wird durch zwei Reihen kleiner Shedaufbauten gegliedert, die über den Flachbau herausragten. Sie sorgen neben gutem Lichteinfall auch für die Belüftung der Innenräume. Zwischen den Shedaufbauten findet sich jeweils ein niedriger flachgedeckter Teil, der aber nur teilweise Nebenräume enthält; mit anderen Worten, die Bauform ist nicht unmittelbar auf die Funktion bezogen, sie bezieht ihre Gesetzmäßigkeit aus dem strukturellen Prinzip.

Das gleiche findet sich im Entwurf von Louis Kahn für das jüdische Gemeindezentrum in Trenton (1954–59), von dem nur das Badehaus

205

205, 206
Louis Kahn: Jüdisches Gemeindezentrum, Trenton, New Jersey, 1954–1959

205
Modellaufnahme

206
Gesamtgrundriß

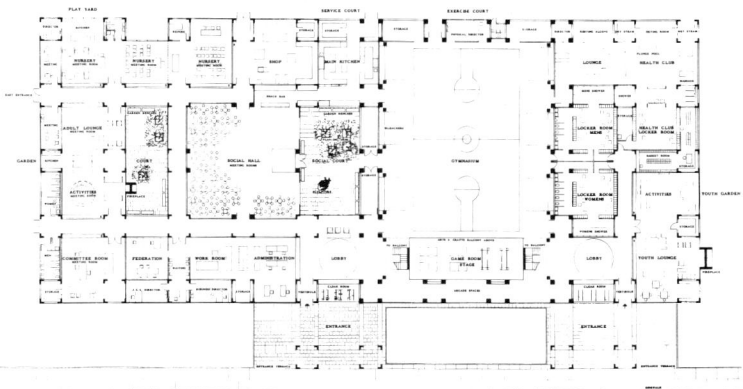

206

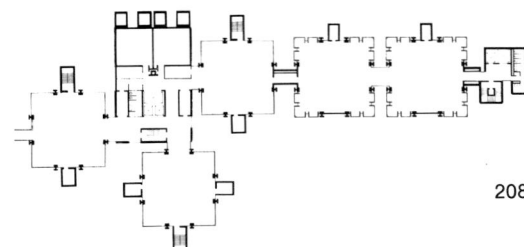

208

207

gebaut wurde. Das Programm enthielt sehr unterschiedliche Anforderungen, Versammlungs- und Spielräume, eine Sporthalle, Kindergarten, Läden, sowie Räume für Gesundheitsfürsorge. Das Grundprinzip der Anlage sind – mit Ausnahme der Sporthalle und des großen Versammlungssaales – von Stützen begrenzte Raumeinheiten mit einer Größe von 3,05/3,05 m, die allseitig in einer Entfernung von 6,10 m stehen. Dadurch ergeben sich Zwischenräume in drei Größen: 6,10/6,10 m, 6,10/3,05 m, sowie die Grundeinheit von 3,05/3,05 m. Die Zwischenräume von 6,10/6,10 m sind dabei mit einer abgestumpften Pyra-

209

207
Candilis, Woods mit Bodiansky und
ATBAT-Afrique: Cluster-Bebauung, 1956

208
Louis Kahn: Richards Research Center,
University of Pennsylvania, Philadelphia/
Pennsylvania, 1957–1961

209
Candilis, Woods mit Bodiansky und
ATBAT-Afrique: Wohnungsbau Typ »Nid
d'abeilles«, Carrières Centrales/Casa-
blanca, 1953

146

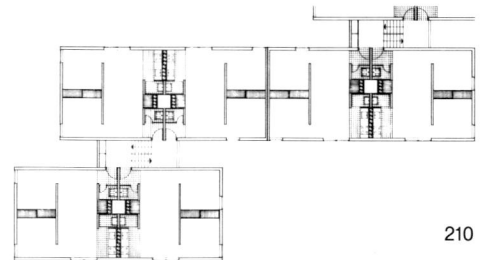

mide mit Oberlicht überdeckt, die beiden anderen Raumeinheiten mit einem Flachdach. Für die Überdeckung von Sporthalle und Versammlungssaal gibt es Varianten, eine davon zeigt die gleichen abgestumpften Pyramiden, die offensichtlich auf weitgespannten Trägern auflagern. Man kann es auch so definieren: das Gebäude besteht aus mit abgestumpften Pyramiden überdeckten Grundeinheiten, zwischen denen niedrige Räume liegen, »dienende Räume« im Sinne Louis Kahns, teilweise aber auch in den hohen Raum integriert. Dieses Prinzip der »dienenden« und »bedienten« Räume findet sich zuerst beim Badehaus konsequent ausgeführt: vier mit Pyramiden überdeckte Räume sind achsensymmetrisch um einen Innenhof angeordnet. Die Dächer liegen an ihren vier Endpunkten auf quadratischen, hohlen Stützbehältern auf, die jetzt nur noch Nebenräume (dienende Räume) enthalten.

Beim Richards Medical Research Center (1957–61) in Philadelphia wurde dieses Prinzip weiterentwickelt. Um einen zentralen Installationsturm mit Aufzügen, Treppen, Räumen für Versuchstiere liegen, an drei Seiten angekoppelt die quadratischen Labortürme. Von außen sind an die Labortürme weitere »dienende« Räume in Form kleiner vertikaler Türme angesetzt, die Nottreppen, Abluftschächte und Leitungen enthalten.

In einer zweiten Baustufe wurden linear zwei weitere Labortürme mit biologischen Labors angefügt, die mit dem ersten Teil eine Einheit bilden. So wurde auch die Forderung erfüllt, Gebäude zu schaffen, die »wachsen« können, in jedem Stadium aber eine Einheit bilden.[11]

Zweifellos ist dieser Bau einer der wichtigsten Vorläufer des Strukturalismus, er hat weitgehenden Einfluß ausgeübt.

Weitgehend unbekannt sind die frühen Arbeiten von Georges Candilis und Shadrach Woods geblieben, obwohl sie heute aktueller denn je sind; – sie waren der Versuch, mit den Mitteln unserer Zeit eine angemessene Antwort auf spezifische, regionale und klimatische Bedingungen zu finden, ohne Anpassung oder Nachahmung, wie es heute von manchen angestrebt wird. Zugleich sind sie Vorläufer des Strukturalismus mit dem Prinzip, das Gebäude aus kleineren Einheiten zu bilden und Wohnungen zu schaffen, die offen für Veränderungen durch die Bewohner sind. Dabei nehmen sie auch spätere Gedanken, z.B. von Herman Hertzberger, vorweg, das Gebäude so zu gliedern, daß spätere Veränderungen die ursprüngliche Ordnung nicht zerstören.

[11] Zur Beschreibung des Gebäudes siehe auch S. 124.

Die traditionelle Wohnform sieht einen schattigen Innenhof vor, von dem die Räume belichtet und belüftet werden. Dieses Anordnungsprinzip findet sich bei den Semiramis- und Nid d'Abeilles-Typen, die zwischen 1951 und 1955 in Marokko entstanden, wieder. Diese Bauten haben zweigeschossige, nach oben offene Loggien, auf welche die einzelnen Wohnungen orientiert sind.

Bei Flachbauten, so den Studien für Abadan, werden vier Wohneinheiten clusterartig zusammengesetzt, wobei der geschützte Innenhof den Mittelpunkt der einzelnen Häuser darstellt. Derartige Cluster werden in vielfacher Weise zu Gruppen miteinander verbunden (Abb. 207).

Nach der Gründung des Büros Candilis-Josic-Woods in Paris entstehen eine Reihe großer Wohnprojekte, bei deren Planung Wachstum und Veränderung zu grundlegenden Prinzipien werden. Seit dem Entwurf für Caen (1961) zielt die Planung auf minimal strukturierte Systeme, die maximale Veränderungen im Hinblick auf veränderte Bedürfnisse erlauben. Sie suchen Organisationsformen zu entwickeln, die in Stufen errichtet werden, aber in allen Stufen in sich geschlossene Einheiten bilden.

Der Wohnungsgrundriß zeigt seit 1954 (Wohnblock Typ Zéta) zwei Zonen: Räume, deren Funktion relativ bestimmbar ist (Treppe, Zugang, Küche, Sanitärräume), und Räume, deren Funktion veränderbar ist (Wohn–Schlafbereich), eine Gliederung, die der Auffassung Kahns nahekommt. Ebenso findet sich bei Candilis-Josic-Woods das Prinzip, große Baumassen durch Addition kleinerer, identischer Einheiten zu gliedern, so bei der Universität in Toulouse-Le Mirail.

Dieses Prinzip findet sich auch bei dem Entwurf der Bauten der Freien Universität Berlin-Dahlem (1963–73): Vier Erschließungsstraßen und rechtwinklig dazu geführte Sekundarwege gliedern die Anlage. Innerhalb dieses Netzrasters liegen die Institute, Hörsäle und Innenhöfe.

Verwandtschaft mit diesem Bau zeigt die Universität Odense von Knud Holscher, Krohn & Hartvig Rasmussen (Entwurf 1966, 1. Bauabschnitt 1978 fertiggestellt). Sie ist ein Flachbau mit bandartigem Charakter, der durch Innenhöfe unterschiedlicher Größe aufgelockert ist. Dabei liegen allgemeine Räume wie Bibliotheken und Cafeteria an der zentralen Achse. Daran schließen sich nach außen Hörsäle und Seminarräume an, in den äußeren Achsen liegen die Institutsräume. Das Gebäude ist für Holscher ein neutraler Rahmen für unterschiedliche Inhalte, soll eine offene Architektur ohne Zwänge sein, die für veränderte Anforderungen zugänglich ist. Parameter des Entwurfes waren das Erschließungssystem, menschlicher Maßstab der Raumbildungen, Eignung für die spezifischen Anforderungen sowie Wachstum und Veränderung.

211, 212
Knud Holscher, Krohn & Hartvig Rasmussen: Universität Odense, 1966–1978

211
Gesamtgrundriß
 1- 5 Institute
 6-11 Zentrale Einrichtungen
12-16 Forschungseinrichtungen
17-20 Sporteinrichtungen
21-23 Technische Einrichtungen
24, 25 Parkplätze
26-30 Erschließung

212
Detailansicht mit Innenhof

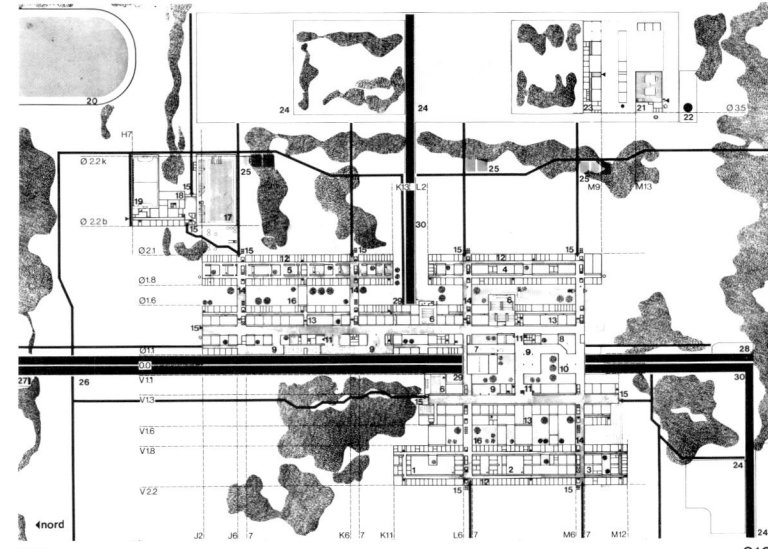

211

212

213, 214
Kenzo Tange: Verwaltungsgebäude der Presse- und Radiogesellschaft Shizuoka, Tokio, 1966–1967

213
Typischer Geschoßgrundriß

215, 217
Kenzo Tange: Kommunikationszentrum, Kofu, 1964–1967

217
Grundriß 3. Obergeschoß

215
Gesamtansicht

216
Kisho Kurokawa: Nagakin Capsule Tower Building, Tokio, 1972

215

216

214

213
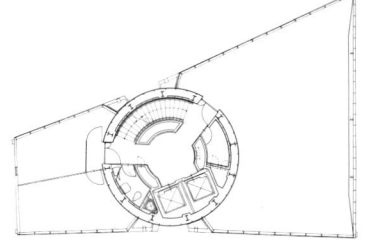

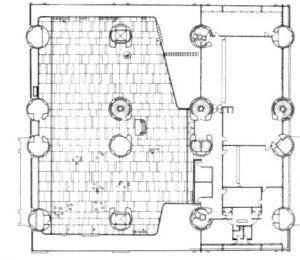

217

Wachstum und Veränderungen als Forderungen an das Bauwerk waren auch Gedanken, die bei den japanischen Metabolisten eine zentrale Rolle spielten. Ihre utopischen Vorschläge sahen Primärkonstruktionen vor, in die kleinere Elemente, z.B. als Wohnungen, eingesetzt werden konnten. Soweit sie überhaupt realisiert wurden, gingen sie mitunter eine widersprüchliche Verbindung mit monumentalen Bauformen und dem Repertoire des Betonbrutalismus ein. Ein Beispiel dafür ist Kenzo Tanges Kommunikationszentrum in Kofu (1964–67). Massive Zylinder, die Treppen, Aufzüge, Klimaanlagen und andere Räume enthalten (–Kahns dienende Räume), tragen als vertikale Stützen die Deckenkonstruktionen. Ein Gebäude, das von der Konzeption her auf Wachstum und Veränderung angelegt ist, erscheint vom Ausdruck her schwer und monumental.

Einem ähnlichen Prinzip folgt das Verwaltungsgebäude der Presse- und Radiogesellschaft Shizuoka in Tokyo (1966–67); – an einem vertikalen Zylinder, der Treppe, Aufzüge und Nebenräume enthält, sind die Bürogeschosse angehängt. Bei einer kritischen Betrachtung muß die exponierte Lage des Grundstückes berücksichtigt werden. Es ist relativ klein und liegt am Ende einer schmalen Hauszeile direkt gegenüber den Geleisen der Eisenbahn. So erklärt sich die Auskragung der vorderen Geschosse. Das Mißverhältnis zwischen Verkehrs- und Nutzfläche, zwischen Turm und Büroräumen wird ästhetisch durch die Anordnung der dienenden Räume in einem runden Turm noch betont. Was ursprünglich als sinnvolles Anordnungsprinzip konzipiert war, bekommt nun ästhetische Dominanz.

Dies ist nicht der Fall bei Kisho Kurokawa's eigenwilligem Nagakin Capsule Tower Building in Tokyo (1972), weil hier die Erschließung im Zentrum des Gebäudes liegt und die Wohneinheiten an der Peripherie des Gebäudes. Das Gebäude enthält hotelartige Zweitwohnungen für Geschäftsleute. Dabei sind diese Wohnungen als identische Einheiten spiralförmig an eine Primärkonstruktion, den zentralen Turm, angehängt. Die Wohnkapseln selbst können miteinander verbunden werden, um größere Wohneinheiten zu bilden. Kritisch muß angemerkt werden, daß die Zellen so klein gehalten sind, daß eine Veränderung durch die Bewohner nicht möglich ist, was ja der ursprüngliche gedankliche Ansatz sowohl der Metabolisten in Japan wie des Strukturalismus war. Die Zellen selbst sind so befestigt, daß sie ausgetauscht werden können. Praktisch hat dies jedoch nicht stattgefunden.

Moshe Safdie's Bauten und Entwürfe bestehen aus vorfabrizierten Zellen, die terrassenförmig übereinander gesetzt sind. Anders als bei Kurokawa sind diese Zellen bei dem Wohnprojekt Habitat in Montreal (1964–67) selbsttragend, die Untergliederung in Primär- und Sekundärstrukturen ist aufgegeben. Durch die Art der Fügung dieser Zellen entstehen vielfaltig gegliederte Anlagen, die von fern an alte Bergstädte erinnern, weil das Prinzip das gleiche ist: identische Einheiten in vielfältigster Weise zusammengesetzt. Durch Aldo von Eyck beeinflußt, studierte Safdie primitive Hausformen und Dörfer und fand so zu

151

218

seinem Vokabular sich stets wiederholender, industriell gefertigter Teile. Wie die holländischen Strukuralisten sucht er nach Gebäudeformen, die nicht in sich abgeschlossen sind, sondern erweitert werden können, aber stets in jeder Phase ein einheitliches Ganzes bilden; – wie sie versucht er, Wohntypen zu entwickeln, die Veränderungen durch die Bewohner ermöglichen.

Dieses Grundprinzip, wenn auch in völlig verwandelter Form, findet sich auch bei der von Ricardo Bofill 1963 gegründeten Gruppe Taller de Arquitectura. Auch hier ist der Ausgangspunkt die in vielfältigsten Variationen neben- und übereinander gesetzte Grundeinheit. Was so entsteht, unterscheidet sich wesentlich vom üblichen sozialen Wohnungsbau. Die Gliederung der Anlagen, so bei dem Wohnquartier Barrio Gaudi in Reus (1967), wo Gaudi geboren wurde, in öffentliche, halböffentliche und private Bereiche, die Übergangselemente zwischen diesen Bereichen, die Anordnung von Terrassen und begehbaren Flachdächern wecken Assoziationen zu alten Städten. In späteren Bauten der gleichen Architektengruppe ist die Grundrißgeometrie überbetont, und die Suche nach der ausdrucksstarken Form führt oft genug zu expressiv überzogenen, monumentalen Bauformen, wofür die Wohnanlage Walden Seven bei Barcelona ein Beispiel ist.

Das Prinzip des Strukturalismus, ein Gebäude in kleinere überschaubare Einheiten zu gliedern, die unterschiedlich benutzt werden können, der Ansatz, das Gebäude nicht als eine begrenzte Struktur zu begreifen, sondern als wandelbar und erweiterbar, erwies sich als fruchtbar für unterschiedlichste Bauaufgaben. Ein Beispiel dafür ist das Mc Master Health Science Centre in Hamilton (1967–72) von Craig, Zeidler, Strong. Die Entwurfseinheit, die sich im Krankenhausbau anbietet, ist die Pflegestation. Auf dieser Entwurfseinheit aufbauend, ist eine teppichartige Anlage entstanden, die erweiterbar und veränderbar ist, im Krankenhausbau zentrale Forderungen. So ist es verständlich, wenn Eberhard Zeidler sein Buch über dieses Gebäude mit den Worten einleitet, daß die Inbetriebnahme dieses Gebäudes im Jahre 1972 nur eine Etappe im Leben dieses Bauwerkes sei, weil das Gebäude so entworfen wurde, daß es eigentlich niemals fertiggestellt ist.[12] Die Entwurfseinheit ist die Station und hat eine Fläche von ca. 1000 m^2. Sie wird begrenzt von vier vertikalen Festpunkten, die im Abstand von ca. 22,40 m stehen. Diese Festpunkte enthalten Nottreppen und alle vertikalen technischen Installationen, und sie dienen zugleich als Auflager für die Deckenkonstruktion, die als geschoßhohes Raumtragwerk aus Stahl ausgebildet ist. Innerhalb dieses Raumtragwerks liegen alle horizontalen Verteilerleitungen. Diese aufwendige Konstruktion erlaubt Variabilität und Flexibilität der Nutzung.

Für die Ausbildung der Fassade wurden mehrere Systeme untersucht; man entschloß sich schließlich für eine Verkleidung mit Betonfertigelementen, während die Festpunkte, also die dienenden Elemente, verglast wurden.

Zwei Fragen müssen gestellt werden: Ist diese relativ aufwendige Konstruktion als Raumtragwerk mit horizontaler Führung der Leitungen notwendig? – und: Entsteht nicht durch die gewählte Anordnung eine schematische Lösung?

Sicher gehört der Krankenhausbau zu jenen Bauaufgaben, bei denen über längere Zeiträume hinweg Veränderungen notwendig sind, und ebenso zu jenen, die einen sehr hohen Anteil an Installationstechnik aufweisen. Die gewählte Lösung entspricht diesen Anforderungen in hohem Maße. Zu einer ähnlichen Lösung kam Louis Kahn beim Salk-Institut in La Jolla (1959–65), wo über den Labors ein Konstruktionsgeschoß liegt, das horizontale Leitungen enthält. Und sicher hat dieser Bau Zeidlers Lösung beeinflußt.

219

219
Taller de Arquitectura: Wohnquartier Barrio Gaudi, Reus, 1967

[12] Eberhard H. Zeidler: Healing the Hospital, Toronto, 1974

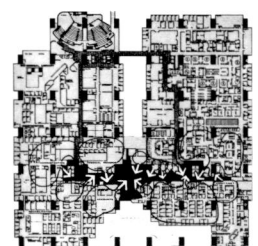

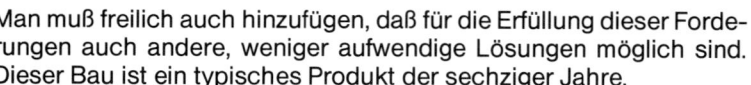

221

220

Man muß freilich auch hinzufügen, daß für die Erfüllung dieser Forderungen auch andere, weniger aufwendige Lösungen möglich sind. Dieser Bau ist ein typisches Produkt der sechziger Jahre.

Daß die Gefahr einer schematischen Lösung bei dem gewählten Entwurfsprinzip, der Addition gleicher Einheiten, groß ist, ist leicht einzusehen. Zeidler begegnet dieser Gefahr, indem er das gewählte Ordnungsprinzip immer wieder durchbricht. So ist die Haupterschließung für das Krankenhaus, der Zugang für Besucher und ambulante Patienten, unabhängig vom Grundraster angelegt: vom zentralen, mittig angelegten Haupteingang erreicht man direkt und übersichtlich die beiden vertikalen Erschließungselemente. Das Raumtragwerk ist überall dort freigelegt und sichtbar, wo allgemeine Räume liegen, so an der zentralen Ringstraße. Teilweise entstehen über mehrere Geschosse gehende, von oben belichtete Räume. Beispielhaft ist die Ausbildung der Pflegestationen. Die Krankenzimmer sind ringförmig um den zentralen Bereich mit Schwesternstützpunkt angelegt und zum zentralen Bereich hin verglast. So sind die Patienten in ihren Zimmern nicht isoliert, können aber zugleich durch Vorhänge ihr Zimmer vom zentralen Bereich abschirmen.

222

220-222
Craig-Zeidler-Strong: Mc Master Health Sience Centre, Hamilton, 1967-1972

220
Zweigeschossiges Verbindungselement

221
Grundriß Erdgeschoß mit Erschließung

222
Ostansicht

Die holländischen Strukturalisten

Zu den Bauten, welche jüngere Architekten nicht nur in Holland nachdrücklich beeinflußt haben, gehört das Kinderheim in Amsterdam von Aldo van Eyck (1957–60). Es enthält acht Abteilungen für Kinder unterschiedlicher Altersstufen, die hier Aufnahme finden. Sie liegen entlang eines in sich vielfach gegliederten Innenbereiches. Alle Räume sind durch gleichgroße und identische Kuppeln überdeckt, der Wohnbereich jeder Abteilung durch eine größere Kuppel. Stützen, Architrav und Kuppel bilden die ablesbaren tektonischen Glieder des Baues. Die ausfüllenden Wände aus Ziegelstein oder die Verglasung reichen stets nur bis zur Unterseite des Architravs.

Der ganze Aufbau erinnert an Louis Kahns Maxime, daß ein architektonischer Raum zeigen soll, wie er gemacht ist. Wesentlich sind die Übergangselemente von innen nach außen: der Eingang, der »keine Tür« ist, sondern ein Platz, der zwischen außen und innen vermittelt; die überdachten Spielplätze an den Innenhöfen als »offene Räume im Inneren« ausgebildet.

Was van Eyck wollte, war nicht ein abgeschlossenes Paradies, sondern eine »kleine Stadt« in einer großen Stadt; – eine kleine Stadt, die den Kindern Bewegungsspielraum gibt. Im Sinne seiner Theorie der Doppelphänomene (siehe S. 145), so der Wechselbeziehung Individuum – Kollektiv, finden sich ebenso offene, gemeinsame Bereiche wie Nischen oder abgeschiedene Plätze für den einzelnen.

Die puritanische Einstellung zum Material, die charakteristisch für viele holländische Architekten ist, zeigt sich auch bei der katholischen Kirche in Den Haag (1968–70), Stahlbetonträger und unverputzte Zementsteine bestimmen die Wandausbildung. Die Formausbildung ist karg und hart, unfertig. Vom versteckt liegenden Eingang erreicht man eine hohe Halle, an die sich seitlich die niedrigeren, kirchlichen Räume anschließen. Regelmäßig angeordnete Oberlichter erhellen die Räume. Ihre runde Form wiederholt sich bei kleinen Seitenaltären und Nebenräumen. Das Gebäude ist völlig introvertiert, abweisend nach außen; der Kirchenraum erinnert an frühchristliche Krypten. Dieser Wirkung entgegengesetzt ist der doppelt so hohe Zugangsraum. Charakteristisch für die holländischen Strukturalisten ist der in unterschiedlichsten Arten auftretende Versuch, das Haus oder die Wohnung so anzulegen, daß sie durch Bewohner verändert, ihren Wünschen angepaßt werden kann. Hertzberger geht in diesem Zusammenhang so weit, zu formulieren, daß Bauten wie Instrumente seien, die erst durch das Bespielen ihren Wert bekommen.

Dieser Grundsatz wird in unterschiedlichster Weise zu realisieren versucht. Von van den Broek und Bakema stammt der Gedanke des wachsenden Hauses, 1961 beim Wettbewerbsentwurf für die Neue Stadt Wulfen als Reihenhaus erstmals vorgeschlagen, bei der Wohnsiedlung t'Hool (1962–72) realisiert. Im Bebauungsplan war dafür eine Minimal- und eine Maximalfluchtlinie vorgeschrieben. Innerhalb der Grenzen der Minimalfluchtlinie wird ein zweigeschossiges Reihenhaus errichtet, das die notwendigen Räume enthält. Zwischen den ein-

223-225
Aldo van Eyck: Kinderheim, Amsterdam,
1957–1960

223
Luftaufnahme

224
Grundriß Erdgeschoß

225
Blick von der Halle zum Säuglingstrakt

223

226
Architektengemeinschaft van den Broek
und Bakema: Wohnsiedlung 't Hool, Eindhoven, 1969–1972. Grundriß und Schnitte
des wachsenden Hauses.

227, 228
Herman Hertzberger: Verwaltungsgebäude Central Beheer, Apeldoorn, 1970–1972

227
Blick in die mehrgeschossigen Nutzungseinheiten

228
Luftaufnahme

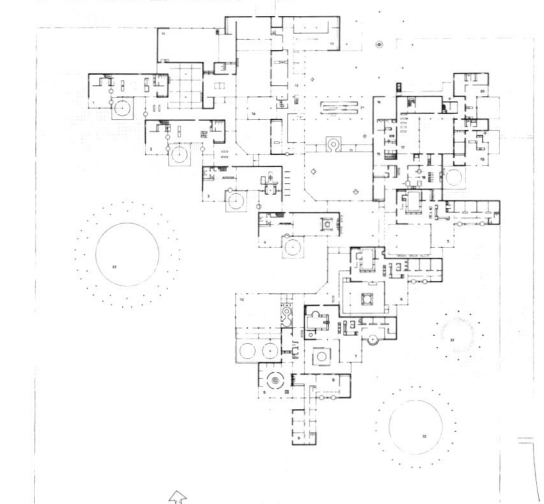

224

225

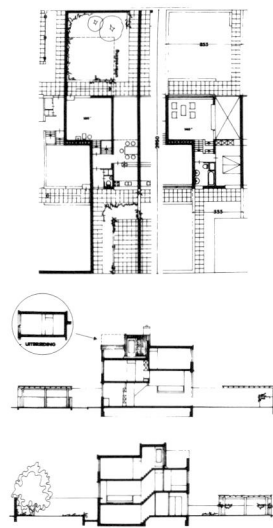

226

zelnen Häusern befinden sich Mauern, die vom Hauskörper bis zur Maximalfluchtlinie reichen. Innerhalb des durch die Mauern begrenzten Raumes sind Erweiterungsmöglichkeiten gegeben, die von den Bewohnern selbst oder unter Mithilfe von Facharbeitern erstellt werden können. Ähnliches gilt für das Obergeschoß, wo eine Terrasse zusätzlich überbaut werden kann.

Verwandt ist der Ansatz von Herman Hertzberger bei den »Diagoon-Häusern« in Delft. Auch hier sind Veränderungen durch die Bewohner von vornherein eingeplant, so in der Nutzung im Inneren des Hauses, im Vorhof vor dem Eingang und auf einer im Obergeschoß befindlichen Terrasse. Im Gegensatz zu van den Broek und Bakema überträgt Hertzberger dieses Prinzip auch auf die Gestaltung der Wände, die, aus Zementhohlblocksteinen erstellt, zum Verkleiden auffordern sollen. Das Rohe ist nicht wie beim Brutalismus ein ästhetisches Bekenntnis und endgültig, sondern nur ein Übergangszustand im »Leben« des Gebäudes. Bei allen Veränderungsmöglichkeiten wird aber an dem Prinzip festgehalten, daß die große visuelle Ordnung nicht gestört wird; es ist dies die in die Praxis umgesetzte These Aldo van Eycks der Doppelphänomene, Freiheit und Chaos.

Verwandt mit diesem Ansatz ist die Idee des polyvalenten, des nicht auf eine Nutzung festgelegten, sondern in vielfacher Weise zu verwendenden Raumes. Wo und wie gewohnt, geschlafen, gegessen oder gearbeitet wird, bleibt dem Bewohner überlassen. Dieser Ansatz findet sich ebenso bei Candilis-Josic-Woods, Louis Kahn wie bei den holländischen Strukturalisten. Es sind möglicherweise die nutzungsneutralen Räume alter holländischer Grachtenhäuser, die diese Idee beeinflußt haben.

227

228

229, 230
Herman Hertzberger: Altersheim »De Drie
Hoven«, Amsterdam, 1972–1974

229
Grundriß 2. Obergeschoß mit zentralem
Gemeinschaftsraum

230
Außenansicht

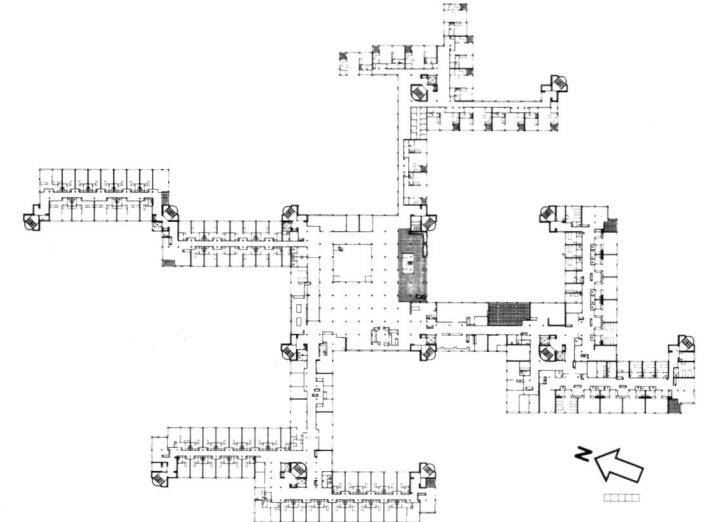

229

Beides, die Idee der Veränderbarkeit der Räume durch die Benutzer,
das Nichtfestgelegtsein auf bestimmte Nutzungen, sowie die Idee, ein
Gebäude aus in sich identischen Elementen (Entwurfseinheiten) zu
gliedern, findet sich in dem Verwaltungsgebäude Central Beheer in
Apeldoorn von Herman Hertzberger (1970–72). Die räumliche und
konstruktive Einheit, aus deren Addition das Gebäude besteht, beträgt
8,50/8,50 m. Sie wird mittig durch sich kreuzende Flurzonen erschlos-

230

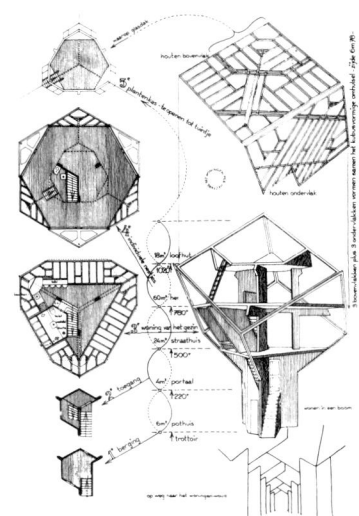

231

232

231, 232
Piet Blom: »Wohnwald«, Helmond, 1975

231
Grundrisse und Isometrien

232
Prototypen des »Wohnbaumes«

[13] Herman Hertzberger: Das Gebäude als Instrument für die Bewohner. In: Bauen + Wohnen, 1974/5, S. 212

sen, an die sich vier Nutzungseinheiten von 2,80/2,80 m anschließen. Die Art der Nutzung dieser Bereiche ist nicht festgelegt; ebenso ist es möglich, die Flurzonen selbst in bestimmte Nutzungen einzubeziehen. Wie bei allen Bauten Hertzbergers sind die Wände aus Zementhohlblocksteinen gemauert, bewußt unfertig, zum Verändern herausfordernd. »Die Wahl des persönlichen Schreibtisches und der Beleuchtung, sowie die Ausschmückung mit Blumen, Pflanzen, Bildern und Farbe sind einzelne Mittel dazu. Das Haus muß ›herbergsam‹ werden.« Nicht Gleichheit von allen wird angestrebt, sondern »vor allem gleiche Möglichkeiten, ungleich sein zu können.«[13]

Mitten durch das Gebäude geht eine »Straße«, die auch öffentlich benutzt werden kann; – an ihr liegen auch die allgemeinen Räume wie das Personalrestaurant.

Es wurde schon darauf verwiesen, daß die Addition gleicher Einheiten die Gefahr des Schematismus birgt, aber auch die Gefahr der Unübersichtlichkeit bei einer bestimmten Größe. Dieser Gefahr begegnet Hertzberger durch vertikale, mehrgeschossige Verbindungen, durch Lichtführung von oben, wie auch durch die Art der Erschließung im Erdgeschoß und die Anlage der Gemeinschaftsräume.

Der Gedanke der Erschließung eines Gebäudes durch »Straßen« findet sich auch im Altersheim »De Drie Hoven« in Amsterdam (1972–74), hier eine besonders sinnvolle Lösung, weil sie den alten Menschen die Möglichkeit gibt, in einem eigenen »Haus« zu wohnen. Vor jeder »Haustür« befindet sich ein eingezogener Vorplatz, ein Übergangselement zwischen innen und außen, das möbliert und bewohnt werden kann. Die »Straßen« münden in »Plätze«, wo sich Gemeinschaftseinrichtungen befinden; – »ein Haus wie eine Stadt, eine Stadt wie ein Haus«.

233
Frank van Klingeren: Gemeinschaftszentrum »t-Karregat«, Eindhoven, 1972–1973

Auch hier sind die Wände bewußt unfertig gelassen und bestehen aus Zementhohlblocksteinen, zum Verändern herausfordernd. Es ist aber die Frage zu stellen, ob dieses Prinzip hier nicht an seine Grenzen stößt: Verändern setzt Aktivität voraus; – besitzen alte Menschen noch die Energie zur Veränderung?

Wie bei allen Bauten der Strukturalisten ist auch hier die Tektonik des Baues ablesbar: helles Skelett aus Stahlbetonfertigteilen mit eingesetzten nichttragenden dunkelfarbigen Wänden, was den englischen Kritiker und Vertreter der postmodernen Architektur Jencks zu der spitzen Feststellung veranlaßte, »jeder Raum sieht aus wie ein schwarzer Sarg, der zwischen weißen Kreuzen steht.«[14]

Es bleibt dahingestellt, ob andere der gleichen Meinung sind oder etwas völlig anderes sehen oder empfinden; sicher ist nur, daß Gebäude durch ihre Form immer etwas ausdrücken, auch wenn sich der Architekt bei der Gestaltung nur auf tektonische Anordnungsprobleme beschränkt.

Piet Bloms Baumhäuser in Helmond stellen so etwas wie die exotische Komponente des holländischen Strukturalismus dar: ein auf die Kante

233

234
Herman Hertzberger: Musikzentrum
Utrecht, Utrecht, 1975–1978

234

gestellter Würfel, getragen von einem sechseckigen Mittelpfeiler, der
den Zugang mit Treppe enthält. Von diesem Typ wurden 1975 drei Ver-
suchshäuser gebaut, denen das 1977 fertiggestellte Spielhaus folgte,
umgeben von Wohnbäumen. Im Inneren des Würfels sind drei Ebenen
angeordnet, von schrägen Wänden umgeben mit überraschenden
Ausblicken.
Sicher ist das kein Haus für jedermann, nicht für alte Menschen
geeignet und sicher auch nicht für Familien mit Kindern. Es zeigt
eigentlich nur im Extremfall, welche noch unausgeschöpften Möglichkeiten des Prinzip der Addition identischer Einheiten enthält.
Addition von Einheiten scheint mir das eine Prinzip des Strukturalismus zu sein, Untergliederung eines größeren Komplexes in kleinere
Einheiten das andere Prinzip. Hierfür ist 't Karregat in Eindhoven von
Frank van Klingeren ein gutes Beispiel; – ein Gebäudekomplex, der
unter einem Dach Einrichtungen des Handels, der Kultur und der
Erziehung enthält. Prismatische Oberlichter gliedern die eingeschos-
sige Anlage. Was van Klingeren wollte, war eine neue Form »menschlichen Zusammenlebens, ohne die übliche Schwellenangst ...: eine
kleine Welt, die stets in Bewegung sein soll, die ihren Bedürfnissen mit
minimalen Ergänzungen angepaßt werden kann ...«[15]
So sind unter einer durchgehenden Dachlandschaft unterschiedlichste Funktionen vereint; – ein Supermarkt und Läden, Restaurant,
Gesundheitszentrum, Bibliothek, Gemeinschafts- und Jugendräume
sowie Kindergarten und Schulen. Neben Räumen für spezifische
Funktionen gibt es Bereiche, die in unterschiedlichster Weise genutzt
werden können, wie z.B. die Gemeinschaftsräume. Alles ist nicht per-
fektioniert, sondern wirkt eher zufällig, zu Veränderungen einladend.

[14] Charles Jencks: Die Sprache der postmodernen Architektur. Stuttgart, 1978,
S. 21
[15] Interview mit Frank van Klingeren. In:
Bauwelt 1974/3, S. 479

Technologie und Architektur

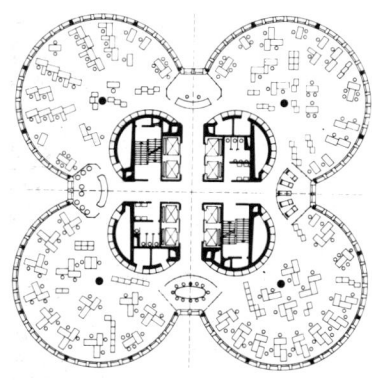

235

235, 236
Karl Schwanzer: BMW-Verwaltungsgebäude, München, 1970–1973

235
Grundriß Normalgeschoß

236
Gesamtansicht mit Automobil-Museum

Veränderte Bedingungen

Es ist eines der merkwürdigen Phänomene unserer Zeit, daß Tendenzen, deren Ende schon oftmals proklamiert wurde, nicht nur weiterhin
existent bleiben, sondern unter veränderten Bedingungen neue
Aspekte gewinnen. Das gilt insbesondere für die in den fünfziger Jahren entstandene und damals bestimmende Richtung, die mit dem
Begriff »Technische Perfektion« bezeichnet wurde. Um nicht mißverstanden zu werden, sei darauf verwiesen, daß damit nicht jene platten
Wiederholungen früherer Bautypen gemeint sind, wie sie, zu Recht kritisiert, einfallslos die Innenstädte nicht nur der westlichen Welt über-
schwemmt haben, sondern Bauten, die der Maschinenästhetik Mies
van der Rohes neue Aspekte abgewonnen haben. Dabei wurde das
schon früher erkennbare Merkmal, neue Technologien als Mittel der
Architektur zu verwenden, zu höchster Perfektion gebracht. Diese
Bauten unterscheiden sich jedoch zugleich von den Bauten der fünfziger Jahre.

Die durch die Ästhetik Mies van der Rohes geprägte Auffassung vom
Baukörper als glattem Quader wird oft durch eine Gliederung des Baukörpers und der Einzelelemente ersetzt; – das Innere stellt sich nicht
mehr als eine Stapelung neutraler Räume dar, sondern zeigt oft genug
Auszonungen in der Horizontalen und Durchbrechungen in der Vertikalen, die sich auf unterschiedliche Nutzungen beziehen; – die Konstruktion ist differenzierter als früher und phantasiereicher verwendet.
Geblieben aber ist die Auffassung, daß die heutige Architektur ihre
Grundlage in der konsequenten Anwendung neuer Technologien hat
und daß diese Technologien nicht nur Konstruktionsmittel, sondern
zugleich auch die unverwechselbaren ästhetischen Mittel unserer
Zeit darstellen.

Diese Auffassung steht im völligen Gegensatz zum Ansatz anderer
Architekten, die diese Architektur als kalt und unpersönlich ablehnen
und mit der Aufnahme eher traditioneller Formen zugleich oft auch
eine Rückkehr zu handwerklichen Methoden fordern. So außerordentlich widersprüchlich diese beiden Auffassungen auch sind, der
gemeinsame Bezugspunkt ist die Frage nach dem Verhalten des
Architekten in einer von technischem Denken geprägten Zivilisation.
Die einen bedienen sich bewußt der technischen Mittel dieser Zivilisation und sehen in ihnen zugleich unverwechselbare ästhetische Werte
unserer Zeit, die anderen dagegen wollen die Architektur von diesen
Einflüssen freihalten und plädieren für eine Erinnerungsarchitektur,

eine Architektur der Zeichen und Symbole. Diese Auffassungen sind so unvereinbar, daß wir noch lange mit diesem Widerspruch in der Architektur leben müssen.

1970–73 wurde das BMW-Verwaltungsgebäude in München (von Karl Schwanzer) errichtet. Der Grundriß ist kleeblattförmig, so daß im Inneren kleinere überschaubare Büroräume entstehen; – die Konstruktion ist ein Hängewerk, der zentrale Festpunkt als Stahlbetonröhre ausgebildet, an ihm sind die einzelnen Geschoßdecken aufgehängt. Die Konstruktionsart wird ästhetisch durch die Freistellung des Baukörpers im Bereich über dem Flachbau, durch die eingezogene Kerbe und durch die über das Dach geführte sichtbare Aufhängung verdeutlicht. Die Fassade ist mit Aluminiumelementen verkleidet, durch die Schrägstellung der Fenster entsteht eine Reliefwirkung mit Licht und Schatten. Über die Präzision des Details hinaus erhält der Baukörper durch seine Form eine Imagewirkung, eine eigengeprägte, unverwechselbare Gestalt. Ein unverwechselbares Element ist auch das Museum, das als plastische Großform ausgebildet ist. Frei eingestellte Rampen und Plattformen gliedern den Innenraum und führen an den Ausstellungsgegenständen vorbei.

237

237
John Portman: Bonaventura-Hotel, Los Angeles, Kalifornien, 1975–1977

238

239

238
Philip Johnson und John Burgee: AT & T Building, New York, 1978–1983

239
Philip Johnson und John Burgee: Penzoil Place, Houston, Texas, 1973–1975

Eine andere, aber ähnliche Imagewirkung weist auch das Verwaltungsgebäude der Firma Olivetti in Frankfurt/M. von Egon Eiermann auf (siehe S. 64), wo kelchförmige Unterbauten die Bürogeschosse tragen.

Im letzten Jahrzehnt sind in New York, Chicago, Los Angeles, Detroit und anderen amerikanischen Städten Wolkenkratzer entstanden, gegenüber denen europäische Bauten eher kleinmaßstäblich wirken. Sie ragen wie Ungetüme in einer chaotischen Stadtlandschaft empor, introvertiert und oft genug mit riesigen Hallen als Ersatz für die fehlenden städtischen Außenräume versehen.

Hierzu gehören auch die von John Portman entworfenen und erbauten Hotels vom Hyatt Regency in Atlanta, über das Peachtree Plaza mit 70 Geschossen über einer siebengeschossigen Halle, das Bonaventura-Hotel in Los Angeles mit fünf Glaszylindern, das Hyatt Regency-Hotel in San Francisco mit seinem dreieckförmigen Grundriß bis zum Plaza-Hotel in Detroit. Die starre Regelmäßigkeit der Anordnung der Glaszylinder beim Bonaventura-Hotel erinnert an rationalistische Ansätze, und der Gegensatz zwischen glitzender, glatter Fläche außen und labyrintischer Raumbildung im Inneren zeigt manieristische Anklänge. Von Bürogebäuden wären zu nennen das John Hancock Building in Chicago (1969) mit seiner diagonalen, sichtbaren Wandaussteifung an der Außenfront, oder das vielfach in sich gestufte Bruce Graham Sears Building in Chicago (1974), beide von Skidmore, Owings und Merrill. Der Versuch, die »geschlossene Kiste« zu durchbrechen, führt dabei zu labilen, atektonischen Gestaltformen wie beim United Nations Plaza-Gebäude von Roche und Dinkeloo.

Dabei zeigt sich zugleich eine für unsere Zeit typische Ambivalenz der Architekturauffassungen. Philip Johnsons Penzoil Place-Büro-

240

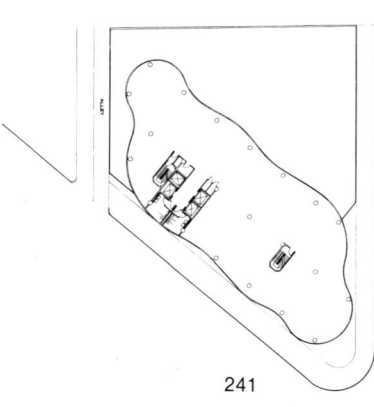

241

gebäude in Houston (1973–75) besteht aus zwei, oben schräg abge-
schnittenen Glasprismen, zwischen denen sich am Fuß eine ebenfalls
glasüberdeckte Passage befindet, während der Entwurf für das AT &
T-Gebäude in New York (1978) sich wieder traditioneller Elemente
bedient und deshalb von Kritikern als das »erste große Monument der
Postmoderne« bezeichnet wird. Andere, wie zum Beispiel Reyner Banham, sehen in diesem Entwurf mit seinen Bögen in den unteren
Geschossen und der »Chippendale-Spitze« als Abschluß schon eher
den Grabstein dieser Richtung.

Andere Bauten rufen Erinnerungen an die Frühzeit der Moderne hervor, an jene Zeit, als Mies van der Rohe noch nicht den Quader zum
Leitbild seiner Bauten erhoben hatte; – an jene utopische Zeit der
Moderne, als seine beiden Entwürfe für ein Hochhaus in Glas und
Eisen entstanden, der erste von 1919 mit dreieckigen, der zweite von
1920–21 mit frei gekurvten Formen im Umriß. An diesen Entwurf erinnern zwei so unterschiedliche Gebäude wie die Manufacturers-Bank
in Beverly Hills von A. J. Lumsden und das Verwaltungsgebäude Willis,
Faber & Dumas in Ipswich von Foster Ass. (1970–75).

Die Grundidee des Baues in Ipswich war eine Gebäudeform, welche
die alten Stadträume aufnimmt und verstärkt, also keine orthogonale
Form und keines der üblichen Bürohochhäuser. Die Bürogeschosse
liegen um eine zentrale Halle, die von oben belichtet ist. Was im Inneren
eine so wohltuende unrepräsentative Atmosphäre aufweist, wirkt
nach außen trotz der Reflektion der umgebenden Bebauung in den
Glaswänden kalt und abweisend. Die Durchsichtigkeit des Baukörpers wird erst dann erlebbar, wenn im Inneren die Lichter ange-
schaltet werden.

242

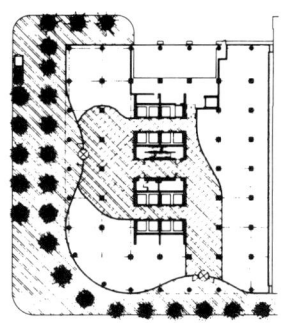

243

244

245

Auch das Xerox Center in Chigaco, an der Kreuzung der Dearborn- und Monroe Street gelegen, erhebt die gerundete Gebäudeecke zum Thema. Mit diesem Gebäude erringt Helmut Jahn, inzwischen Leiter der Entwurfsabteilung des Büros C. F. Murphy & Ass., das er wenig später übernehmen sollte, internationale Anerkennung. Das Xerox Center steht in der Nachfolge Mies van der Rohes, ist freilich nicht eine Wiederholung, sondern eher eine phantasievolle Abwandlung dieser Ideen. Von diesen Spuren beginnt sich Helmut Jahn allmählich zu lösen und findet eine eigene, eigenwillige Sprache. Ein Beispiel dafür ist das Regierungsgebäude des Staates Illinois (1980 – 85), das State of Illinois Center in Chicago. Worauf es aufbaut, sind im Grunde die traditionellen Elemente eines Regierungsgebäudes, Kuppel und Innenhof, aber völlig verwandelt und mit den technischen Mitteln unserer Zeit gestaltet. Was Jahn geschaffen hat, ist ein grandioser Innenraum, begrenzt von einer Hülle aus Stahl und Glas.

In seinen späteren Hochhausentwürfen greift er auf Elemente der Art deco zurück, bleibt jedoch stets auf Distanz zu einer historisierenden Collagearchitektur.

246

246, 247
Kammerer + Belz: Geschäftshaus der Commerzbank, Stuttgart, 1970–1972

246
Ansicht mit Stiftsfruchtkasten

247
Lageplan

247

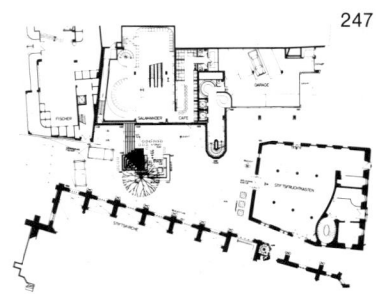

Welche Möglichkeiten bestehen, mit derartigen baulichen Mitteln ein neues Ensemble mit alten Bauten zu bilden (– also nicht sich anzupassen, sondern Alt und Neu zu einer neuen Einheit zu verbinden), zeigt das Geschäftshaus der Commerzbank in Stuttgart von Kammerer + Belz (1970–72). Es liegt an einem schmalen Platz gegenüber der gotischen Stiftskirche und dem Stiftsfruchtkasten. Die nach unten sich abtreppende Aluminiumfassade wirkt nicht abweisend, sondern einladend, und reflektiert die Fassaden der beiden älteren Gebäude; – der vorgezogene transparente Treppenturm begrenzt den vertieft angelegten, kleinen Platz und schafft zusammen mit den anderen Gebäuden eine räumliche Atmosphäre, die es in dieser Form bisher nicht an dieser Stelle gegeben hat.

Vom konstruktiven Detail her ist das 1974–77 erbaute Sainsbury Centre for the Visual Arts von Foster Ass. eine höchst bemerkenswerte, innovative Lösung. Sie besticht durch weite Räumlichkeit im Inneren mit unterschiedlichen Nutzungsmöglichkeiten. Die beiden Längsseiten sind mit kleinformatigen Platten verkleidet und lassen wenig von der weiten Räumlichkeit im Inneren verspüren.

249

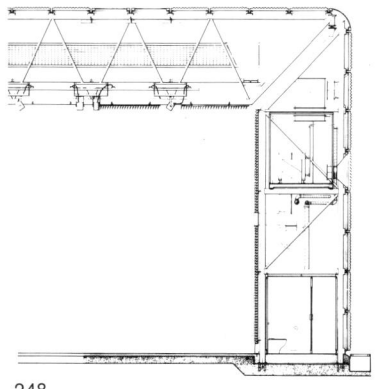

248

250
Harry Bertoia: Drahtsessel 1952

251, 252, 253
Foster Ass.: Hauptverwaltung der Hongkong Bank, Hongkong, fertiggestellt: 1986

251
Ansicht

251a
Schnitt

252
Halle im Inneren

250

High-Tech der achtziger Jahre

Zu diesem Zeitpunkt erschien eine Publikation, die als Titel einen ebenso vagen wie vieldeutigen Begriff verwendete, der sich jedoch rasch ausbreitete: High-Tech, eine Zusammenfassung von High-Style und Technology.[16] In diesem Buch finden sich Bauten abgebildet, die als Ganzes oder in Teilen vorfabriziert sind, und bei denen industriell hergestellte Elemente verwendet werden, sowie Möbel und Design, ebenfalls aus technischen Elementen bestehend. Kron und Slesin begreifen unter High-Tech zunächst den Transfer industriell hergestellter und technischer Elemente auf andere Inhalte und Aufgaben. Ein Beispiel hierfür ist die Verwendung eines industriell hergestellten Lochbleches aus Aluminium als Sitz- und Lehnfläche eines Stuhles. Die Deutung als Transferbegriff reicht jedoch nicht aus. Worum es sich im allgemeinen handelt, ist die bewußte Verwendung der Technik als ästhetisches Ausdrucksmittel, was angestrebt wird, ist die ästhetisch wirksame Form mit der Technik als bestimmendem Mittel.

Was heute oft mißverständlich als High-Tech bezeichnet wird, ist im Grunde nichts anderes als die für unsere Zeit charakteristische Spiegelung des oft widersprüchlichen Verhältnisses zwischen Technik und Architektur. Seit der ersten industriellen Revolution sind Technik und Industrie Konstanten, mit denen sich Architekten auseinandersetzten, auf die sie sich in ihren Erneuerungsbestrebungen beriefen oder die sie als vermeintlich kulturfeindlich in ihre Grenzen zurückzuweisen versuchten. Das starke Echo, das die erneute und erneuerte Hinwendung zur Technik gefunden hat, ist sicher auch als Reaktion auf den postmodernen Ansatz zu sehen, für den Technik als Erscheinungsform in der Architektur nicht existent ist.

251

[16] Joan Kron and Suzanne Slesin: High-Tech. The Industrial Style and Source Book for the Home. New York 1978.

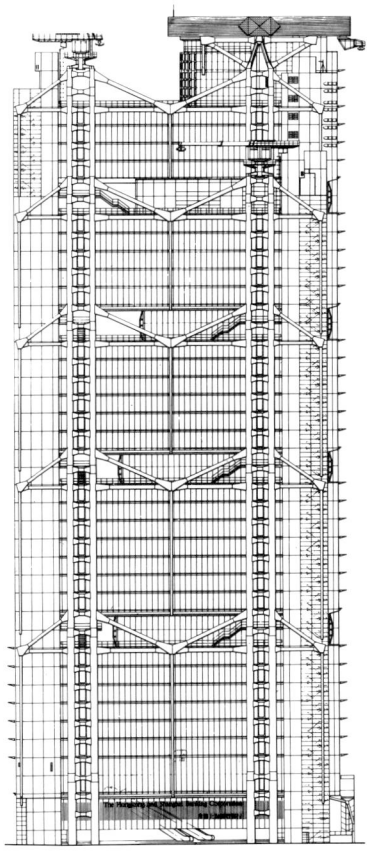

251a

252

253

Wenn heute von High-Tech gesprochen wird, so ist damit vor allem die architektonische Szene in England gemeint, wird auf Bauten englischer Architekten wie Norman Foster, Nicholas Grimshaw, Michael Hopkins oder Richard Rogers verwiesen. In dem intellektuellen Klima Londoner Architekturschulen bildeten sich um 1960 Gruppen wie Archigram, deren technologische Utopien nicht ohne Einfluß auf die spätere Entwicklung waren. Und ebenso war ein Gebäude wie das der Ingenieurabteilung in Leicester von James Stirling und James Gowan (1959–63) von Bedeutung für spätere Lösungen. Hier freilich zeigt sich ein noch weiter zurückreichender Einflußfaktor: der russische Konstruktivismus mit seiner Vorstellung von einem Gebäude als einer Maschine.

Diese Linie ließe sich in England bis zu den Fabriken und Gewächshäusern des frühen 19. Jahrhunderts zurückverfolgen. Was Joseph Paxton als vorfabrizierte, guß- und schmiedeeiserne Teile für Gewächshäuser entwickelt hatte, fand Verwendung beim Bau des Kristallpalastes in London (1851), dem wohl klassischen Beispiel für einen sehr frühen Transfer von industriell gefertigten Elementen auf eine andere Bauaufgabe, obwohl man natürlich auch den Kristallpalast als ein sehr großes »Gewächshaus« bezeichnen könnte.

Es kann hier nicht darum gehen, eine Genealogie der Ursprünge heutiger Tendenzen in ihren unterschiedlichen Ausprägungen zu betreiben, aber einige weitere Namen und Bauten sollen beispielhaft genannt werden. Kron und Slesin verweisen mit Recht auf das Maison de Verre (1928–32) von Pierre Chareau und Bernard Bijvoet. Le Corbusier und die Maschinenästhetik der zwanziger Jahre wären zu erwähnen, aber auch ein völlig anders gearteter Konstrukteur wie Jean Prouvè und Buckminster Fuller, ebenfalls Ingenieur und

254

255

253
Foster Ass.: Hongkong Bank, Wartungskräne auf dem Dach

254, 255
Richard Rogers Partnership: Forschungs- und Verwaltungsgebäude der PA Technology, Princeton/New Jersey, 1982–1984 Isometrie der Konstruktion und Gesamtansicht

256

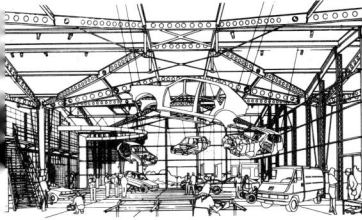

257

Konstrukteur, wobei schon bei der Nennung dieser Namen die sehr unterschiedlichen Ansätze deutlich werden: der eher ästhetisch orientierte des Architekten und der am Herstellungsprozeß orientierte und auf die Konstruktion bezogene des Ingenieurs.

Aus den USA wäre auch der Designer und Architekt Charles Eames zu nennen, dessen eigenes Haus in Santa Monica (1949) aus industriell gefertigten Elementen besteht, aber auch der völlig andere Ansatz von Eero Saarinen beim General Motors Technical Center in Warren/Mich. (1951–56) als Beispiel für die Übertragung von in der Industrie erprobten Herstellungsprozessen auf den Bau, hier zum Beispiel für die Dichtung der Verglasung.

Und von hier aus gesehen gewinnt auch ein Bau wie das BMW-Verwaltungsgebäude in München (1970–73) von Karl Schwanzer neue Bedeutung, in der Art der Verwendung einer ungewöhnlichen Konstruktion und ihrer ästhetischen Verdeutlichung nach außen sowie in dem Versuch, eine Großform als Zeichen auszubilden, corporate identity wird man das später nennen.

Die Aufzählung ist bruchstückhaft, sie macht aber zumindest die Skala der unterschiedlichen Rezeption deutlich: Technik und Konstruktion als selbstverständliche Grundlage des Bauens, die Übertragung industrieller Herstellungsprozesse auf die Fabrikation von Bauelementen, der Transfer technischer Formen in die Architektur und Technik als betontes ästhetisches Ausdruckselement. Es wird nicht ganz einfach sein, diese unterschiedlichen Ansätze in der Diskussion über heutige Tendenzen auseinanderzuhalten.

Wie in den fünfziger Jahren zuvor, bedeutete die Hinwendung zur Technik eine Metallarchitektur, die bevorzugte Verwendung von Stahl und Verkleidungen aus rostfreiem Stahl und Aluminium sowie Glas.

258

256, 257, 258
Foster Ass.: Auslieferungs- und Ersatzteil-lager der Renault-Werke, Swindon/ Whiltshire, 1981–1983

256
Detailansicht
257
Isometrie einer Konstruktionseinheit
258
Ausstellungshalle

259, 260
Richard Rogers Partnership: Lloyd's of
London, London, fertiggestellt: 1986

259
Gesamtansicht

259

260

260
Halle

Das kann zu einer Verkleidung der Konstruktion durch eine perfekt gestaltete technische Hülle führen, das führt jedoch jetzt vor allem zu einer Zurschaustellung der Konstruktion: die Konstruktion also, und zwar eine ganz besondere Konstruktion, als von außen erkennbares und ablesbares Formelement. Und diese besondere Konstruktion ist häufig eine auf Zug beanspruchte, also eine vom Visuellen her sehr leicht wirkende Konstruktion. In dieser Vorliebe zeigt sich eine deutliche Veränderung gegenüber der Tektonik Ludwig Mies van der Rohes, der lastende Konstruktionen bevorzugte, bei der Nationalgalerie in Berlin sogar so etwas wie die Umsetzung der Säule in eine adäquate Stahlform versuchte. Dabei erfahren Übergangsstellen zwischen unterschiedlichen strukturellen Elementen, die Gelenke, eine betonte und ihre Funktionen herausstellende Gestaltung, wie überhaupt eine überdeutliche Zeichenhaftigkeit bei sekundären Gestaltungselementen ein Merkmal dieser Bauten zu sein scheint.

Der Vergleich mit den Bauten Ludwig Mies van der Rohes und seiner Nachfolger in den fünfziger und den beginnenden sechziger Jahren ist auch in anderer Weise aufschlußreich. Die emotionale Unterkühltheit dieser Bauten, die Reduktion der Formen auf reine Zu- und Anordnungsprobleme weicht einer ausdruckhaften Bildhaftigkeit, die teilweise expressive Züge annimmt. Und das bezieht sich nicht nur auf die Form, sondern auch auf die Farbgebung. Die Reduzierung auf einfache geometrische Grundformen wird aufgegeben, die Strenge der Formgebung Ludwig Mies van der Rohes weicht einer eher spielerischen Auffassung.

Was sich jedoch durchaus vergleichen läßt, ist die Auffassung vom Raum und seiner Nutzung. Was angestrebt wird, ist der flexible Raum mit möglichst wenig Festlegungen und möglichst viel räumlicher Frei-

261

261
Richard Rogers Partnership: Inmos Mikroprozessoren-Fabrik, Newport/South Wales, 1982

175

heit. Dahinter steht die Auffassung Louis Kahns von der Unterschiedlichkeit dienender und bedienter Räume in einem Gebäude.

Die Festlegungen im Raum betreffen ausschließlich die Konstruktion
sowie Serviceelemente und Installation. Dabei werden Installationselemente oft in einer Weise formal und farblich so herausgestellt, daß
sie als entscheidende Gestaltungselemente außen in Erscheinung
treten. In dieser Überbetonung sekundärer Gestaltungselemente ist
man versucht, ein Kennzeichen der für unsere Zeit vielleicht charakteristischen, manieristisch geprägten Auffassung zu sehen.

Diese demonstrative Zurschaustellung der Installationen, Aufzüge
und Treppen zeigt wohl als erster Bau das Centre Pompidou in Paris
(1971–77) von Richard Rogers und Renzo Piano. Die außen angeordneten Installationen, Aufzüge und Treppen sowie die Ausbildung der
Konstruktion mit weitgespannten, die Breite des Gebäudes frei über-
spannenden Fachwerkträgern erlaubten im Inneren einen flexibel zu
nutzenden Raum und die Anordnung variabler Trennelemente. Man
kann sich die Frage stellen, ob ein solcher Grad von Flexibilität und
Variabilität von der Aufgabe her notwendig und sinnvoll ist. Aber darum

262

263

ging es wohl nicht, auf der Suche nach einer eigenwilligen, einmaligen Form wurde ein Prinzip auf die Spitze getrieben.

Während die Längswand zum Platz mit ihrer nur durch die Konstruktion bestimmten Gliederung, den außen frei an die Fassade angehängten Rolltreppen, mit der Bewegung der Menschen im Raum, hohe Qualität besitzt, erscheint die Längswand zur Straße mit den dort angeordneten Röhren, Leitungen und Aufzügen problematisch. Eine innerstädtische Straße, ein Weg entlang von Röhren, Leitungen und Aufzügen bietet wenig für das Auge, wenn der Reiz des Neuen und Ungewöhnlichen verblaßt ist. Auch der Versuch einer farbigen Differenzierung vermag wenig daran zu ändern: das Blau für die Röhren der Klimaanlage, das Grün für die Wasserleitungen und das Rot für Aufzüge und Aufzugsmaschinen.

Vor dem spektakulären, expressiv überhöhten Ansatz des Centre Pompidou in Paris scheint das Sainsbury Centre for the Visual Arts, Norwich (1974–77) einer anderen Welt anzugehören. Aber es zeigt in einer zurückgenommenen, verhaltenen Formensprache den gleichen Grundansatz: den flexibel zu nutzenden Raum mit der Konsequenz einer frei gespannten Konstruktion und der Anordnung aller Installationen und Nebenräume außerhalb dieses Raumes, hier nun allerdings nicht nach außen sichtbar, sondern in der Zone der als Fachwerke ausgebildeten Stützen. Man kann es auch so formulieren: zwischen dem Centre Pompidou und dem Centre for the Visual Arts liegt der Spielraum der dieser Architekturauffassung zugänglichen Formensprache.

In der ersten Hälfte der achtziger Jahre bauen Richard Rogers Partnership drei bemerkenswerte Fabrikgebäude: in Quimper (Frankreich) das Produktionsgebäude und Auslieferungslager der Firma Fleetguard (1981), in Newport/South Wales die Inmos Mikroprozessoren-Fabrik (1982) und in Princeton/New Jersey das Forschungs- und Verwaltungsgebäude der PA Technology (1982–84). Foster Associates errichten das Auslieferungs- und Ersatzteillager der Renault-Werke in Swindon/Wiltshire (1981–83). In der gleichen Zeit bauen Nicholas Grimshaw and Partner das Büro- und Werkstattgebäude der Ladkarn Ltd. in London (1985) und entwickeln das Patera-Pilotprogramm für Industriebauten (1981), Michael Hopkins and Partners erbauen 1984 das Schlumberger-Forschungsgebäude in Cambridge (England). 1986 schließlich wurden die Hongkong-Bank in Hongkong von Foster Associates und Lloyd's of London von Rogers Partnership fertiggestellt.

Die Aufzählung macht deutlich, wo bisher der Schwerpunkt dieser Architektur lag, im Industriebau und überall dort, wo es um die Selbstdarstellung von Auftraggebern aus Industrie und Wirtschaft ging. Im Bau von Ausstellungsgebäuden und Museen haben sich inzwischen andere Konzepte durchgesetzt, Sainsbury und das Centre Pompidou blieben bis jetzt eher die Ausnahmen.

262, 263
Richard Rogers und Renzo Piano: Centre Georges Pompidou, Paris, 1971–1977

262
Ansicht zum Platz mit Rolltreppe
263
Straßenansicht mit Installationen

Weitgespannte Hallenbauten

Ein Experimentierfeld für neue Materialien, Systeme und Herstellungsverfahren waren seit der zweiten Hälfte des 19. Jahrhunderts Hallenbauten. Ein frühes Beispiel dafür ist der Kristallpalast von Joseph Paxton in London (1850/51).

Der Kristallpalast ist das erste Beispiel einer konsequenten Vorfabrikation. Paxton legte der Planung ein Modul von 7,31 m zugrunde, der sowohl für die Stützenstellung wie für die Höhenentwicklung verbindlich war. Das Gebäude wurde mit Glastafeln verkleidet, die alle die gleiche Größe aufweisen. Nach der Weltausstellung wurde das Gebäude abgebrochen und 1852 in veränderter Form, aber unter teilweiser Verwendung der vorhandenen Bauelemente in Sydenham wiederaufgebaut.

Dieses frühe Beispiel zeigt die Bedeutung von Hallenbauten für die Entwicklung der Architektur. Neuartig am Bau des Kristallpalastes war nicht nur die Erprobung neuer Techniken, sondern ebenso die damit erreichte Raumbildung und Form. Der feingliedrige, völlig verglaste Bau zeigte Offenheit und Transparenz; – Vorstellungen vom Bauen, die der damaligen Zeit völlig fremd waren, heute aber zentrale Bedeutung bekommen haben.

Auch in unserer Zeit sind Hallenbauten, die von der Nutzung her nur in sehr geringem Maße determiniert sind, Experimentierstätten neuer Baustoffe und Techniken.

Ich muß in diesem Zusammenhang darauf verzichten, eine Übersicht über die in den letzten zwei Jahrzehnten entstandenen Hallenbauten zu geben, ich möchte nur exemplarisch auf einige interessante neuere Entwicklungen verweisen.

Hierzu gehören pneumatische Konstruktionen; – wie z.B. die Trag-

264

264
Traglufthalle der Sternwarte Bochum, 1964

265
Kenzo Tange, Uichi Inoue, Yoshikatsu Tsuboi: Olympische Sporthalle, Tokio, 1963–1964

265

lufthalle. Sie besteht aus einem kunststoffbeschichteten Chemiefasergewebe, das durch einen sehr gering bemessenen Überdruck im Halleninneren getragen wird. Es genügt dabei bereits ein Überdruck von 0,001–0,003 atü, um derartige Konstrukionen zu stabilisieren.

Traglufthallen finden heute bei der Überdeckung von Sportplätzen, Ausstellungsflächen und Baustellen Verwendung. Auch für bestimmte Forschungsbauten haben sie sich als geeignet erwiesen. Als Material kommen synthetische Gewebe in Frage, zumeist Polyestergewebe, die beidseitig mit PVC beschichtet sind. Die Kunststoffhaut selbst kann undurchsichtig oder lichtdurchlässig ausgebildet werden. Ein bis heute noch nicht gelöstes Problem ist die Empfindlichkeit lichtdurchlässiger Kunststoffgewebe gegen Ultraviolettstrahlung über lange Zeiträume.

Vorteile derartiger Konstruktionen sind ihre außerordentlich rasche Montage, ihre Billigkeit und Leichtigkeit und ihre Mobilität.

Pneumatische Konstruktionen gehören zu den sogenannten leichten Flächentragwerken.[1] Unter leichten Flächentragwerken versteht man Konstruktionen, die leicht sind, auf Zug beansprucht werden und deren Fläche gekrümmt ist. Leicht bedeutet in diesem Fall geringes

[1] Eine umfassende Darstellung findet sich in: Frei Otto: Zugbeanspruchte Konstruktionen, 2 Bde., Berlin 1962 und 1965.

179

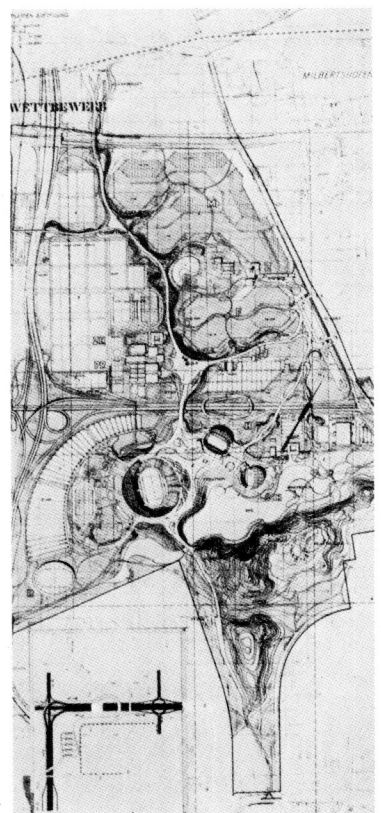

266

Gewicht der Überdeckung (– häufig ist das Gewicht geringer als der auf die Dachfläche wirkende Windsog); – die reine Zugbeanspruchung erlaubt geringe Dimensionen der Konstruktion (– bei Verwendung von steifen Baustoffen zur Eindeckung von Netzen tritt eine zusätzliche Steifigkeit infolge der Flächentragwirkung auf); – die zumeist doppelte Krümmung der Fläche gibt dem Tragwerk im Zusammenhang mit der Zugbeanspruchung (– und der zusätzlich auftretenden Flächentragwirkung) die notwendige Steifigkeit.

Leichte Flächentragwerke können als reine Membranen ausgeführt werden, wobei die Membrane zumeist aus Kunststoff besteht, oder als Seilnetzdach mit aufgelegter oder untergehängter Dachfläche. Beispiele für Seilnetzdächer mit Kunststoffhaut sind der Pavillon Marie Thumas in Brüssel (1958) von René Sarger und der Deutsche Pavillon auf der Weltausstellung in Montreal (1967) von Rolf Gutbrod und Frei Otto.

Während sich Kunststoffeindeckungen nach dem heutigen Stand der Kenntnisse eher für temporäre Bauten eignen, werden für Dauerbauten Eindeckungen aus Holz, mehrschichtigen Sandwichelementen oder gefalteten Blechtafeln verwendet.

Der erste große Bau der Nachkriegszeit, der mit einem doppelt gekrümmten Seilnetzdach überspannt wurde, war die Arena in Raleigh, N. C., von Matthew Nowicki und Fred N. Severud (Entwurf 1950, Fertigstellung 1953/54). Das Dach wird von zwei schrägliegenden Stahlbetonbögen begrenzt, zwischen denen sich ein Seilnetz mit einer mittleren Maschenweite von 180 cm spannt. Die Dachhaut besteht aus Wellblech, Wärmeisolierung und Bitumen als Abdeckung. Zu den Vorläufern in den dreißiger Jahren gehören Versuche und Bauten des französischen Ingenieurs Bernard Laffaille, der mit derartigen Konstruktionen experimentierte und 1935 einen Ausstellungspavillon in Zagreb errichtete.

267

266
Behnisch & Partner (G. Behnisch, F. Auer, W. Büxel, E. Tränkner, K. Weber) mit Jürgen Joedicke: Olympische Sportstätten, München, Wettbewerbsentwurf 1967, 1968–1972

267
Blick zum Stadion

268

Laffailles Lebenswerk setzte sein Schüler, der französische Ingenieur René Sarger, fort, der Konstrukteur des Französischen Pavillons und des Restaurant-Pavillons Marie Thumas auf der Weltausstellung 1958 in Brüssel. Eine seiner letzten Arbeiten ist die Überdeckung des Stadions Farhadabad in Teheran (Entwurf 1968).

Nowickis Arena inspirierte Frei Otto zu seinen Untersuchungen, die sich systematisch mit den Möglichkeiten zugbeanspruchter Konstruktionen auseinandersetzen.[2]

Die Überdeckung des Deutschen Pavillons in Montreal ist eine seiner internationalen bekanntesten Arbeiten. Die statischen Untersuchungen führte Fritz Leonhardt durch.

Fred N. Severud konstruierte nicht nur den ersten großen Bau dieser Art, die Arena in Raleigh; – zu seinen Arbeiten zählen auch der 1957/58 erbaute Yale Hockey Rink in New Haven, Conn. (Architekt Eero Saarinen) und der 1958–1962 errichtete Dulles International Airport in Chantilly bei Washington (Architekt Eero Saarinen). Während die Sporthalle in New Haven mit Holz eingedeckt ist, wurde bei dem Flughafenempfangsgebäude Beton verwendet. Das Dach zählt deshalb nicht mehr zur Gruppe der leichten Hängedächer, sondern ist als schweres Hängedach zu bezeichnen.

Eines der herausragendsten Beispiele dieser Art stellen die von Kenzo Tange, Uichi Inoue und Yoshikatsu Tsuboi konstruierten Sporthallen in Tokio (1963/64) dar. Die Konstruktion der großen Sporthalle besteht aus einem über zwei Stützen gespannten, hängenden Doppelseil und zwei korrespondierenden Randbogen aus Stahlbeton, zwischen denen sich eine doppelt gekrümmte Sattelfläche spannt. In der städtebaulichen Anordnung, in der Raumbildung und in der Materialverwendung gehören die Bauten zu den besten Werken unserer Epoche. Wie hoch der Rang dieser Bauten ist, zeigt der Vergleich mit der olympi-

[2] Friedrich Karl Schleyer in: Frei Otto: Zugbeanspruchte Konstruktionen, Bd. 2, a. a. O.

269

269
Carlfried Mutschler + Partner, mit Frei Otto: Multihalle Mannheim, 1975

269
schen Schwimmhalle in Mexico City, wo aus formalen Gründen über-
dimensionierte Bauformen in Diskrepanz zur Leichtigkeit der verwendeten Konstruktion stehen.

Die technischen Vorteile zugbeanspruchter Konstruktionen liegen in
der Möglichkeit, mit geringem Materialaufwand große Spannweiten zu
überdecken. Die architektonischen Möglichkeiten, welche diese Konstruktionsart erlaubt, sind bisher nur in Ansätzen erkannt und realisiert
worden.

Um eine Möglichkeit zu charakterisieren, sei auf den Begriff der »Architekturlandschaft« verwiesen. Unter Architekturlandschaft ist die Überdeckung unterschiedlicher Funktionsgruppen durch eine Struktur-
form zu verstehen. So wäre es denkbar, große Flächen einer städtischen Agglomeration mit einem leichten Flächentragwerk zu überdecken, unter dem sich, von Witterungseinflüssen geschützt, Akivitä-
ten unterschiedlicher Art entwickeln könnten.[3]

Daß derartige Ideen keineswegs utopischer Art sind, zeigen die Sportstätten der Olympiade in München 1972, deren Entwurf von Günter
Behnisch und Partnern (den Architekten Fritz Auer, Winfried Büxel,
Eberhard Tränkner, Karlheinz Weber) mit Jürgen Joedicke stammt. Bei
diesem Entwurf überspannt ein zusammenhängendes leichtes Flächentragwerk Stadion, Sporthalle, Schwimmhalle und Zugänge und
umschließt zugleich als raumbegrenzendes Element ein offenes
Forum, das Zentrum der olympischen Sportstätten; – das sich nach
vorn zu See und Berg öffnet.[4]

Ein Vorschlag weitergehender Art stammt von Buckminster Fuller, der
mit einer geodätischen Kuppel weite Bereiche Manhattens überdek-
ken will.

Alle diese Entwürfe verlassen den herkömmlichen Architekturbegriff
zugunsten des Begriffes einer Umweltplanung und Umweltgestaltung.

[3] Conrad Roland, Frei Otto: Spannweiten,
Berlin 1967
[4] Zur architekturtheoretischen Begründung dieses Entwurfes siehe Bauen +
Wohnen, Heft 11/1968

Kritisch wäre zu sagen, daß sich bei dem Vorschlag von Buckminster Fuller die Grenzen zwischen Utopie und heute möglicher Realität zu verwischen beginnen. Aber jede Utopie enthält einen harten Kern. Es genügt, auf die zuvor geschilderten negativen, bereits existierenden Umweltbedingungen hinzuweisen, um die Notwendigkeit der Aufgabe des herkömmlichen Architekturbegriffes zugunsten von Umweltplanung und Umweltgestaltung plausibel zu machen.

Die Schaffung künstlicher Umweltbedingungen ist nur eine – und sicher die zunächst noch utopische – Lösung dieser Frage; – realistischer ist es, mit dem Inordnungbringen der vorhandenen Verhältnisse zu beginnen. Woran es fehlt, sind weniger Ideen und Vorschläge als vielmehr das Problembewußtsein der Öffentlichkeit. Ohne ein solches Problembewußtsein werden Politiker sich niemals veranlaßt sehen, die notwendigen Geldmittel zur Verfügung zu stellen. Es handelt sich bei diesem Problem um nicht mehr und nicht weniger als um die Sicherung der Existenzgrundlage des Menschen. Die Verunreinigung der Luft, die Verseuchung der Flüsse durch ungereinigte Abwässer, die Zerstörung des natürlichen Wasserhaushaltes, die Zerstörung der Natur und die Mißstände in sich ständig erweiternden Stadtagglomerationen sind nur einige der in vielen Industrieländern anzutreffenden Symptome.

Weitgespannte Flächentragwerke haben heute ein weites Anwendungsgebiet gefunden. Von den neuesten Entwicklungen sei auch auf die Gitterschalen verwiesen; – Holzroste, die leicht montiert werden können und eine große Steifigkeit aufweisen. Ein Beispiel dafür ist die Multihalle in Mannheim. Während Fullers Vorschlag der Überdeckung von Teilen von Manhattan mit einer geodätischen Kuppel wohl Utopie bleiben wird, stellen Frei Ottos Schattendächer in der Wüste einen realistischen Vorschlag dar.

270

270
Frei Otto: Schattendächer in der Wüste, 1972

271

271
Las Vegas Strip

272
Venturi und Rauch: Football Hall of Fame,
New Brunswick, New Jersey, 1966

Das Alltägliche als Vorbild

Architektur entsteht nicht im luftleeren Raum, sie ist auch nicht das Werk einiger Genies oder Meister, wenn auch von derartigen Architekten oft genug starke Impulse ausgehen; – sie steht vielmehr in einem – oft sehr widersprüchlichen – Verhältnis zu ihrer Zeit, ihren sozialen Verhältnissen und ihren Wertvorstellungen, ihren rechtlichen und technischen Möglichkeiten. Wie sehr z.B. gerade latent vorhandene Wertvorstellungen unmittelbar auf die Architektur einzuwirken vermögen, haben auch die letzten Jahre gezeigt. Wenn man z.B. die Wettbewerbsergebnisse Anfang der siebziger Jahre in Deutschland mit jenen Ende der siebziger Jahre vergleicht, so wird ein vollkommener Umschwung deutlich. Wer früher wie selbstverständlich klar geschnittene Baukörper mit Glas oder Betonplastiken entwarf, glaubt heute, ohne Steildach, romantisierende Formen, Erker und kleine Fenster nicht mehr auskommen zu können. Und wie immer wird die dazu als notwendig erachtete theoretische Begründung nachgeliefert, obwohl es sich wohl eher um stark modisch gefärbte Tendenzen handeln dürfte.

Tiefgreifender, widersprüchlicher und komplizierter z.B. ist das Verhältnis zur technischen und wirtschaftlichen Entwicklung. Zu Beginn des wirtschaftlichen Wachstums und der unbegrenzt erscheinenden technischen Möglichkeiten erhoben bereits Ende der fünfziger Jahre einzelne Architekten des Strukturalismus wie Aldo van Eyck ihre warnende Stimme vor der Überschätzung dieser Möglichkeiten und forderten die Architekten auf, damit aufzuhören, »der Technik den Hof zu machen und dem sogenannten Fortschritt nachzulaufen«.[1]

Andere dagegen vertraten die entgegengesetzte Position und sahen in der hochentwickelten Technik unserer Zeit genau jene Mittel, um zeitgemäße Architektur zu machen. Das von Foster Associates entworfene Sainsbury Centre in Norwich (1974–1977) bezeichnet jene Gegenposition.

Im Abschnitt »Zur Stellung des Architekten« wurde bereits darauf verwiesen, daß der freie Beruf des Architekten in einer zunehmend von rein wirtschaftlich und technisch bestimmtem Denken geprägten Welt in Mißkredit geraten ist und unter der Konkurrenz scheinbar wirtschaftlicher arbeitender, anonymer Planungsorganisationen erheblich zu leiden hat.

Einen der Auswege, der sich hier anzubieten scheint, hat Robert Venturi in seinem 1966 erschienenen Buch »Complexity and Contradiction

272

273
Venturi und Rauch: Guild House, Philadelphia/Pennsylvania, 1961–65

273
in Architecture« vorgezeichnet, Reduktion (– und nicht Ausweitung) der Architektentätigkeit auf ihre »immanenten (innewohnenden) Grenzen«; – das heißt, wenn man es sehr überspitzt formulieren will, Konzentration auf den Aspekt der Form. «Der stets schwindende Einfluß des Architekten und seine wachsende Unfähigkeit, das Ganze der gebauten Umwelt zu gestalten, können vielleicht – das mag ironisch anmuten – durch eine Verkleinerung des zu verantwortenden Bereiches und durch eine Konzentration auf seine Teilaufgabe wieder rückgängig gemacht werden.«[2]

Dieses eher zurückhaltend geschriebene Buch, keineswegs ein Pamphlet, sondern eher eine Analyse dessen, was »für die moderne Architektur wichtig ist«, hat die Diskussion weltweit beeinflußt. Im Grund hat Venturi in diesem Buch nichts anderes getan, als Bauten vergangener Epochen unabhängig von ihrer Stilzugehörigkeit auf Prinzipien der Formanordnung und Formzuordnung zu untersuchen. Ähnliches hat auch Le Corbusier vor mehr als vierzig Jahren gemacht, nur waren seine Untersuchungsobjekte völlig andere: griechische Tempel und türkische Moscheen, wo er seine Auffassung von der Bedeutung elementarer Primärformen bestätigt fand. Venturi dagegen wurde von den raumbegrenzenden Fassaden italienischer Städte mit ihren vielfältigen Veränderungen und Anpassungen an neue Bedürfnisse beeindruckt, und seine bevorzugten Zeitepochen waren der Manierismus des 16. Jahrhunderts, Barock und das Rokoko, wobei allerdings hinzuzufügen ist, daß er auch Architekten der modernen Architektur einbezog, Le Corbusier z.B. mit seiner Villa Savoie und Alvar Aalto.

Die Vorliebe für den Manierismus des 16. Jahrhunderts ist deckungsgleich mit seiner persönlichen Anschauung, die er einleitend formuliert: ... »ich mag eine teilweise kompromißlerische Architektur mehr als

[1] Aldo van Eyck. Is Architecture going to Reconcile Basic Values? In: Oscar Newman. CIAM '59 in Otterlo. Bd. 1 Dokumente der Modernen Architektur, (Hrsg.) Jürgen Joedicke. S. 26

[2] Robert Venturi: Komplexität und Widerspruch in der Architektur. Braunschweig, 1978, S. 18. Amerikanische Originalausgabe von 1966.

185

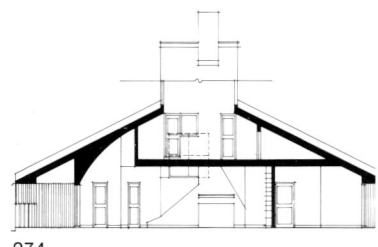

274

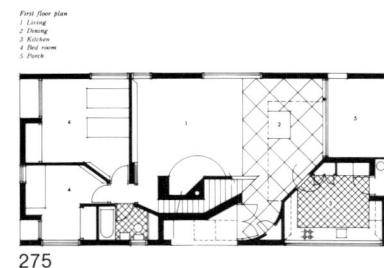

First floor plan
1 Living
2 Dining
3 Kitchen
4 Bed room
5 Porch

275

274–276
Venturi und Rauch: Wohnhaus, Chestnut
Hill/Pennsylvania, 1962

274
Querschnitt

275
Grundriß Erdgeschoß

276
Eingangsseite

276

eine »puristische«, eine verzerrte mehr als eine »stocksteife«, eine vieldeutige mehr als eine »artikulierte« ..., eine konventionelle noch mehr als eine angestrengt »neue«, die angepaßte mehr als die exklusiv abgegrenzte, eine redundante mehr als eine simple, die schon verkümmernde genauso wie die noch nie dagewesene, eine in sich widersprüchliche und zweideutige mehr als eine direkte und klare. Ich ziehe eine vermurkste Lebendigkeit einer langweiligen Einheitlichkeit vor. Dementsprechend befürworte ich den Widerspruch, vertrete den Vorrang des »Sowohl-als-auch«.«[3]

An außerordentlich vielen Beispielen versucht Venturi diese Formprinzipien des »Sowohl-als-auch«, der Komplexität und des Widerspruches, der Gegensätzlichkeit und der Unterschiedlichkeit von Innen und Außen aufzuzeigen. In einem Schlußkapitel erläutert er diese Prinzipien anhand eigener Entwürfe und Bauten.

Was er der modernen Architektur vorwirft, ist die Auffassung, daß Architektur »die Resultante aus Konstruktion, Raum und Programm« sei[4]. Er plädiert für eine »Architektur der Zeichen und Symbole«[5]; – Zeichen und Symbole aber nicht aus der Sphäre des Hohen, sondern ganz bewußt aus der Sphäre des Alltäglichen und Gewöhnlichen. So

[3] Robert Venturi. a. a. O., S. 23 ff.
[4] Heinrich Klotz und John W. Cook: Architektur im Widerspruch. 1974, Zürich, S. 256. Englische Originalausgabe 1973
[5] Heinrich Klotz und John W. Cook, a. a. O., S. 256
[6] Heinrich Klotz und John W. Cook, a. a. O., S. 257

ist der Satz von Venturi zu verstehen, daß die mit Plakaten und Leucht-schriften dekorierten Häuser an den Hauptstraßen amerikanischer Städte fast in Ordnung seien. »Main Street is almost all right.«

Was er anstrebt, ist im Grunde das Prinzip der Pop-art: aus Elementen der banalen Alltagswelt eine neue Kunstwelt schaffen. Jedoch strebt Venturi mit den der Wirklichkeit entnommenen Mitteln wieder eine höchst anspruchsvolle Architektur an. Was ihn an den Gebäuden des Strip fasziniert, ist die Trennung von Gebäude und Dekoration, das Haus als »dekorierter Schuppen«. Und er glaubt nachweisen zu kön-

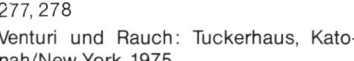

277, 278
Venturi und Rauch: Tuckerhaus, Kato-nah/New York, 1975

277
Innenraum mit Kamin

278
Eingangsseite

278

277

nen, daß auch der italienische Palazzo ein dekorierter Schuppen gewesen sei. »Während dreihundert Jahren hat sich die konstruktive und räumliche Ordnung nicht sonderlich verändert. Nur die Außen-fläche erhielt wechselnde Symbole und Ornamente.«[6]

Nicht klare, saubere und eindeutige Dinge liebt Venturi, sondern kom-promißbereite und verdrehte. Zitierfähig sind aber für ihn nicht nur die Architektur des Alltäglichen, sondern ebenso die Formen der Vergan-genheit, wie der Shingle-style des ausgehenden 19. Jahrunderts. Zweifellos klingen in seiner Argumentation manieristische Tendenzen an, wie er sich überhaupt in seinem Buch über weite Strecken mit dem historischen Manierismus des 16. Jahrhunderts auseinandersetzt.

Das Tuckerhaus, Katonah, 1975 von Venturi und Rauch erbaut, zeigt von außen die traditionellen Elemente eines Wohnhauses: geschlos-sener Baukörper mit weit ausladendem Steildach. Die Fensteranord-nung durchbricht dieses vorgegebene Prinzip, insbesondere das große Rundfenster, das weit in die Dachzonen eingreift. Im Inneren ist das Gebäude bis zum First ausgehöhlt; – die sich aus der traditionellen Konstruktionsweise (– Mauerwerkskörper mit aufgesetztem Dach) entwickelnde Form wird überspielt. Im Eingangsgeschoß liegen

279

280

279, 280
MLTW/Charles Moore-William Turnbull:
Sea Ranch, Kalifornien, 1966

279
Lageplan

280
Gesamtansicht von Norden

281, 282
MLTW/Charles Moore-William Turnbull:
Kresge College, University of California,
Santa Cruz, 1972–1974

281
Lageplan

282
Vorhalle zum Gemeinschafts- und Eßraum

Schlafzimmer und Küche, das 1. Geschoß nimmt der Wohnbereich ein, darüber liegt eine zum Wohnraum offene Empore. Während das Äußere mit Brettern und Schindeln verkleidet ist, sind die Wände des Wohnraumes weiß gehalten. Ein gewaltiger Kamin im Wohnraum wiederholt im Umriß den Querschnitt der äußeren Hausform.

Im Gegensatz zur Theorie Venturis finden sich bei diesem Haus keine Elemente der banalen Alltagswelt; eher sind es Assoziationen an den Shingle-style, an traditionelle Hausformen, die verwandt und neu kombiniert wurden.

Der Grundansatz, mit einem Prinzip, einer Regel, zu beginnen, um diese dann zu durchbrechen, zeigt sich schon bei dem Wohnhaus in Chestnut Hill (1962). Die symmetrisch aufgebaute Eingangsfront wird durch völlig verschiedene Fensterformate links und rechts des Einganges aufgehoben. Sie ist jedoch relativ einheitlich und zurückhaltend gestaltet, verwendet traditionelle Elemente wie Satteldach und Kamin; – sie liegt jedoch als vorgesetzte Schale vor einem Raumgefüge, das komplex und verzerrt erscheint.

Charles Moore unterscheidet sich in manchem von Venturi. Er ist in seiner Argumentation nicht kunsthistorisch orientiert, sondern pragmatisch. Worin er aber mit Venturi übereinstimmt, ist die These, daß Gebäude sprechen sollen und können.

»... Gebäude können etwas aussagen über die Situation, ihre eigene Lage, über das Problem, das Außen außen und das Innen innen zu halten, über das Problem, wie man sie baut, über die Menschen, die sie benutzen, oder die Menschen, die sie schufen – alles Mögliche, lustig oder traurig, still oder dumm.«[7]

Und er verweist auf Kahns Formulierung, daß ein Gebäude so sein soll, wie es sein will. Durch diesen Hinweis auf Kahn setzt sich Moore von Venturis These des dekorierten Schuppens ab. Denn das, was ein

[7] Heinrich Klotz und John W. Cook, a. a. O.,
S. 277

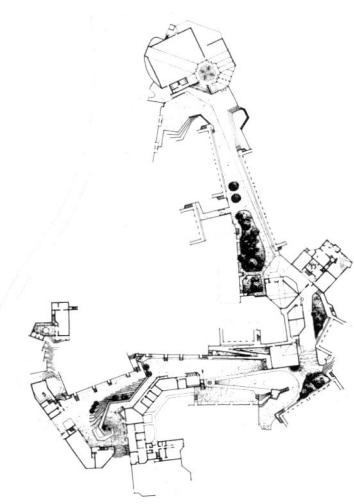

Gebäude sein will, kann schwerlich eine aufgesetzte Dekoration sein, sondern nur etwas, das sich auf das Wesen der Aufgabe bezieht. Und stärker als Venturi betont er in seiner Argumentation den Menschen, der das Gebäude bewohnt, und die daraus ableitbaren Bedürfnisse und Wünsche.

Die Sea Ranch an der Küste von Kalifornien (1966) ist in diesem Sinn auf den Menschen bezogen, sie macht zugleich den Ort deutlich, an dem sie steht, die Stimmung der Landschaft, und sie gibt Schutz vor den Unbilden der Witterung.

Das von Charles Moore und William Turnbull 1972–1974 erbaute Kresge College in Santa Cruz zeigt im Lageplan deutliche Analogien zu einem mediterranen Dorf. Unregelmäßig geformte Plätze, schmale Durchgänge, Hebungen und Senkungen der Wegeniveaus in Anpassung an das Gelände, schiefwinklig zueinander stehende Gebäude kennzeichnen die Anlage. Im Gegensatz zu dieser Art der Gesamtanlage steht die Ausbildung der einzelnen Häuser, die, aus Kostengründen in Holzfachwerk errichtet, wie aus dünnen Scheiben zusammengesetzt erscheinen. Dieser Eindruck wird durch die vorgesetzten zweigeschossigen Arkaden verstärkt; – vertikale, schmale, recht-

281

282

189

283
Charles Moore Associates, Robert Harper:
Whitman Village Housing, Huntington,
Long Island, New York, 1975

284
Charles Moore with Urban Innovations
Group: Piazza d'Italia, New Orleans, Loui-
siana, 1977–1978

eckige Streifen, die einen ebenso schmalen, hochkant gesetzten Balken tragen.

Die in ungleichen Abständen gesetzten vertikalen Streifen folgen komplizierten Rhythmen, die auf der Kombination dreier verschiedener Grundmaße bestehen. Das Prinzip des Kontrastes zeigt sich auch in der Farbwahl: weiße Häuser (– die Holzkonstruktion wurde mit Gips verputzt) in einem dunklen Tannenwald. Die Veranden der weißen Häuser z.B. sind wiederum von unten farbig bemalt, die Skala reicht von rot über orange bis gelb.

Nicht unerwähnt sollte auch bleiben, daß die Folge der Wege und Plätze insgesamt eine S-Form mit ungleichen Schenkeln bildet. Anpassung an das Gelände, bewußte Absicht, oder beides? – die Erinnerung an die »figura serpentinata« der Manieristen des 16. Jahrhunderts ist zumindest nicht von der Hand zu weisen.

Es ist eine Architektur des Kontrastes, die vielfältigste Assoziationen hervorruft; – nicht zuletzt auch an die weißen Häuser der zwanziger Jahre. Sie ist ein Beispiel für Moore's Architekturauffassung, daß »Gebäude sprechen können ..., Verbindungen durch Raum und Zeit« aufrechterhalten können.[8]

Andere Beispiele verlassen die Ebene der Assoziationen und verwenden unmittelbar Formen vergangener Stilepochen. Bei der Brunnenanlage auf der Piazza d' Italia in New Orleans (1977–78) finden sich Formenfragmente der römischen Baukunst, wie Theaterkulissen um einen ovalen Platz gestellt; – Erinnerungen für Emigranten an ihre ferne Heimat. Was möglicherweise als eher amüsanter Sonderfall betrachtet werden könnte, Kulissenarchitektur in der Art von Disneyland, steht jedoch für eine Tendenz unserer Zeit, durch Zitieren vergangener Stilformen Zeichen zu setzen und Vertrautheit beim Nutzer zu wecken.

283

284

[8] Charles Moore: Prinzipien unserer Arbeit. Bauen + Wohnen, 1978/Heft 7/8

Architektur als Zeichen

Zeichenhaftigkeit hatte schon Saarinen mit dem Flughafenempfangsgebäude in New York angestrebt; – nicht aber wie später Venturi als
»dekorierter Schuppen«, sondern in Analogie zu Naturformen als ikonisches Zeichen, bei dem das Vorbild erkennbar ist. Während Saarinen am Entwurf dieses Gebäudes arbeitete, wurde er in die Jury des
Wettbewerbes für das Opernhaus in Sydney berufen. Und so verwundert es nicht, daß er sich für den Entwurf von Utzon einsetzte, der den
ersten Preis erhielt und nach langer Bauzeit und vielen Schwierigkei-
ten ausgeführt wurde; – ein Bau, überdeckt von einer Folge von scha-
lenförmigen Gebilden, die Assoziationen an Segel hervorrufen. Dieser
eigenwillige Bau, der lange umstritten war, ist heute zu einem Symbol
für den Kulturwillen eines lange abseits liegenden Kontinents geworden.

Auf der gleichen Linie wie Saarinens Bau liegt auch noch Herb Greens
Präriehaus von 1962, im Ausdruck einem Vogel ähnelnd.

Ähnliches versuchte Karl Schwanzer beim österreichischen Pavillon
auf der Weltausstellung in Montreal (1967). Er sucht nach einer Gestalt,
die Assoziationen an kristalline Strukturen, an Berge, Edelsteine und
Landschaft hervorrufen sollte, aber auch Vorstellungen an Geometrie,
Präzision und Technik.

Mit diesen Bauten wird ein Thema angeschnitten, das heute in der
internationalen Diskussion eine zentrale Rolle spielt, nicht nur bei Venturi und Moore, sondern auch bei den Verfechtern einer postmodernen Architektur und den Rationalisten: Architektur als Zeichen, Architektur als Sprache.

Wie immer man auch zu dieser Diskussion stehen mag, eines ist sicher
eindeutig. Architektur wirkt immer in einer bestimmten Art und Weise
auf den Menschen, auch wenn der Architekt glaubt, Bedeutungsin-

285

285
Jörn Utzon: Opernhaus, Sydney,
1959–1975

286

286
Kristalline Naturformen

287
Karl Schwanzer: Österreichischer Pavillon, Montreal, 1967

287

halte zu negieren und sich nur auf die Probleme der Anordnung (also syntaktische Probleme) konzentrieren zu können.

Und es ist sicher kein Zufall, daß die Zeichenhaftigkeit eines Gebäudes in einer Zeit wieder betont wird, in der die Semiotik als Wissenschaft begründet wurde.

In der Semiotik oder Zeichentheorie werden nach Morris drei Aspekte eines Zeichens unterschieden, die Aspekte der Syntaktik, der Semantik und der Pragmatik. Vereinfacht dargestellt, betrifft die Syntaktik den Mittelbezug des Zeichens, das heißt die Verkettung und Verknüpfung der Zeichen, die Anordnung also; – die Semantik umfaßt vor allem die Beziehung des Zeichens zum Objekt, also zu dem, was es bezeichnen soll; – die Pragmatik schließlich stellt speziell den Bezug zum Nutzer her, also zu dem, der das Zeichen erkennen soll. Noch einen Schritt vereinfacht und auf die Architektur bezogen, könnten die drei Aspekte eines Zeichens mit Form, Bedeutung und Wirkung bezeichnet werden. Wenn man die Forderung nach einer solchen zeichenhaften Architektur akzeptiert, so ist das entscheidende Kriterium die Frage, ob sie von denen, für die sie gedacht ist, verstanden wird.

Und deshalb wäre zu fragen:

1
Kann man vordergründig Zeichen mit Bedeutung überhaupt erfinden oder entsteht Bedeutung nicht vielmehr durch Gebrauch?

2
Ist es möglich, wie von manchen vorgeschlagen wird, historische Elemente wieder zum Leben zu erwecken; – sind Konventionen, die längst ihre Bedeutung verloren haben, beliebig abrufbar? Es ist in diesem Zusammenhang nicht uninteressant, sich an die Architektur des 19. Jahrhunderts zu erinnern, wo die Zeichenhaftigkeit auf einer relativ einfachen, begreifbaren, assoziativen Ebene angelegt war: die Bank

im Stil der Renaissance erinnerte an die Solidität florentinischer Bankiers, die Kirche im Stil der Gotik an die Frömmigkeit des Mittelalters. Was damals noch entzifferbar war, hat heute längst seine Bedeutung verloren.

3

Kann Architektur überhaupt vordergründig Sprache im Sinne der Zeichentheorie sein, oder liegt das, was man früher Ausdruck nannte, auf einer ganz anderen Ebene? Was mit dieser Anmerkung gemeint sein könnte, soll an zwei Beispielen zumindest angedeutet werden.

»Musik im Mittelpunkt« war Scharouns Absicht beim Entwurf der Philharmonie. Und so legte er die Zuschauerränge um das Orchesterpodium und gliederte sie in kleine, überschaubare Bereiche. Der Einzelne geht nicht in der Masse unter, sondern er befindet sich in einem begrenzten Bereich, der wiederum mit anderen Bereichen in einer ablesbaren und deutlich erkennbaren Beziehung steht.

Ist dies, so möchte man fragen, das Idealbild einer Demokratie, wo der Einzelne in Freiheit innerhalb einer gegliederten Gemeinschaft steht?

Und ebenso einig kann man den Architekten des Olympiaparkes in München (1968–72) unterstellen, daß sie vordergründig von irgendwelchen Symbolvorstellungen ausgingen. Sicher waren Vorstellungen von Festlichkeit und Heiterkeit vorhanden, vor allem aber die Meinung, den Bauten alles Monumentale zu nehmen. Aus eher allgemeinen Vorstellungen wurde schließlich eine Großform gefunden, die alle Sportstätten um einen zentralen Platz anordnet und durch ein Dach begrenzt, dessen zeichenhafter Charakter als verbindend und zusammenfassend, als zentrierend und öffnend bezeichnet werden kann und sicher der Welt das Bild eines anderen Deutschlands übermittelte.

288

288
Hans Scharoun: Philharmonie Berlin, 1960–1963

289

289
Hans Hollein: Juwelierladen Schullin 2, Wien, 1981–1982

Postmoderne Architektur

In den letzten Jahren entzündete sich vor allem in den USA und in England eine tiefgreifende Kritik an der modernen Architektur, die schließlich zur Proklamation einer postmodernen Architektur führte. Damit wurde ein Begriff auf Erscheinungen der Architektur angewendet, der auch in der Philosophie und Literatur eine wichtige Rolle spielt, wobei offen bleibt, von wem und wann er zum ersten Mal verwendet wurde. Da sich »post-modern« auf einen Zustand nach der Moderne bezieht, ist die wohl entscheidende Frage bei seiner Begriffsbestimmung, was unter Moderne im engeren Sinne zu verstehen ist. In der Architektur jedenfalls wurde der Begriff von den Vertretern der Postmoderne, wie Charles Jencks, auf bestimmte Ausprägungen der modernen Architektur oder ihr als solche zugeschriebene Ausprägungen angewendet, so Zeichenlosigkeit, Abstraktion und Anonymität sowie Reduzierung des Ausdruckes auf technische Funktionalität als vermeintlich einziges Gestaltungsmittel.

Dabei wird offensichtlich übersehen, daß moderne Architektur alles andere als eine Einbahnstraße in einer bestimmten Richtung war, sondern daß sie außerordentlich vielfältig in ihren Äußerungen war. Moderne Architektur war nicht nur die Ville contemporaine von Le Corbusier, sondern auch Ronchamp und La Tourette, war nicht nur Mies van der Rohe, sondern auch Häring und Scharoun, war ebenso Aalto und Jacobsen, um nur einige wenige Namen zu nennen. Zur modernen Architektur gehören auch die vielfältigen, regionalen Differenzierungen zum Beispiel in Finnland, Dänemark und in der Schweiz.

In der lapidaren Feststellung von Jencks in Bezug auf die Wohnhochhäuser am Lake Shore Drive in Chicago ist der zentrale Angriffspunkt zu sehen: »Das größere Problem, daß Wohnhochhäuser wie Bürogebäude aussehen, wurde nie erörtert.«[9] So bedenkenswert diese Feststellung auch sein mag, so bedenklich erscheint die daraus von Jencks abgeleitete Forderung nach einem regionalen, von Ort zu Ort verschiedenen Eklektizismus als Antwort auf die sich stellenden Probleme.

Architektur gedeiht nicht im luftleeren Raum, sie ist immer in der Vergangenheit verwurzelt. Selbst jene Architekten der zwanziger Jahre, die scheinbar so unmißverständlich den Bruch mit der Vergangenheit verkündigten, konnten in ihren Bauten die Tradition nicht verleugnen. Im Verhältnis zur Tradition lassen sich zwei polare Auffassungen erkennen. Die eine findet in der Vergangenheit die Bestätigung eigenen Tuns und erkennt bestimmte Prinzipien jenseits spezieller, zeitgebundener Formen, die auch heute noch gültig sind; – die andere dagegen bezieht sich auf Bautypen, auf Formen und Formanordnungen, von denen sie meint, daß sie auch jetzt noch Bedeutung haben. Das letztere meint Jencks, wenn er einem radikalen Eklektizismus das Wort redet. Anstelle des Primates verbindlicher Leitbilder sollen pluralistische Formen treten.

So vage der Begriff Pluralismus auch ist, so bezeichnet er doch einen zentralen Ausgangspunkt der Postmoderne, die Vorstellung nämlich,

[9] Charles Jencks: Die Sprache der postmodernen Architektur. Stuttgart, 1978, S. 14. (Englische Originalausgabe von 1977)

290

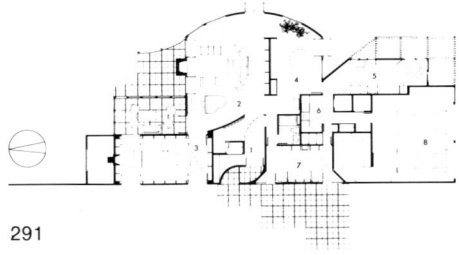

291

292

290–292
Robert Stern und John Hagmann: Wohnhaus Lang, Washington/Connecticut,
1973–1974

290
Ansicht von Norden

291
Grundriß Erdgeschoß

292
Eingangsseite

[10] Charles Jencks: Post-Modern und
Spät-Modern. Einige grundlegende Defi-
nitionen. In: Peter Koslowski, Robert
Spaemann, Reinhard Löw (Hrsg.):
Moderne oder Postmoderne? Zur
Signatur des gegenwärtigen Zeitalters.
CIVITAS Resultate Bd. 10. Weinheim 1986.
S. 214

»daß ein Architekt in seinen Entwürfen verschiedene 'Geschmacks-
kulturen' … berücksichtigen muß.«[10] Und deshalb greift Jencks im
gleichen Beitrag eine frühere Definition wieder auf, indem er die Postmoderne als doppelkodiert bezeichnet, »in einer Hälfte modern, der
anderen etwas anderes (das in der Regel der traditionellen Bauweise
entspricht), gekoppelt mit dem Versuch, eine Kommunikation sowohl
mit der breiten Öffentlichkeit als auch einer engagierten Minderheit,
meistens anderen Architekten, herzustellen.«

Derartige Formulierungen erscheinen als eine sehr intellektuelle
Argumentation und verweisen mit Begriffen wie Doppelkodierung auf
den Anspruch, Architektur als Sprache zu verstehen, Elemente der
Architektur wie Worte zu verwenden. Auf die Problematik derartiger
Gleichsetzungen wurde schon zuvor verwiesen.

Jedoch steckt hinter dem Begriff Doppelkodierung mehr als zunächst
vermutet werden kann. Und sicher geht es dabei nicht um ein
spezielles Problem der Postmoderne, sondern vielmehr um ein allgemeines Problem der Architektur und der Kunst, das Problem der
Zugänglichkeit.

Man kann es auch so formulieren: nur wenn ein Kunstwerk Elemente des Vertrauten enthält, öffnet es einen Zugang zum Verständnis; nur wenn es über das Vertraute hinausweist, Elemente des Neuen enthält, kann es seinen Sinn als Kunstwerk erfüllen. Das Vertraute und das Neuartige, das Verhältnis beider, ist sicher auch von der Zeit abhängig, in der ein Kunstwerk entsteht. Vieles, was in Aufbruchzeiten als neuartig erschien, unterliegt später dem Akt der Gewöhnung und wird vertraut.

Die Anordnung der Gewölbe in einem gotischen Dom zum Beispiel, die Standfestigkeit dieser gewagten Konstruktion, das alles blieb dem Laien sicher verborgen, dazu hatte er zunächst kaum einen Zugang. Dort jedoch, wo er den Dom betrat, befand sich in der Portalzone die Darstellung der Heilsgeschichte, die Verheißungen des ewigen Lebens und der Sündenfall in einer ihm zugänglichen Sprache.

Ähnliches gilt für den griechischen Tempel, zum Beispiel den Parthenon auf der Akropolis. Das subtile Spiel der Kurvungen des Sockels und der Neigung der Säulen, die Lösung des Eckkonfliktes am Übergang von der Giebel- zur Langseite, die auf einem Modul aufbauenden Proportionen, das war Sache des Architekten und lag wohl außerhalb des Verständnisses des Laien. In den Skulpturen der Giebelfelder jedoch, in den Metopen, findet sich eine für ihn zugängliche Welt, die Darstellung von lokalen Sagen vor dem Hintergrund mythischer Vorgänge und der athenischen Geschichte.

Freilich ist die Kennzeichnung der Postmoderne, wie sie bei Jencks nachzulesen ist, nur eine unter mehreren, die sich·in der Architekturliteratur findet. Heinrich Klotz sieht nicht im Stilpluralismus die ausreichende Kennzeichnung, sondern in dem ». . . Anspruch auf den fiktiven Charakter der Architektur, frontal gegen die Abstraktion der Moderne gerichtet«[11]

293–295
James Stirling – Michael Wilford and Ass.:
Neue Staatsgalerie Stuttgart, 1977–1983

293
Gesamtansicht Eingangsseite, Konrad-Adenauer-Straße

293

[11] Heinrich Klotz: Moderne und Postmoderne. Architektur der Gegenwart 1960–80. Braunschweig/Wiesbaden 1984. S. 136.

294

295

Diese Abstraktion der Moderne hat es freilich nur in der ersten Phase ihrer Entwicklung gegeben, der puristischen Anfangsphase in der zweiten Hälfte der zwanziger Jahre und auch hier nur mit Einschränkungen, denn was Hugo Häring und Hans Scharoun bauten und entwarfen, orientiert sich an einer organisch zu nennenden Vorgehensweise.

Wodurch sich allerdings die Postmoderne völlig von der Moderne unterscheidet, ist die proklamierte freie Verfügbarkeit unterschiedlichster Stilmittel, um einen bestimmten Inhalt zu veranschaulichen. Was damit gemeint ist, zeigt Stirlings Erweiterung der Staatsgalerie in Stuttgart. Ambivalente Formen wie eine Rotunde, die fern an den steinernen Sockel eines etruskischen Tumulusgrabes erinnert, ebenso aber Assoziationen an Schinkels Rotunde im Alten Museum in Berlin (1824–30) oder an Gunnar Asplunds Bibliothek in Stockholm (1924–27) hervorruft; Rundbögen, schwer ausladende Gesimse, aber auch die horizontalen Fensterbänder der zwanziger Jahre und der High-Tech der Gegenwart werden wie Zitate im Rahmen einer Collagearchitektur verwendet. Wer will, kann für sich noch mehr solcher erdachter Geschichten an diesem Bauwerk entdecken, so die Erinnerung an Giulio Romanos Palazzo del Tè in Mantua, wo die Triglyphen scheinbar herauszufallen drohen, was sich nun offensichtlich in anderer Weise bei Stirlings Anbau an die Staatsgalerie zu ereignen scheint, wo herausgefallene Steine vor den zwei Öffnungen der Parkgarage liegen (die Wand allerdings, aus der die herausgefallenen Steine zu sein scheinen, ist keine massive Werksteinwand, sondern besteht nur aus dünnen Werksteinplatten, die an einer Stahlbetonwand aufgehängt sind).

Dieses Spiel mit doppelten Bedeutungen, die ironische Verfremdung überkommener Inhalte und pluralistische Formen sind Merkmale dieses Gebäudes, das wohl eines der kennzeichnenden Beispiele der Postmoderne ist. Es wird freilich auch deutlich, wie schmal der Grat ist,

294
Aufzug in der Eingangshalle

295
Verwaltungsgebäude an der Urbanstraße

296

296
Michael Graves: Anbau Haus Benacerraf,
Princeton/New Jersey, 1969

297
Michael Graves: Public Service Building,
Portland/Oregon, 1980–1983

auf dem die Postmoderne angesiedelt ist. Es kann ein geistreiches, sehr intellektuelles Spiel in den Händen der Wenigen sein, es wird sehr schnell zu einem sehr verdünnten Aufguß in den Händen der Vielen. Es ist eines der nachdenklich stimmenden Phänomene, daß die Postmoderne nicht mit den Namen einer neuen Schicht von Architekten verbunden ist, sondern daß es im Grunde die gleichen Architekten sind, welche zuvor der Moderne verpflichtet waren, die die Postmoderne eingeleitet haben. Ein Beispiel dafür ist James Stirling, der z.B. 1963 zusammen mit James Gowan das Gebäude der Ingenieurabteilung der Universität Leicester erbaut hatte, ein anderes ist Michael Graves.

Warum dies möglich war, läßt sich am Beispiel Graves erläutern. Graves gehörte zu den »New York Five«, also zu Peter Eisenman, Richard Gwathney, John Hejduck und Richard Meier, die sich in ihren Arbeiten seit Mitte der sechziger Jahre auf die europäische Moderne bezogen, insbesondere auf den Le Corbusier der zwanziger Jahre. Michael Graves' Wohnhaus Hanselman in Fort Wayne/Indiana (1967) und das Wohnhaus Synderman (1972), ebenfalls in Fort Wayne, erscheinen wie eine Aufnahme und Weiterführung des Frühwerkes von Le Corbusier, eine Kombination von freistehenden Scheiben im Raum, von offenen Gerüsten und frei geschwungenen Wänden; eine konsequente Anwendung der Prinzipien der freien Grundriß- und der freien Fassadengestaltung Le Corbusiers. Analysiert man die Gebäude, so erkennt man aber auch die Lust am Komponieren, am ästhetischen Arrangement, das sich von jeder Bindung an Zweck, Nutzen und Konstruktion zu lösen beginnt, so wenn z.B. an einem anderen Gebäude, dem Anbau an das Wohnhaus Benacerraf in Princeton/New Jersey (1969), ein horizontaler Geländerstab als liegende Stütze ausgebildet ist.

Die Beliebigkeit der Austauschbarkeit von Formen, die Ästhetisierung der Sprache und die Lösung von Inhalten läßt zumindest den Ausbruch aus der Syntax der Moderne und die Wahl anderer Formen als nicht unverständlich erscheinen. Einzelne Kritiker gehen so weit, das hier bei Graves aufgezeigte Phänomen zu verallgemeinern. Sie glauben den Unterschied zwischen Moderne und Postmoderne allein auf eine andere Ästhetik reduzieren zu können. »Und während die erstere (die moderne Architektur) einem einzigen Stilideal huldigt, ist die letztere (die postmoderne Architektur) bewußt pluralistisch. Das ist im Grunde der ganze Unterschied«.[12]

Das ist zweifellos nicht richtig, sofern man es auf den Ansatz und die ersten Ausprägungen der Moderne bezieht. Natürlich hat die Form in der Moderne eine wichtige Rolle gespielt. Aber hinter dieser Form stand zugleich eine neue Auffassung vom Raum, die Verbindung von geschlossenem und geborgenem Raum. Und kennzeichnend für die Moderne war vor allem die soziale Verpflichtung des Architekten, das Bauen für die sozial Schwachen. Nicht umsonst sind Wohnungs- und Siedlungsbau die kennzeichnenden Bauaufgaben der Moderne in der Epoche der zwanziger Jahre.

[12] Wolfgang Welsch: Architektur ist nicht alles. In: Werk, Bauen + Wohnen, Heft 11/88, S. 18 ff.

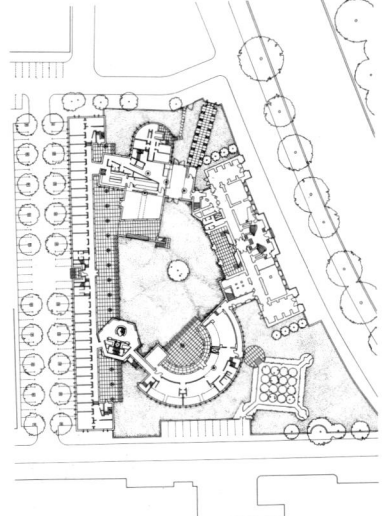

298

298, 299
James Stirling – Michael Wilford and Ass.:
Wissenschaftszentrum Berlin, 1980/1984–
1988

298
Grundriß Eingangsgeschoß
299
Luftaufnahme von Norden

Dort jedoch, wo sich die Form von ihrer Bindung zu lösen beginnt, wird eine solche Aussage verständlich, und sicher gilt sie nicht nur für das Werk von Michael Graves.

Das Public Service Building in Portland (1980–83) wird als einer der ersten öffentlichen Großbauten der Postmoderne bezeichnet.[13] Im Aufriß zeigt das Gebäude die klassische Dreiteilung: gegliederter Sockel mit Arkaden aus dunklem Granit, aufgesetzter heller Quader mit regelmäßig angeordneten, kleinen, quadratischen Fenstern und als Abschluß ein zurückgesetztes Dachgeschoß. Im mittleren Teil, dem durch kleine Fenster gegliederten Quader, sind Superzeichen eingesetzt: an der Eingangsseite ein großes, siebengeschossiges verglastes Rechteck, unterteilt durch zwei vertikal gegliederte Pilaster mit überdimensioniertem trapezförmigen Kapitell. Diese Trapezform wird im Relief der darüberliegenden Fassade über mehrere Geschosse wiederholt und ruft Assoziationen an einen gewaltigen Schlußstein hervor. Ohne im Einzelnen eklektisch zu sein, finden sich in dem Gebäude Verweise auf historische Formen: so im Sockel und Schaft an die Art-Déco-Architektur der dreißiger Jahre, die Übersteigerung des Pilastermotives, aber auch Erinnerungen an archaische Formen. So verwundert es nicht, wenn eine wohlwollende Interpretation des Gebäudes zu folgenden Feststellungen gelangt: »Maßstabsbrechend wie eine ägyptische Pyramide, würdevoll wie ein toltekischer oder aztekischer Tempel steht dieses Verwaltungs- und Wohngebäude in seiner urbanen Umgebung. Eine größere Nobilitierung demokratischer, mithin eigentlich antiheroischer kommunaler Selbstverwaltung ist schwerlich denkbar.«[14]

Nur, so könnte gefragt werden, was haben der Maßstab einer ägyptischen Pyramide und die Würdeform eines toltekischen oder aztekischen Tempels mit dem Ausdruck eines innerstädtischen Verwal-

299

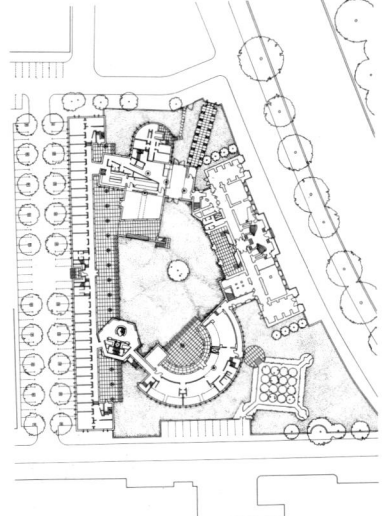

[13] Charles Jencks: Post-Modern Classicism. Architectural Design, 5/6 – 1980, S. 134

[14] Heinrich Klotz (Hrsg.): Revision der Moderne, Postmoderne Architektur 1960–1980. München, 1984, S. 69

300, 301
Ricardo Bofill, Taller de Arquitectura: Wohnanlage Abraxas, Marne la Vallée, 1978–1983

300
Grundriß Eingangsgeschoß
301
Halbkreisförmiges „Theater" mit „Bogen" und „Palast"

301

300

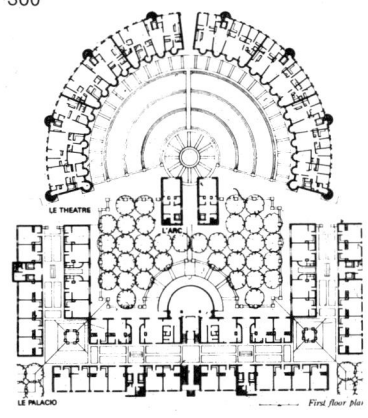

[15] Arnulf Lüchinger: Strukturalismus in Architektur und Städtebau. Bd. 14 der Dokumente der modernen Architektur, hrsg. von Jürgen Joedicke. Stuttgart, 1981. S. 96 ff.

[16] Annabelle d'Huart (Hrsg.): Ricardo Bofill, Taller de Arquitectura. Die Gestaltung der Stadt, Industrie und Klassizismus. Stuttgart, 1985 (Spanische Originalausgabe Barcelona, 1984).

tungs- und Wohngebäudes gemeinsam und was ist daran demokratisch? Es zeigt sich hier die Tendenz, daß offensichtlich alles mit allem verglichen, alles mit allem gleichgesetzt werden kann – auch dies ein Phänomen unserer Zeit.

Der direkte Bezug zu historischen Formen findet sich dagegen bei Ricardo Bofill und dem Team Taller de Arquitectura. Auch die ersten Ansätze Bofills liegen innerhalb der Moderne, insbesondere im Strukturalismus, wie er auf der letzten CIAM-Tagung 1959 in Otterlo deutlich wurde. Ein Beispiel dafür ist das Wohnquartier »Barrio Gaudi« in Reus/ Spanien (1964–68).[15] In dieser netzartigen Stadtstruktur liegt die Betonung auf der Schaffung halböffentlicher Zwischenbereiche als Begegnungsstätten der Menschen. Den geometrischen Bezug seiner Wohnungsanlagen behielt Bofill bei, wandte sich aber seit Mitte der siebziger Jahre verstärkt historischen Vorbildern zu. Dabei verbindet er zwei scheinbar sich widersprechende Phänomene: die Verwendung modernster Technologien zur Serienherstellung vorfabrizierter Betonelemente und eine neoklassizistische Formensprache.

Was sich bei den Arkaden am See, einer Wohnanlage in Saint Quentin en Ivelines noch relativ zurückhaltend darstellt und vor allem darauf abzielt, Straße und Platz als urbane Elemente wieder zu entdecken, findet seinen ausgeprägten Ausdruck in den Wohnbauten Abraxas in Marne la Vallée (1978–83). Die Anlage besteht aus drei Elementen, dem halbkreisförmigen »Theater«, dem in der Mitte der Anlage stehenden »Bogen« und dem U-förmigen »Palast«. Palast und Theater haben neunzehn Wohngeschosse, der Bogen dagegen neun Wohngeschosse.[16]

Das alles wird vorgetragen mit dem Repertoire des französischen Neoklassizismus, mit Erinnerungen und Verweisen auf Boullée,

302

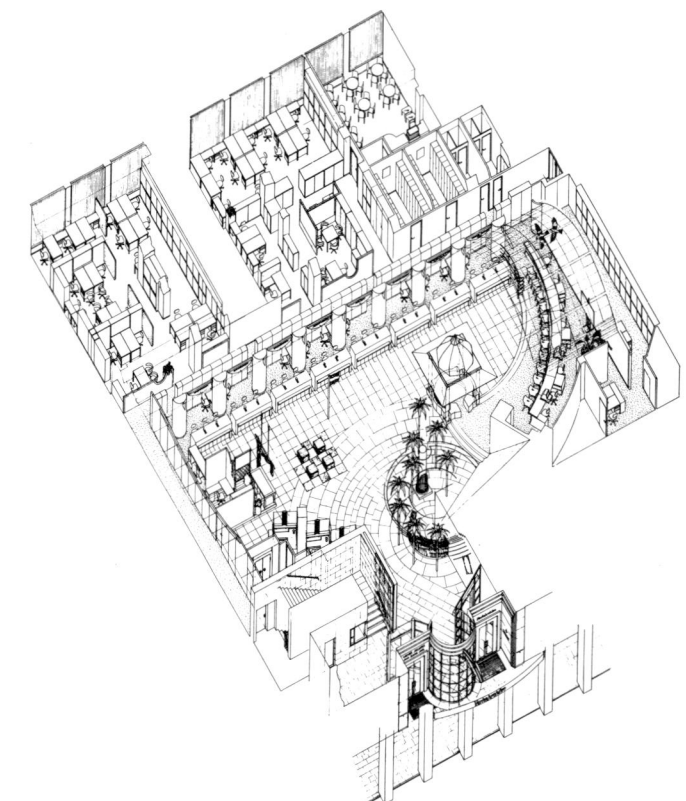

303

304

302–304
Hans Hollein: ÖVB-Verkehrsbüro, Wien,
1978

302
Zentralbereich

303
Isometrie

304
Verkaufsstand für Theaterkarten

Ledoux und vor allem Lequeu: Paläste also nicht länger für die Nobili-
täten, sondern auch als Behausung für das Volk.

Bofill versucht, gegen die sich ausufernde Stadtlandschaft um Paris
Ordnungspunkte zu schaffen, in sich geschlossene Großstrukturen.
Dieser durchaus legitime Ansatz wird jedoch durch die übersteigerte
Großform seiner Bauten wieder infrage gestellt. Jenseits der Form-
reprisen bleibt jedoch auch das Problem der Schlafstadt vor den Toren
der Großstadt, die Leere der Plätze und Straßen, manchmal an Zeichnungen von Giorgio de Chirico erinnernd.

Freilich kann eine solche Mischung unterschiedlicher Elemente und
Zeichen auch durchaus amüsante Züge haben, wie es die Innenraumgestaltung des ÖVB-Verkehrsbüro in Wien von Hans Hollein zeigt.
Transformationen bekannter Elemente sollen Assoziationen wecken:
Palmen aus Messing, Fragmente griechischer Säulen; – Adler unter
dem Glasdach; – Sitze vor einer Bühne mit einem Vorhang aus Metall
und Theaterdekorationen sowie Rolls-Royce-Kühlergrille. Die Zitate
sind jedoch doppelsinnig verwendet: die Palmen aus Messing sollen
nicht nur Urlaubsassoziationen wecken, sondern erinnern auch die
(– wenigen) Eingeweihten an John Nash's Royal Pavillon in Brighton,
und die Theaterkulisse hinter dem Verkaufsstand für Theaterkarten
stammt von Serlio!
Es ist die typische Kultur einer Spätzeit, die sich hier kundtut; raffinier-
ter Geschmack statt Ursprünglichkeit, Collagen fremder Formen statt
Schaffung eigener Formen.
Manieriertheit oder Innovation? – nicht zum ersten Mal stellt sich an
dieser Stelle die Frage, ob nicht ein Kennzeichen unserer Zeit manieristische Tendenzen sind.

305

306

307

306
Aldo Rossi mit Luigi Uva, Gianni Bragheri, Franco Marchesotti, Max Scheurer: Verwaltungsgebäude Casa Aurora, Turin, 1984–1987

307
Aldo Rossi: Historisches Museum, Berlin, Wettbewerbsentwurf 1988/89

Rationalismus

Wie viele Begriffe, die in unserer Zeit neu verwendet werden, ist auch die Bezeichnung Rationalismus in der Architektur nicht neu. In seinem 1926 erschienenen Buch »Der moderne Zweckbau« verwendet Adolf Behne diesen Begriff, um die damit verbundene Architekturauffassung vom Funktionalismus zu unterscheiden. Funktionalisten sind für ihn Hugo Häring und Hans Scharoun, die Vertreter eines organhaften Bauens, als Rationalisten bezeichnet er Le Corbusier. Wenn diese Einschätzung auch zeitbedingt ist (– als Material für seine Analysen stand Behne aus den zwanziger Jahren nur die erste, expressiv bestimmte Phase zur Verfügung), so hat Behne doch einige Merkmale einer rationalistischen Architektur herausgearbeitet, die charakteristisch sind. Der Rationalist sucht nicht das für ihn »absolut Passende«, das »Einmalige«, sondern das möglichst »gut Passende, die Norm«. Er betont die Form, weil Form für ihn die Konsequenz »der Inbeziehungsetzung von Mensch zu Mensch« ist. »Es ist nicht überraschend, daß Le Corbusier sich mit dem Problem der modernen Großstadt befaßt, denn es entspricht dies der Grundtendenz des Rationalisten, d. h. des vom Bewußtsein der Gemeinschaft Ausgehenden, vom Ganzen heran an das Einzelne heranzutreten.«[17]

Damit sind einige wichtige Charakteristika genannt: das nicht auf einen bestimmten Zweck zugeschnittene Bauwerk, die Suche nach dem Typischen und nicht dem Individuellen, die Bedeutung der Form als Mittel zur Ordnung des städtischen Gefüges. Freilich vermerkt Behne auch, worin er die Gefährdung des Rationalismus sieht: in der Erstarrung zum Formalismus und in der Abflachung zur schematischen Lösung.

Anfang der siebziger Jahre war Aldo Rossi wohl der erste, der diesen Begriff wieder verwendete. Anläßlich der XV. Triennale in Mailand 1973 veröffentlichte er eine Publikation mit dem Titel »Architettura Razionale«. Er nimmt damit eine Bezeichnung wieder auf, die insbesondere in der italienischen Architekturszene der ausgehenden zwanziger und der dreißiger Jahre eine zentrale, aber nicht unumstrittene Rolle gespielt hatte. Die Gruppe 7, deren bekanntester Vertreter Guiseppe Terragni war, wandte sich innerhalb des Movimento Italiano per l'Architettura Razionale gegen akademische Architekturauffassungen. Die Rationalisten forderten den Gebrauch rationaler Mittel in der Architektur, die Reduzierung der Formenwelt auf wenige, grundlegende Typen und den Verzicht auf individuell geprägte Lösungen; – Forderungen, wie man sie in ähnlicher Form schon bei Behne findet und die sich in den siebziger Jahren Aldo Rossi wieder zu eigen machte.

Wenn Rossi's Verwendung dieses Begriffes 1973 für so viel Aufruhr in Italien sorgte, so hat das jedoch noch einen anderen Grund. Beide, die Rationalisten der dreißiger Jahre wie die von ihnen bekämpften Akademiker, nahmen für sich in Anspruch, wahrer Ausdruck der faschistischen Gesellschaftsordnung zu sein; – das bekannteste Werk von Terragni ist die Casa del Fascio in Como (1936).

Rossi beruft sich jedoch auch auf Boulée, den Architekten der französischen Revolutionsarchitektur, der, eher Maler als Praktiker, uto-

[17] Adolf Behne: Der moderne Zweckbau. München, Wien, Berlin, 1926, S. 62 ff.

308

309

310

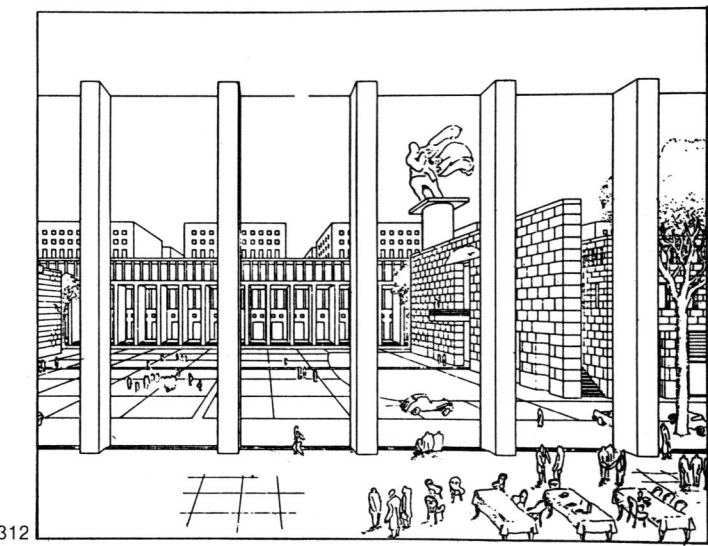

312

pische (– megalomanische nach der Deutung von Max Adolf Voigt) Visionen aus elementaren stereometrischen Formen entwarf oder besser malte, wie z.B. sein Monument für Newton mit einer Riesenkugel als Abbild der Erdkugel.

Rossi reduziert seine Formenwelt auf wenige typische Grundelemente, um aus der ständig wechselnden Anordnung weniger Grundformen wieder zu einer architektonischen Sprache zu gelangen. Dabei nehmen seine Hausformen teilweise »wieder infantile Züge« an, wie schon Tafuri und Dal Co bemerkten.[18]

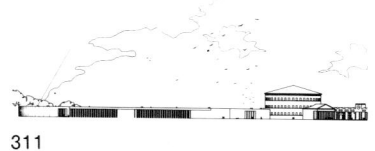

311

313

311
Baldisserri-Grossi-Minardi: Theater in Forli, Wettbewerbsentwurf, 1975

312
Leon Krier: Wohnquartier La Villette, Paris, Wettbewerbsentwurf, 1975. Rathausplatz

313
G. Grassi-A. Monestiroli: Studentenwohnheim in Chieti, 1976

Seine Formenwelt entspringt Analogien zu früheren, elementaren Bauformen. Was er anstrebt, wird in der langen Erdgeschoßhalle des Wohngebäudes in Mailand/Gallaratese deutlich: der Zugang als städtische Straße. »In meinen Wohnhausentwürfen beziehe ich mich auf die grundlegenden Typen des Wohnens, die sich in einem langen Prozeß der Architektur der Stadt gebildet haben. So ist auf Grund ihrer Analogie jeder Korridor eine Straße, der Hof ist ein Platz und ein Gebäude reproduziert die Orte der Stadt.«[19]

Dieser theoretische Ansatz, der an das Credo der Strukturalisten erinnert, daß ein Haus eine kleine Stadt sei, führt jedoch bei ihm zu einer leeren Geste ohne Bezug zum Menschen. Denn eine Straße in einer Stadt ist von Gebäuden an beiden Seiten begrenzt und durch Geschäfte und Verkehr belebt. Über der langgestreckten Straße von Gallaratese liegen jedoch lediglich zwei Wohngeschosse, deren Bewohneranzahl auch nicht im entferntesten ausreicht, diese Straße zu beleben.

Die Leere, die hier herrscht, findet sich, symbolisch überhöht, in dem Entwurf für einen Friedhof in Modena (1971) wieder. Rossi hat seine Formensprache hier auf Elementarformen reduziert, auf Würfel, Parallelflächen und Pyramidenstumpf. Es entsteht aber nicht, wie Tafuri und Dal Co bemerken, ein »Ort, wo die Form den Gebrauch der Formensprache wiedererlangen kann«[20], sondern eine Leere, die an die »Pittura Metafisica« des frühen Giorgio de Chirico erinnert; – eine rätselhafte Traumwelt, monumental und beängstigend zugleich.

In der Reduktion auf elementare Grundformen, in der Suche nach einer Typologie städtischer Räume ist der Ansatz von Leon Krier und Rob Krier mit dem von Aldo Rossi verwandt. An die Stelle einer metaphysischen Bildhaftigkeit treten bei Leon Krier zum Beispiel vor allem Formzitate aus unterschiedlichsten Epochen. Das Ziel ist die Schaffung geschlossener Platz- und Straßenräume, wobei die historische Bebauung aufgenommen und durch Neubauten ergänzt wird; – im Prinzip ein richtiger und notwendiger Ansatz. Was sich jedoch, aus diesem Prinzip entwickelt, im Entwurf niederschlägt, ist vor allem bei Leon Krier eine monumentale Stadtbaukunst mit riesigen Foren, Plätzen und Straßen, bei denen ein völliger Maßstabssprung zwischen Mensch und Architektur herrscht. Nachdenklich fragt man sich, wer einmal diese riesigen Hohlräume in Anspruch nehmen soll, welcher Staat und welche Gesellschaft. Zumindest wird hier aber das Erbe der Revolutionsarchitektur eines Boullée deutlich mit dem Hang zur überdimensionierten Gebärde.

Der Bezug zum Klassizismus zeigt sich nicht nur in der Achsialität der Anlagen sondern auch in der Übernahme bestimmter Bautypen und Formen, was insbesondere bei italienischen Architekten festzustellen ist. Bei ihrem Entwurf für eine Theateranlage in Forli (1975) lehnen sich Baldisseri, Grossi und Minardi nicht nur an lokale Traditionen an, sondern greifen für das Theater auf einen Entwurf von Giovanni Pistocchi aus dem Ende des 18. Jahrhunderts zurück, weil es ihnen nutzlos erschien, einen völlig neuen Entwurf für ein Theater zu entwickeln. Und

[18] Manfredo Tafuri und Francesco Dal Co: Architektur der Gegenwart. Stuttgart, 1977, S. 416. Italienische Originalausgabe von 1976
[19] Aldo Rossi: Analogien. In: Bauen+Wohnen, 1977/6
[20] Manfredo Tafuri und Francesco Dal Co, a. a. O., S. 415

315

314

316

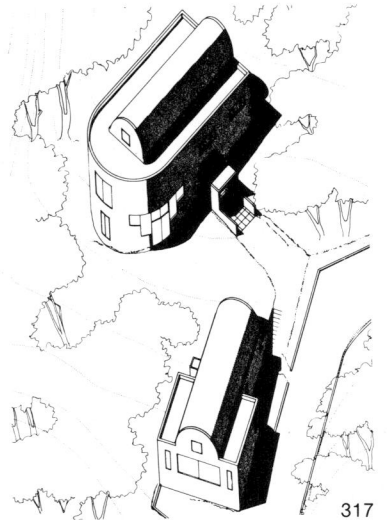

317

der Entwurf für ein Studentenwohnheim in Chieti (1976) von G. Grassi und A. Monestiroli lehnt sich an Friedrich Weinbrenners Arkaden in Karlsruhe an. Der Rationalismus schlägt hier in einen reinen Historizismus um.

Arata Isozaki teilt die Vorliebe aller Rationalisten für elementare stereometrische Formen, wie Quader und Kreis. Zugleich durchbricht er die serielle Reihung seiner Baukörper durch überraschende Störelemente. Das Museum in Takasaki (1972–74) ist aus 12 x 12 x 12 m großen Einheiten aufgebaut, die auf einem Grundmodul von 1.20 x 1.20 x 1.20 m beruhen. Die dadurch vorgegebene Strenge der Baukörperanordnung und Einzeldurchbildung wird in der Eingangshalle durch eine eingestellte plastische Wand mit treppenförmigem Aufbau durchbrochen, die schräg zur orthogonalen Raumeinteilung verläuft. Ähnliches findet sich im Vortragssaal im 1. Obergeschoß, dessen strenge Orthogonalität durch diagonal über Wände und Decke verlaufende Streifen verändert wird. Auch in der Gesamtanlage findet sich dieses Prinzip: ein vorgestellter Baukörper ist diagonal zur Hauptbaumasse gestellt. Die Mittel, mit denen Isozaki das vorgegebene Anordnungsprinzip

318

314–316
Arata Isozaki: Museum in Takasaki, 1972–1974

314
Perspektive der Eingangshalle

315
Großmodul als Entwurfseinheit

316
Blick aus der Eingangshalle

317
Arata Isozaki: Haus Y., Japan, 1977

318, 319
Arata Isozaki: Tsukuba Civic Center, Tsukuba/Tokyo, 1978–1983

318
Luftaufnahme
319
Vertiefter Innenhof

319

[21] Jürgen Joedicke: Die Maniera des Arata Isozaki. In: Bauen + Wohnen 1975/3

durchbricht, sind formaler Art. Veränderungen der Form ohne Bezug zum Inhalt deuten auf eine manieristische Architekturauffassung hin. Mit derartigen formalen Mitteln versucht Isozaki der schon von Behne vorausgesagten Gefahr des Rationalismus, der schematischen Lösung, zu entgehen. Isozaki selbst hat den historischen Manierismus des 16. Jahrhunderts als eine Quelle seiner Inspiration bezeichnet[21], die andere ist wahrscheinlich die Revolutionsarchitektur um 1800. Dieser Bezug zur Revolutionsarchitektur läßt sich auch beim Tsukuba Center Building (1978–83) nachweisen. Das Gebäude zeigt die typische Überhöhung geometrischer Elemente wie Kreis, Quadrat und Dreieck, Kubus und Zylinder; es zeigt die für Isozaki charakteristischen Störelemente, und es findet sich in der Säulenausbildung und in Wandstrukturen der direkte Bezug zu Claude-Nicholas Ledoux. Daneben finden sich aber auch Verweise auf das Muster des Campidoglio in Rom, Anspielungen auf Art deco und manieristische Verfremdungen. Der Rationalismus schlägt hier bei Isozaki in eine Collagearchitektur mit historisierenden Formen um.

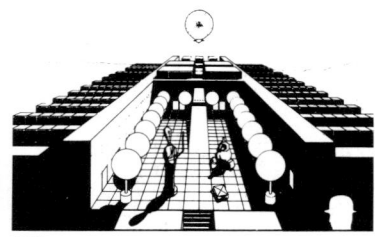

320

Ob Oswald Matthias Ungers sich selbst als Rationalist einstufen würde, dürfte fraglich sein; – jedoch sind in seinen Entwürfen seit Mitte der sechziger Jahre bereits Elemente zu erkennen, welche auch bei den Rationalisten anzutreffen sind. Er selbst spricht von einer humanistischen Architektur und wendet sich gegen die moderne Architektur oder das neue Bauen, denen er eine antihistorische Tendenz und eine Überbewertung von Technik und Funktion vorwirft. Er fordert »Respekt vor den kulturellen Vorbildern und vor allem Verständnis und Rücksicht auf den genius loci«.[22] Kontextualismus ist der im angelsächsischen Bereich dafür geprägte Begriff, also »eine Architektur, die sich aus dem Kontext der jeweiligen Umstände erklärt«.[23] Ungers geht von der Annahme aus, daß es gewisse architektonische Grundideen gibt, die in unterschiedlichen Ausdrucksformen zu unterschiedlichen Zeiten wiederkehren und ähnlich den Wortbegriffen in der Sprache ein Grundvokabular bilden; – ein Gedanke, der bei unterschiedlichen Architekten in unserer Zeit anzutreffen ist, so auch bereits schon bei den Strukturalisten.

Und wie Moore fordert Ungers eine Architektur der Erinnerung und verweist als Vorbild auf die Villa Hadrian in Rom (118–138 n. Chr.). Das dort angewandte Prinzip versetzter Achsen findet sich in seinem Entwurf für ein Studentenheim in Enschede (1964). Seine Entwürfe sind maßstäblicher als die von Rossi. Aber auch bei ihm treten (– eher spielerische) Anklänge an die »Pittura Metafisica« auf, so die an De Chirico erinnernde Gestalt im Museumshof beim Entwurf für das Wallraf-Richartz-Museum in Köln (1975).

Obwohl bis in die siebziger Jahre viele seiner Arbeiten nur Entwurf geblieben waren, hatte Ungers großen Einfluß auf jüngere Architekten ausgeübt. Erst Ende der siebziger Jahre bekam Ungers wieder Gele-

320
O. M. Ungers: Wallraf-Richartz-Museum, Köln, Wettbewerbsentwurf, 1975

321
O. M. Ungers: Studentenheim Enschede, Wettbewerbsentwurf, 1964

321

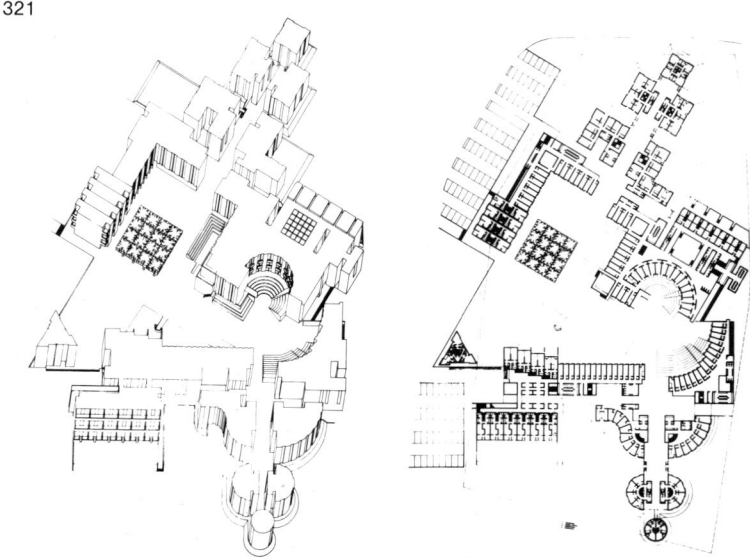

[22] O. M. Ungers: Kommentar zu einer humanistischen Architektur. In: das kunstwerk, 1979, Heft 2/3, S. 134
[23] O. M. Ungers: a. a. O., S. 136

322
Oswald Mathias Ungers: Messehaus 9
und Galleria, Frankfurt/M., 1980–1983

323
Oswald Mathias Ungers: Torhaus Gleis-
dreieck, Frankfurt/M., 1983-1984

324
Oswald Mathias Ungers: Alfred-Wegener-
Institut für Polarforschung, Bremerhaven,
1980–1984

322

genheit, seine Ideen zu realisieren. Es entstanden eine Reihe wichtiger
Bauten, angefangen vom Deutschen Architekturmuseum (1979–84),
dem Messehaus 9 und Galleria (1980–83) sowie dem Torhaus Gleis-
dreieck (1983–84) in Frankfurt, Wohnungsbauten für die IBA in Berlin
bis hin zum Alfred-Wegener-Institut für Polarforschung in Bremerhaven (1980–84). In ihnen erweist sich seine Fähigkeit, konzeptionell
zu entwerfen, Gedankliches in Gebautes umzusetzen und unverwechselbare Gestaltungen zu schaffen. Über das Gebaute hinaus ist
Ungers ein bedeutender Architekturtheoretiker unserer Zeit.

323

324

325

Die Verpflichtung zur großen, streng geometrischen Form zeigt sich auch bei den Bauten Tessiner Architekten in unterschiedlicher Art. Beim Haus Tonini von Bruno Reichlin und Fabio Reinhart (1972–74) ist der Bezug zu Palladio unübersehbar, während die Bauten von Mario Botta und Luigi Snozzi ohne historisierende Anklänge sind. Quader, Rechteck und Kreis bestimmen das Erscheinungsbild des Hauses in Cadenazzo (1970–71) von Mario Botta, wobei die kreisrunden Öffnungen an Louis Kahn erinnern. Der wohl bekannteste Bau von Mario Botta, das Wohnhaus bei Riva San Vitale (1971–72), ist ein turmartiger, vielfach in sich untergliederter Quader, durch eine Brücke, aus Stahlfachwerkträgern bestehend, von der Hangseite her erschlossen.

In Luigi Snozzis Bauten, wie dem Haus Cavalli in Verscio (1977), ist der Einfluß von Le Corbusier zu spüren. Seine theoretischen Äußerungen enthalten wesentliche Programmpunkte des Rationalismus: Bezug zur Geschichte (– im Gegensatz zu anderen Architekten aber auch der Bezug zum neuen Bauen unter strikter Ablehnung eines Vulgärfunktionalismus), Bezug zur Stadt (– das Haus als bewußt gestalteter Teil des städtischen Gefüges), die Suche nach typischen Lösungen und morphologische Abwandlung und die Betonung der Architektur als Formproblem.[24]

Was im Tessin, einem kleinen Schweizer Kanton, in den sechziger und siebziger Jahren entstand, fand über die Grenzen der Schweiz hinaus erst Aufmerksamkeit und internationale Anerkennung nach der Züricher Ausstellung von 1975. Ob es Ausdruck einer Tessiner Schule ist, wie häufig unterstellt wird, erscheint fraglich; sicher ist nur, daß hier auf

326

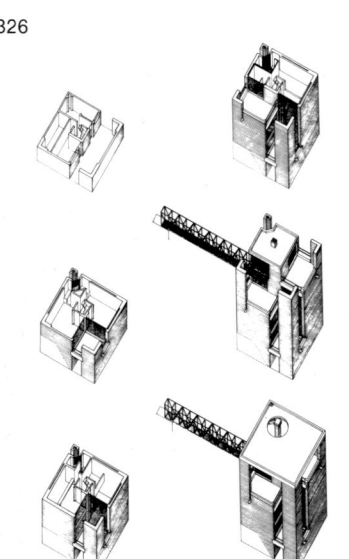

327

325
Bruno Reichlin, Fabio Reinhart: Haus Tonini, Torricella, 1972–1974

326, 327
Mario Botta: Haus bei Riva San Vitale, 1971–1972

326
Isometrische Darstellung der Geschosse

327
Ansicht mit Zugangsbrücke

328
Luigi Snozzi: Wohnhaus Cavalli, Verscio, 1977

328

kleinstem Raum eine Reihe junger, hochbegabter Architekten tätig ist. Von ihnen ist Mario Botta der international bekannteste Architekt, während Luigi Snozzi so etwas wie die moralische Instanz der jüngeren Architekten war.[25] Und diese Wirkung nach außen ist um so erstaunlicher, als es vor allem Einfamilienhäuser waren, die von diesen jungen Architekten realisiert werden konnten. Von Mario Botta sind zu nennen das Wohnhaus in Viganello (1981), die Casa Rotonda in Stabio (1980–82); von Mario Campi und Franco Pessina das Haus Boni in

329, 330
Mario Botta: Wohnhaus in Viganello, 1980
Isometrie und Ansicht

329

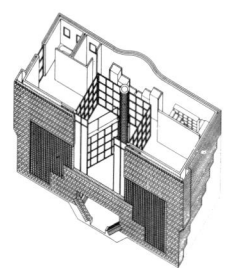

330

[24] Luigi Snozzi: Entwurfsmotivationen. In: Tendenzen – Neuere Architektur im Tessin. Ausstellungskatalog der ETH Zürich, 1975, S. 46.

[25] Frank Werner: Ein Mythos auf dem Prüfstand. Tessiner Architektur 1980–1986. In: bauwelt, Heft 41/42, 1986, S. 1581 ff.

331

331–333
Mario Botta: Banca dell'Gottardo, Lugano,
1982–1988

331
Eingang
332
Grundrisse Erdgeschoß und Normalgeschoß
333
Gesamtansicht

333

332

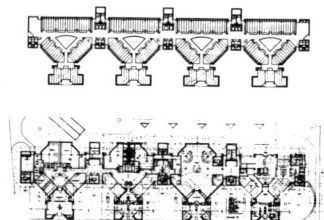

Massagno (1981) und die Reihenhauszeile im gleichen Ort (1983–85);
von Ivano Gianoli das Haus Rusconi in San Pietro (1983–84) und von
Livio Vacchini das Haus in Vogorno (1985).
Nur einigen gelang es, ihre Vorstellungen vom Bauen in der Stadt zu
verwirklichen. Aurelio Galfetti wäre zu nennen mit seinen Arbeiten für
Bellinzona, insbesondere der Hauptpost (1978–85) mit ihrer großar-
tigen Schalterhalle, Erinnerungen an Otto Wagners Postsparkasse in
Wien hervorrufend; Luigi Snozzi mit seiner Planung für das Zentrum
von Monte Carasso und Mario Botta mit dem Geschäfts- und Bürohaus
in Lugano (1981–84) und der Banca dell'Gottardo (1982–88), ebenfalls
in Lugano.

Regionale Architektur

Wenn wieder von einem Regionalismus in der Architektur gesprochen wird, so sei zunächst daran erinnert, daß dies in der Architektur unserer Zeit nichts Neues ist. Der Übergang von der ersten Phase der Moderne, dem internationalen Stil der zwanziger Jahre, zur zweiten Phase, den dreißiger Jahren, stand auch unter dem Aspekt der Aufnahme regionaler Traditionen. Die bis dahin gültige Formensprache, deren Leitbilder der weiß verputzte Quader und eine neue Raumauffassung waren, wurde im Hinblick auf unterschiedliche klimatische und topographische Bedingungen differenziert. Diese Entwicklung läßt sich nicht nur bei den Vertretern der ersten Generation, wie bei Le Corbusier und Walter Gropius, ablesen, sondern zeigt sich auch bei jüngeren Architekten, für die stellvertretend auf Alvar Aalto und Oscar Niemeyer verwiesen wird. Was sich in dieser Zeit ereignete, war nicht eine Ablösung bisheriger Prinzipien, sondern eine Weiterentwicklung und Differenzierung. Aaltos Villa Mairea ist der gleichen Raumauffassung wie der der zwanziger Jahre verpflichtet, zeigt aber ein neues Verhältnis zur Natur und ist geprägt durch die für Finnland typischen Materialien wie Holz und Werkstein.

Man sollte aber auch nicht übersehen, daß es sich damals in den dreißiger Jahren um einen allgemeinen Zeittrend handelte, der in völlig unterschiedliche Tendenzen mündete. Denn parallel zur Entwicklung innerhalb der Moderne gewann damals ein seit langem vorhandener Heimatstil rasch an Boden, der sich auch mit einer nostalgischen Rückkehr zu Bauformen des Biedermeiers äußerte. Und angesichts der Verflechtungen der Architektur mit wirtschaftlichen und politischen Entwicklungen ist es auch kaum verwunderlich, daß dieser romantisch verklärte Heimatstil in Deutschland schließlich in die Ideologie einer Blut- und Bodenarchitektur umgemünzt wurde.

Sicher kann man die heutige Situation nicht mit der damaligen vergleichen, jedoch war damals wie heute einer der Auslöser eine tiefgehende wirtschaftliche Krise. Aber sicher kann man aus der damaligen Situation lernen, daß sich ein Regionalismus, was immer man darunter verstehen mag, in sehr unterschiedlicher Art und Weise auswirken kann. Vieles, was heute als Regionalismus bezeichnet wird, läuft eigentlich nur darauf hinaus, daß wieder Steildächer verwendet werden und auf eine Stahl- und Stahlbetonarchitektur verzichtet wird. Wenn man jedoch den Begriff nicht so vordergründig auffaßt, dann ist zu fragen, was er bedeuten könnte.

Im Grundansatz könnte Regionalismus die Aufnahme bestimmter, von Ort zu Ort verschiedener Anordnungsprinzipien, Hausformen und Materialien bedeuten, wie sie als Folge bestimmter klimatischer Bedingungen, topographischer Gegebenheiten, aber auch Lebensweisen entstanden sind. Zu den regional bedingten Hausformen gehören zum Beispiel das schattenspendende Atriumhaus im Süden, das quaderförmige Haus in regenarmen Ländern oder das Steildachhaus in regenreichen Ländern. Hierzu gehört aber auch die Verwendung spezifischer regionaler Baustoffe. Und schließlich könnten dazu bestimmte An- und Zuordnungsprinzipien der Gebäude gezählt werden, wie sie als Folge bestimmter Lebens- und Verhaltensweisen entstanden sind.

Wenn dies mögliche Aspekte einer regionalen Architektur sind, dann macht diese Aufzählung zugleich aber auch deutlich, daß Regionalismus im Grunde ein Zurückgehen auf vorindustrielle Bauweisen bedeuten kann und somit eine Rückkehr zu einfachen Technologien.

334

334
Kiyonori Kikutake: Hotel Tokoen, Yonago,
1963–1964

335

Denn die charakteristischen Merkmale früherer Bauformen ergaben
sich aus der Beschränktheit der Mittel. Das gilt vorbehaltlos für die
anonyme Architektur, während sich die Umsetzung konstruktiv
bedingter Formen in andere Materialien vor allem bei Kultbauten und
Stätten staatlicher Machtentfaltung vollzog.

Was bei anonymen Bauten Folge nicht änderbarer Zwänge von Material und Konstrukion war, hat durch den Gebrauch über Jahrhunderte
eine davon losgelöste Bedeutung erhalten: das Wohnhaus mit Steildach zum Beispiel erscheint vielen heute als Zeichen für Geborgen-
heit und Wohnlichkeit.

Von Regionalismus wird heute aber auch gesprochen, wenn
bestimmte Elemente früherer Stilrichtungen aufgenommen werden; –
so die Tradition der englischen Architektur im 19. Jahrhundert zwischen Gothic Revival und der Arts & Crafts-Bewegung, oder der
Schindelstil des ausgehenden 19. Jahrhunderts in den USA. Im
Grunde handelt es sich bei dieser Spielart des Regionalismus eher um
einen neuen Traditionalismus mit Übergängen zum Historizismus.

Damit wird hinter der Frage nach einem neuen Regionalismus auch
wieder das grundlegende Problem unserer Zeit deutlich, das Verhältnis zur Vergangenheit. Auf diesen unauflösbaren Widerspruch in der
Architektur unserer Zeit wurde bereits verwiesen. Er umfaßt die Position eines radikalen Eklektizismus innerhalb der Postmoderne ebenso
wie die Forderung nach rigoroser Anwendung heutiger Technologien
als legitime Mittel und ästhetische Werte unserer Zeit.

Wenn Vergangenheit, und dazu gehört nicht nur die große Architektur,
sondern auch die anonyme Architektur, jedoch nicht als Fundgrube
von Formen und Symbolen mißverstanden, sondern als Ausdruck
bestimmter Prinzipien gesehen wird, die auch heute noch in Grenzen

217

336
Darbourne & Darke: Wohnbebauung Lillington Street in Pimlico/London, 1964–1972

337
Darbourne & Darke: Wohnbebauung Pershore, 1973–1975

336

Gültigkeit haben können, dann wäre sicher ein fruchtbarer Ansatz gewonnen.
So zeigt der heutige Regionalismus eine außerordentlich schillernde Bandbreite. Sie reicht von der Entdeckung bestimmter Prinzipien über die Verwendung ortsüblicher Materialien und traditioneller Formen bis zur Aufnahme spezifischer Stilelemente, die als regional angesehen werden.

337

Unabhängig vom regionalen Trend unserer Zeit hat es bereits zuvor sinnvolle Differenzierungen innerhalb der Moderne gegeben, die unverkennbar nationale Eigenheiten erkennen lassen. Was hiermit gemeint ist, läßt sich am Hotel Tokoen von Kiyonori Kikutake (1963-64) aufzeigen. Es ist ein vielfach gegliederter Stahlbetonskelettbau, der mit den Mitteln unserer Zeit gestaltet ist. Das Konstruktionssystem folgt metabolistischen Gedanken, weite Stützenstellung mit eingehängten Geschossen. Zugleich finden sich jedoch auch Anklänge an Prinzipien der Konstruktion japanischer Tempelbauten, so die Versteifung eines Hauptpfeilers durch mit ihm verbundene Nebenpfeiler. Die geschwungene Form des Daches über dem Saal im obersten Geschoß ist ebenso ein charakteristisches Merkmal alter japanischer Tempelbauten, hier jedoch übersetzt in eine typische Konstruktionsform unserer Zeit, ein hyperbolisches Paraboloid aus Stahlbeton.

Weitspannbare Flächentragwerke verwenden auch Rolf Gutbrod und Frei Otto bei ihren Entwürfen in Saudiarabien, um die für alte Bauten charakteristische Sonnenschutzwirkung mit neuen Mitteln zu erreichen. Der traditionelle Innenhof, der eine künstlich geschaffene Schattenzone bildet, funktioniert ausgezeichnet bei kleineren Gebäuden, wo das Verhältnis von Hofgröße und Gebäudehöhe ausgewogen ist. Bei größeren Anlagen versagt dieses Prinzip.

Zur Verschattung und zur Schaffung eines angemessenen Klimas verwenden sie deshalb zur Überdeckung von Innenhöfen Gitterschalen, um ein optimales Verhältnis zwischen Lichteinfall, Verschattung und Oberfläche zu erreichen. Beim Konferenzzentrum in Mekka wird die Schattenwirkung durch die neuartige Verwendung eines alten Elementes erreicht, durch das Kafess, das auf Stahlseilen aufgelagert ist. Das Kafess ist ein Holzgitterrost, der sich bei alten arabischen Häusern als Fensterverkleidung findet.

Diese Bauten, die eine Interpretation alter Prinzipien mit heutigen Mitteln oder die neuartige Verwendung alter Mittel darstellen, unterscheiden sich wesentlich von anderen Bauten im Nahen Osten, die traditionelle Formen, wie zum Beispiel den Spitzbogen, übernehmen.

Ob die Arbeiten von Darbourne & Darke in England regional sind, kann zumindest für ihre früheren Bauten in Frage gestellt werden. Die Verwendung des Ziegelsteins allein auf die Wiederaufnahme der viktorianischen Ästhetik zurückzuführen, erscheint als eine zu weit gehende Annahme. So ist die Formensprache der Wohnbebauung Lillington Street in Pimlico/London (1964–72) eher mit der der englischen »Backsteinbrutalisten« zu vergleichen, wie sie Rainer Banham genannt hat. Bemerkenswert an dieser Siedlung sind andere Merkmale: die Einbeziehung vorhandener älterer Bauten, die Mischung unterschiedlicher Funktionen und die Schaffung von Freiräumen zwischen den Häusern. Eher kann die Bezeichnung regionale Architektur für die Wohnbebauung Pershore (1973–75) verwendet werden, wo im ersten Bauabschnitt 55 Einfamilienhäuser um einen zentralen Grünbereich angeordnet sind, die in Atmosphäre und Anordnung an englische

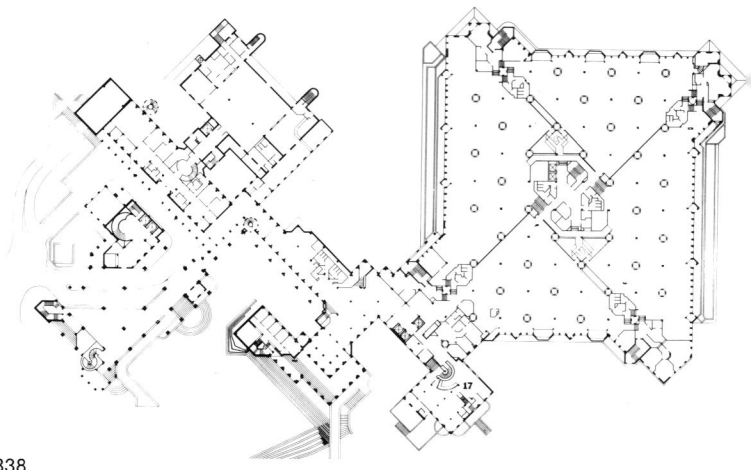

338

338, 339
Andrew Derbyshire (Büro Robert Matthew, Johnson, Marshall und Partner): Civic Centre, Hillingdon/London, 1974–1977

338
Grundriß 1. Obergeschoß

339
Detailansicht

Dorfarchitektur erinnern. Und wenn auch die Detailausbildung kaum mit früheren Bauten vergleichbar ist, so sind die Formen, verglichen mit Lillington Street, in der Grundhaltung entschieden traditioneller. Am Anfang des Entwurfes des Civic Centre, Hillingdon/London, von Andrew Derbyshire im Büro Robert Matthew, Johnson-Marshall & Partners (1974–77), stand die erklärte Absicht des Auftraggebers, kein herkömmliches Bürogebäude zu bauen. Was entstand, ist eine pittoreske Dacharchitektur mit expressiv vorstoßenden Erkern in Ziegelstein. Gavin Stamp[26] sieht diesen Bau im Zusammenhang mit der Tradi-

339

[26] Gavin Stamp: How Hillingdon happened. In: Architectural Review 1979/2 S. 85 ff.

340
Ralph Erskine: Wohnbebauung Byker,
Newcastle, 1968–1974 (1. Bauabschnitt)

340

tion der englischen Architektur im 19. Jh. zwischen Gothic Revival und Arts & Crafts-Bewegung, weist aber auch auf Querverbindungen zu Wendingen und auf die frühen Arbeiten von Poelzig hin. Die Architekten selbst vermerkten, daß sie einige jener Tendenzen wiederaufnehmen wollten, die im Strudel der letzten Jahre verlorengingen. Ob die Verwendung vielfach gestufter, spitzwinklig zueinander gesetzter kleiner Dächer Assoziationen wie schützend und angenehm erzeugen kann, wäre der Hinterfragung der Nutzer wert; – was verbleibt, ist aber auch die Diskrepanz zwischen Innenraum und Außenformen: innen Großraumbüros, außen pittoreske Verschachtelung.

Ähnliche Tendenzen gibt es auch in Deutschland, wo von ihrer Größe her maßstabsprengende Volumen wie Warenhäuser in vorhandene innerstädtische Bebauungen gesetzt werden und im Äußeren durch kleinmaßstäbliche Formen, Verwendung traditioneller Motive eine Anpassung versucht wird. Die Architektur wird so zum Vehikel, um den Widerspruch zwischen dem aus rein wirtschaftlichen Überlegungen entstehenden Volumen und einer kleinmaßstäblichen umgebenen Bebauung zu kaschieren.

Was immer man unter regional versteht, ein Merkmal ist sicher die Rücksicht auf die vorhandenen örtlichen Strukturen. Bei der Wohnbebauung Zwolle von Aldo van Eyck und Theo Bosch (1975–77) folgen die einzelnen Bauten dem vorhandenen Straßensystem, nehmen in ihren Abmessungen die vorgegebenen Maße alter holländischer Wohnhäuser auf, sind also relativ schmal und hoch. Die vorhandene Giebelform wird aufgenommen, jedoch nicht kopiert. Ebenso zeigt die Einzeldurchbildung Elemente, die typisch für unsere Zeit sind: glasüberdeckte Vorbauten als Übergangselemente zwischen privatem und öffentlichem Raum.

Und sicher läßt auch die Wohnbebauung Byker in Newcastle, die Ralph Erskine baut, eher die persönliche Handschrift Erskines erkennen, als die Übernahme regionaler Bauformen. Die einzelnen Teile der Bebauung sind durch ein Fußgängernetz erschlossen, das den herkömmlichen Hauptverbindungsstraßen folgt, erhaltenswerte alte Bauten wurden in die neue Bebauung einbezogen. Wesentlich aber war die Vorgehensweise bei der Planung. Das Büro des Architekten, das in einem Altbau mitten im Sanierungsgebiet lag, war offen für die Bewohner, es wurde also nicht an den Wünschen und Bedürfnissen der Bewohner vorbeigeplant. Die Bebauung, die in der Mehrheit aus niedrigen zweigeschossigen Wohnhäusern besteht, wird im Norden als Schutz gegen den Verkehrslärm durch einen mehrgeschossigen, geschwungenen Block abgeschlossen, dessen zweigeschossige Maisonettewohnungen durch außenliegende Galerien erschlossen werden. Unter-schiedliche Materialien, unten Ziegelstein, oben Verkleidung durch Platten, sowie unregelmäßig angeordnete vorspringende Balkone gliedern die Baumasse. Kleinere Gärten vor den Häusern bilden Übergänge vom privaten zum öffentlichen Bereich.

War es hier die vorhandene städtische Struktur, die Aufbau und Anlage bestimmte, so ist es bei Eberhard Zeidlers Hotel- und Wohnhausanlage am Lac Ste. Marie, Quebec (1976–77) die vorhandene Topographie. Anlage und Höhenentwicklung spiegeln die Form der Landschaft wider. Der Entwurf lebt aus der Spannung zwischen der Enge des Dorfes und der Weite der Landschaft; – ein Versuch, Architektur als Teil der Landschaft zu betrachten ohne geschmäcklerische Zutaten.

341

342

341, 342
Zeidler Partnership: Hotel mit Condominium, Lac Ste. Marie, Quebec, 1976–1977

341
Seilbahn-Talstation

342
Gesamtansicht

343

343
Frank O. Gehry & Ass.: Museum für Luft-
und Raumfahrt, Los Angeles/California,
1982–1984

[27] Siehe hierzu: Charles Jencks: Die
Sprache der postmodernen Architektur.
Stuttgart 1978. S. 9 (Engl. Originalausgabe
London 1977)

[28] Paulhans Peters: Extreme Tendenzen.
In: Baumeister 1988/5 S. 17.

[29] Henry-Russel Hitchcock, Philip
Johnson: Der internationale Stil 1932. Bd.
70, Bauwelt Fundamente, Braunschweig
1985. Amer. Originalausgabe unter dem
Titel: The International Style: Architecture
since 1922. New York 1932

Philip Johnson und Mark Wigley: Dekonstruktivistische Architektur. Stuttgart
1988, USA – Originalausgabe unter dem
Titel: Deconstructivistic Architecture. New
York 1988.

Wiederkehr und Verwandlung – die achtziger Jahre

Auch wenn Charles Jencks, der Apogolet der Postmoderne, glaubte,
das Ende der Moderne und somit den Beginn der Postmoderne zeitlich
exakt bestimmen zu können, so sind derartige Festlegungen sehr
skeptisch zu betrachten.[27] Kennzeichnend für Architekturtendenzen
in unserer Zeit sind zeitlich eher Überschneidungen sowie die Gleich-
zeitigkeit des Ungleichzeitigen und inhaltlich oft die Wiederkehr des
scheinbar Vergangenen. Skepsis ist auch gegenüber dem Versuch
angebracht, neueste Tendenzen sofort mit bestimmten Begriffen zu
belegen, wie zum Beispiel Dekonstruktion oder dekonstruktivistische
Architektur, Dekomposition oder Reduktion.[28] Freilich wird der Archi-
tekturbetrachter der Gegenwart nicht umhin kommen, sich mit diesen
Begriffen kritisch auseinanderzusetzen, und er mag sich damit trösten,
daß auch früher in der Architektur übliche Begriffe vieldeutig waren.
Aber man könnte hinzufügen, daß derartige Begriffe bei aller
Unschärfe in Grenzen durchaus nützlich sein können, wenn sie zum
Beispiel nur als erster Anhalt zur Orientierung in einer widerspruchs-
vollen Architekturszene benutzt werden, und der Betrachter sich
darüber im klaren ist, daß das Unterschiedliche und Trennende
zwischen den mit derartigen Begriffen belegten Architekten mindestens ebenso groß ist wie das Gemeinsame und Verbindende.
Derartige Feststellungen gelten auch für den in den achtziger Jahren
auftauchenden Begriff der Dekonstruktion oder dekonstruktivistischen Architektur, der 1988 durch eine Ausstellung am Museum of
Modern Art in New York weltweit herausgestellt wurde. Zum Katalog
dieser Ausstellung schrieb Philip Johnson ein Vorwort, der gleiche
Johnson, der vor über 50 Jahren zusammen mit Henry-Russel Hitchcock an gleicher Stelle die Ausstellung »The International Style: Architecture since 1922« vorbereitet und durchgeführt hatte, eine Ausstellung, die wesentlich zur Verbreitung der Moderne beigetragen hatte.[29]
Wie der Begriff der Postmoderne ist auch der der Dekonstruktion ein
übernommener, aber er stellt zugleich die Verbindung zu einer in der
Frühmoderne auftretenden Richtung dar, des russischen Konstruktivismus. Und tatsächlich scheint das Vokabular des Konstruktivismus,
die Ästhetik technischer Formen, wieder eine große Rolle zu spielen.
Und neben dem russischen Konstruktivismus beginnt man zeitgleiche
und mit ihm verbundene Tendenzen neu zu entdecken, so den Suprematismus.
Freilich ist man vom utopischen Ansatz des Konstruktivismus oder
Suprematismus weit entfernt, von seinem Versuch, eine neue soziale
Welt zu entwerfen. Worum es vielmehr geht, ist eine in sich autonome
Architektur, eine Architektur ohne symbolische Bezüge.
Der historische Bezugspunkt ist somit nicht mehr wie in der Postmoderne die Baugeschichte im weitesten Sinn, sondern die eigene, die
unmittelbare Vergangenheit, die Frühmoderne; kennzeichnend ist
also der Gang zu den Vätern oder Großvätern. Und statt historisie-
render Formen aus unterschiedlichen Epochen treten nun die für die

344

Frühmoderne typischen technischen Formen auf, die aber in einer geradezu atechnischen Weise verwendet werden, worin sich z. B. auch der dekonstruktivistische Ansatz eines Bernard Tschumi von der High-Tech Architektur eines Norman Foster unterscheidet.

Was angestrebt wird, ist nicht Stabilität, sondern der Anschein des Instabilen, des Schwebenden, was sich natürlich in der Zeichnung leichter darstellen läßt, als im Gebauten. Es geht auch nicht um Harmonie, Einheit und Stabilität, sondern um den Konflikt unterschiedlicher Formsysteme. Dies zeigt sich auch im Verhältnis eines geplanten Gebäudes zu seiner Umgebung: nicht Einbindung in den Kontext wird gesucht, sondern der Kontext wird im Gegenteil als Störelement der Komposition begriffen und als solcher bewußt eingesetzt.

In der Art des Vorgehens beim Entwerfen, im Trennen, Auseinandernehmen, Verzerren und Verrücken vorgegebener Strukturen scheint auch in der dekonstruktivistischen Architektur die manieristische Grundauffassung unserer Zeit deutlich zu werden und sich zu bestätigen.

Von denen, die in der New Yorker Ausstellung im Museum of Modern Art gezeigt wurden, ist Frank O. Gehry (*1929) wohl eher ein Einzelgänger, dessen begrenztes Oeuvre nur schwer einzuordnen ist. Sicher aber läßt sein eigenes Haus in Santa Monica (1977–79), Um- und Anbauten an ein vorhandenes, älteres Haus, in der Auflösung und Überlagerung von Formen deutliche Parallelen zu vergleichbaren Ansätzen erkennen. Peter Eisenman (*1932) dagegen gehörte zu den New York Five, die in den sechziger Jahren von dem Rationalismus der Moderne ausgingen, also vom Le Corbusier der zwanziger Jahre, vom

345

344
Peter Eisenman (Eisenman, Robertson Arch.), Biozentrum Universität Frankfurt/ M., Wettbewerbsentwurf 1987

345
Frank O. Gehry & Ass.: Eigenes Wohnhaus, Santa Monica/California, 1977– 1979

346
Peter Eisenman, Jacquelin Robertson,
Kontakt arch.: Grötzebach, Plessow,
Ehlers: Wohn- und Geschäftshaus Berlin,
1985–1986

346

Stijl und von Giuseppe Terragni, also der Spiegelung Le Corbusiers im italienischen Rationalismus der dreißiger Jahre, um später zu sehr unterschiedlichen Ergebnissen zu kommen. Der Vergleich seines im Rahmen der IBA errichteten Wohn- und Geschäftshauses in Berlin (1985–86) mit dem Wettbewerbsentwurf für das Biozentrum in Frankfurt/M. (1987) macht deutlich, daß das Medium der Zeichnung eher geeignet ist, einen derartigen Ansatz zu verdeutlichen, als der Bau.

Die anderen in der Ausstellung gezeigten Architekten sind jünger, sie sind in den vierziger Jahren geboren. Es sind Coop-Himmelblau (Wolf D. Prix *1942 und Helmut Swiczinsky *1944), Rem Koolhaas (*1946), Daniel Libeskind (*1946), Bernard Tschumi (*1944) sowie als Jüngere Zaha M. Hadid (*1950).

Wenn zuvor die Zuordnung einzelner Architekten zu bestimmten Tendenzen mit Skepsis betrachtet wurde, so können hierfür die Arbeiten von Coop Himmelblau als Beispiel dienen. Ihre Anfänge liegen mehr als zwei Jahrzehnte zurück, als sie damals ihr Credo formulierten, daß Himmelblau keine Farbe sei, »sondern die Idee Architektur mit Phantasie leicht und wandelbar wie Wolken zu machen«[30].

[30] Coop Himmelblau: Architektur ist jetzt. Stuttgart 1983. S. 199

225

347–349
COOP–Himmelblau: Erweiterung Merz-
Schule, Stuttgart, 1981–1983

347
Modell
348
Grundriß
349
Schnitt

350–352
Zaha M. Hadid: Residenz des Irischen
Premierministers, Dublin, Wettbewerbs-
entwurf 1979

350
Entwurfsskizze
351
Lageplan
352
Grundriß

347

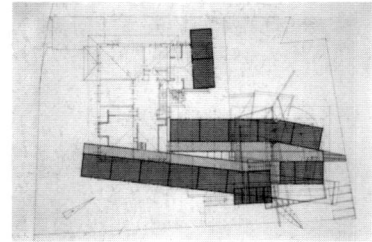

348

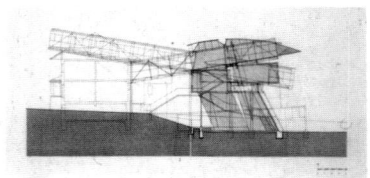

349

353
COOP-Himmelblau: Erster Medienturm,
Hamburg, 1985 Modell

Was damals durchaus in Parallele zu Archigram gesehen werden
konnte, wurde später in der Formulierung härter, aggressiver; wandte
sich sowohl gegen eine inhumane Stadtumwelt wie gegen den
Versuch, mit Versatzstücken historischer Formen eine vermeintlich
heile Umwelt zu schaffen.
Der Versuch, eigene Konzepte gegen Anpassung und falsches
Harmoniestreben zu entwickeln, führte in den achtziger Jahren zu
Projekten wie die Erweiterung der Merz-Schule in Stuttgart (1981–83)
und die Medientürme in Hamburg (1985). Was sich bei der Merz-
Schule, dem Anbau von Internatsräumen an eine bestehende Villa,
darstellt, sind schräg nach oben und unten vorstoßende, frei begeh-
bare Volumen, aus sichtbaren Stahlfachwerkträgern gebildet. Sie
verdichten sich zu Spitzen und rufen Assoziationen zu vogelartigen
Gebilden hervor, Assoziationen, die nicht zufällig, sondern beabsich-
tigt sind. »Das statische System entspricht der Vorstellung der diffe-
renzierten Auflösung eines Hauses und wird zum dynamischen
System.«[31]
Natürlich sind derartige Äußerungen nicht ganz wörtlich zu nehmen.
Dynamik, das heißt Bewegung, ist in der Architektur nicht möglich, was
vielmehr gemeint ist, ist der Ausdruck der Bewegung im Gebauten.
Dieser Ausdruck des Bewegten, des Schwebenden findet sich in den
Arbeiten von Zaha M. Hadid. Sie bezieht sich bewußt auf Kasimir Male-
witsch und den von ihm vertretenen Suprematismus, zeitlich eine
Parallelerscheinung zum russischen Konstruktivismus. Vom
Kubismus und Futurismus herkommend, strebte Malewitsch eine mit
absoluten Formen arbeitende, gegenstandslose Malerei an. Die
Urform war das 1915/16 entstandene Bild »Schwarzes Quadrat auf
weißem Grund«. Seit 1923 arbeitete Malewitsch an plastisch-architek-

[31] Coop Himmelblau. a.a.O. S. 52

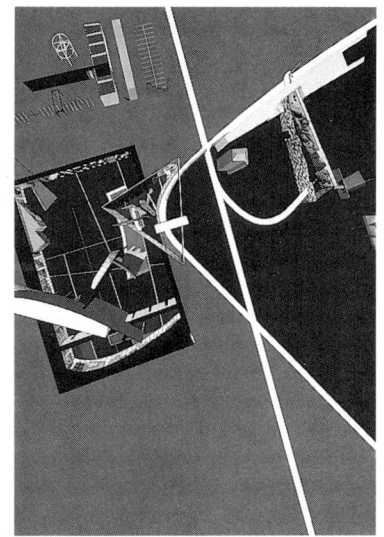

tonischen Kompositionen, die er als Architectona oder Planiten bezeichnete. Sie waren als Modelle einer kommenden Architektur gedacht, »als deren visionäres Leitbild er nichts Geringeres als das kommende Raumschiff vorschlug.«[32]

Auf diese abstrakten Kompositionen bezieht sich Zaha M. Hadid ausdrücklich. Den 1976/77 entstandenen Entwurf für eine Überbauung der Themse in London bezeichnet sie als »Malewitsch-Tektonik«. Die Verwandtschaft wird insbesondere in der Darstellung deutlich, in der Art, wie der Grundriß in Einzelfragmente zerlegt wird, die im Raum zu schweben scheinen.

Von der Darstellung abgesehen wirkt dieses Projekt, das kurz nach Studienabschluß entstand, noch relativ geschlossen, aus unterschiedlichen, aber als Ganzes belassenen Quadern gebildet. Der Prozeß der Auflösung geometrischer Formen, der Ausdruck des scheinbar Labilen findet sich bei späteren Entwürfen, so bei dem Wettbewerbsprojekt »The Peak International« in Hongkong (1983), aber auch schon bei dem Projekt für die Residenz des Irischen Premierministers in Dublin (1979), ebenfalls ein Wettbewerbsentwurf.

350

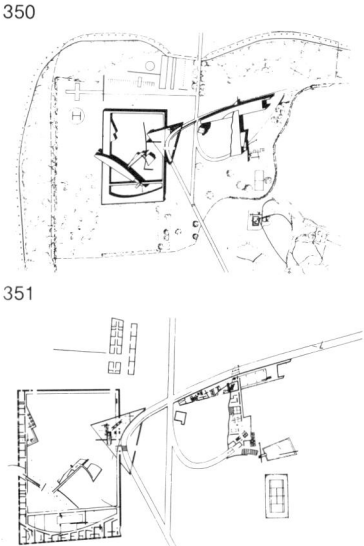

351

352

353

[32] Kasimir Malewitsch: Suprematismus. Die gegenstandslose Welt. Köln 1962.

354

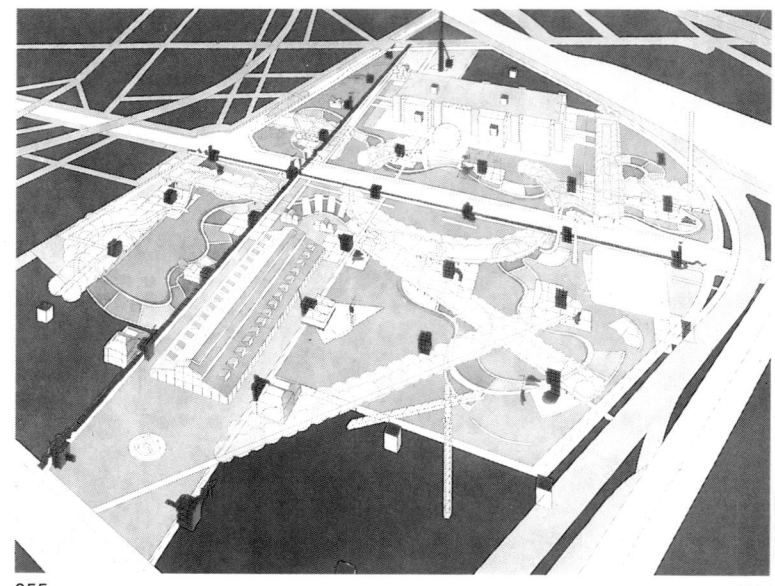

355

357

354–357
Bernard Tschumi: Parc de la Villette, Paris,
1983–1989

354
Folie und Galerie

355
Gesamtansicht

356
Perspektive der Nord-Süd-Galerie

357
Kompositionselemente

356

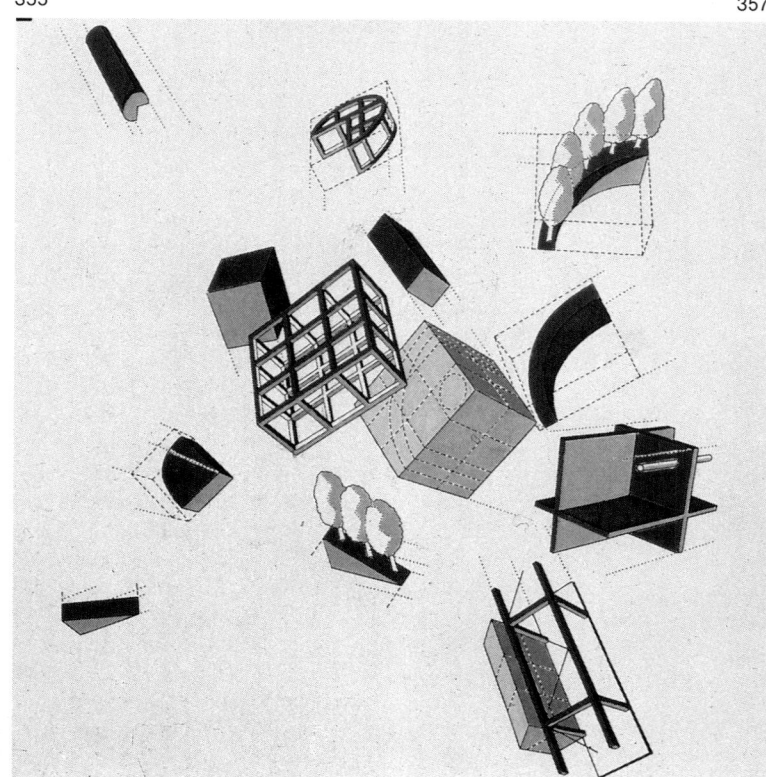

358, 358a
Behnisch & Partner: Hysolar Forschungs-
und Institutsgebäude, Universität Stuttgart, 1986–1987

358
Grundriß

359
Halle mit Blick nach außen

Dem 1982/83 durchgeführten internationalen Wettbewerb Parc de la Villette in Paris auf dem ehemaligen Gelände der Hallen, ein Medien- und Vergnügungspark unter Einbeziehung bereits vorhandener Großprojekte, kommt für die achtziger Jahre eine zentrale Bedeutung zu, nicht nur vom Thema her, sondern auch von den hier deutlich werdenden Ansätzen und den damit verbundenen Architekten. Den ersten Preis erhielt Bernard Tschumi. Seine hier in den Entwurf umgesetzte Theorie der Trennung architektonischer Elemente ist unvereinbar mit einer statischen, autonomen Strukturauffassung. Mit dem Begriff »Architectural Disjunction« bezieht er sich auf die Denkweise des französischen Philosophen Jacques Derrida.[33]

Auch bei Tschumi ist die Beziehung zum russischen Konstruktivismus deutlich, im Ansatz und in der Formensprache. Aber während der russische Konstruktivismus stets auf einen utopischen, sozialreformerischen Ansatz gründete, sind Tschumis Entwürfe vollkommen in sich selbst, sie entziehen sich symbolischen Hinweisen.[34]

Was den Entwurf Parc de la Villette in Paris als Gesamtanlage kennzeichnet, sind zwei sehr unterschiedliche Ansätze: einmal die Verwendung von Ordnungssystemen, und zwar Ordnungssystemen von Punkten, Linien und Flächen, und zum anderen die Veränderung dieser Ordnungssysteme und ihre Überlagerung in einer Weise, daß Verzerrungen, Verschiebungen und Differenzen entstehen. Ähnliches zeigt sich bei den Bauten: die als Ansatz gewählte und auch noch erkennbare Grundform des Quaders wird aufgebrochen und verändert, mit Diagonalen durchstoßen oder in Kontrast zu runden oder gewellten Formen gesetzt. Das alles wird vorgetragen mit einem Vokabular technischer Formen, mit Stützen und Trägern aus Stahl, mit Aufhängungen, mit Fachwerkträgern und Fachwerkstützen.

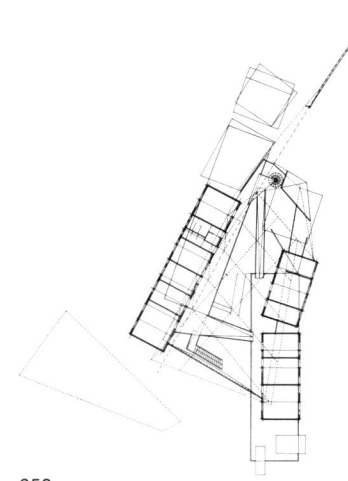

358

359

[33] Bernard Tschumi: Notes towards a Theory of Architectural Disjunction. In: Architecture and Urbanism. 88: 09. S. 13 ff

[34] Zur Interpretation siehe: Anthony Vidler: The Pleasure of the Architect. In: Architecture and Urbanism. 88: 09. S. 17 ff.

Mit Tschumis theoretischem Ansatz hat Günter Behnisch wenig gemeinsam. Der Vergleich beider Architekten macht noch einmal deutlich, wie problematisch Klassifikationen sein können. Wenn überhaupt Entsprechungen gesucht werden, so sind sie eher bei den Entwürfen von COOP – Himmelblau zu finden. In den nahezu zwei Jahrzehnten seit Fertigstellung des Olympiaparkes in München sind sich Behnisch & Partner ihrer Art treu geblieben: was ihre Bauten auszeichnet, ist die Vorliebe für Transparenz und Offenheit, die Verwendung technischer Elemente als Gestaltungsmittel, auch eine gewisse Lässigkeit im Umgang mit Materialien und die Auffassung vom Entwerfen als einem Prozeß, also nicht Formbestimmung a priori, sondern eher Formfindung. Diese Auffassung vom Bauen steht im gedanklichen Ansatz dem organhaften Bauen von Hugo Häring und Hans Scharoun nahe. In den letzten Jahren kam eine gewisse Lust am Experiment hinzu. So entstanden eine Reihe hochinteressanter Bauten, wie die Zentralbibliothek der Universität Eichstätt (1983–86) und das Hysolar Forschungs- und Institutsgebäude der Universität Stuttgart (1986–87).

360
Behnisch & Partner: Zentralbibliothek der Universität Eichstätt, 1983–1986

361

Das Verhältnis von Form und Konstruktion ist in der Architektur vielschichtig, oft widersprüchlich, und sicher nicht theoretisch auf die Formel zu reduzieren, daß die Form der Konstruktion zu folgen habe. Streng genommen ist die These nur im Fall extremer Spannweite gültig, zum Beispiel bei einer sehr weitgespannten Brücke: nur hier werden Form und Material durch statische Anforderungen bestimmt. Bei den für Architektur üblichen Spannweiten bestehen stets Wahlmöglichkeiten zwischen unterschiedlichen Formen, Materialien und statischen Systemen. Es ist in der Architektur sehr Unterschiedliches möglich, und das reicht von der Negierung der Konstruktion als Formelement über die Verwendung von Konstruktionsgliedern als sichtbare Formelemente in ebenfalls sehr unterschiedlicher Weise, mitunter in einer Art, die scheinbar konstruktiven Gesetzen zu widersprechen scheint, bis hin zu einer Gestaltung, die auf den Kraftfluß bezogen ist oder diesen ästhetisch überhöht zum Ausdruck bringt. Es geht stets um die äußere Erscheinung eines Gebäudes, seinen Ausdruck, wobei die Grundbedingung jeder Konstruktion, die Standfestigkeit, als selbstverständlich vorauszusetzen ist. Oder um auf den dekonstruktivistischen Ansatz zurückzukehren: wie dynamisch ein Gebäude auch erscheinen mag, die Grundbedingung bleibt seine Statik. Die Behandlung der Konstruktion scheint in diesen Entwürfen und Bauten eher eine formale zu sein, Konstruktionsglieder sind sichtbar, aber ihre Anordnung wird sicher nicht von der Überlegung bestimmt, Ausdruck der ihr innewohnenden Gesetzlichkeit zu sein.

Anders dagegen der Ansatz von Santiago Calatrava, der 1951 in Valencia geboren wurde, Architektur in Valencia und Bauingenieurwesen in Zürich studiert hatte, und heute in Zürich tätig ist. Als Architekt und Konstrukteur ist er im Ansatz, sicher nicht nur als Katalane, in der Nähe von Antoni Gaudí zu sehen. Ebenso aber steht er in der Tradition

362

361
Santiago Calatrava:
Bahnhof Zürich Stadelhofen,
1984–1989, Modell des Schutzdaches

362
Santiago Calatrava: Vordach Postgebäude-Nord, Luzern 1982–1983

363

363, 364
Santiago Calatrava, Bruno Reichlin und Fabio Reinhardt: Vertriebsgebäude der Firma Ernstling, Coesfeld/Lette, 1980–1985

363
Wandverkleidung
364
Tore als aufklappbare Regelflächen

von Robert Maillart, von Jean Prouvé und von Pier Luigi Nervi. Bei aller Unterschiedlichkeit ist diesen Architekten und Konstrukteuren gemeinsam, daß sie aus und mit der Konstruktion gestalten, daß für sie die Konstruktion ein entscheidendes Gestaltungsmittel ist.

Das vollzieht sich einmal auf der Ebene der ästhetischen Darlegung des Kraftflusses: der Betonung dessen, was lastet und was trägt; was auf Zug, was auf Druck oder was auf Biegung beansprucht wird; auf der Verdeutlichung, wie Elemente verbunden und voneinander getrennt werden, auf der Akzentuierung der Übergangselemente unterschiedlicher Konstruktionsglieder, der Gelenke also. Wie sich zum anderen dieses Entwurfsprinzip in Formen ausdrückt, kann sehr unterschiedlich sein, ist abhängig von der Einstellung des Gestalters. Bei Calatrava werden Entsprechungen zu organischen Formen deutlich, ohne aber den Versuch zu unternehmen, Formen von dorther auf die Architektur zu übertragen. So ruft die aus geraden Aluminiumprofilen gebildete, teilweise wellenförmig ausgebildete Fassadengestaltung des Vertriebsgebäudes der Firma Ernsting in Coesfeld (1980–1985) von Santiago Calatrava, Bruno Reichlin und Fabio Reinhard Assoziationen an eine Haut hervor. Die ingeniös gestalteten Tore, ebenfalls aus geraden Aluminiumlamellen gebildet, bilden nach oben ausgefahren geometrisch eine doppelt gekrümmte Regelfläche, funktional ein Schutzdach bildend und Assoziationen an organische Formen hervorrufend.[35]

Die Dächer des Bahnhofes Zürich-Stadelhofen (1984–89), aus einseitigem Kragarm, rundem Torsionsträger und eigenwillig geformter Stütze bestehend, scheinen gleichfalls an ein eher organisch geformtes Gebilde zu erinnern, ohne daß Formvorbilder genannt werden können.

364

[35] Zur Interpretation siehe: S. C. (d.h. Santiago Calatrava): Das Tor als Skulptur. In: Werk, Bauen + Wohnen 1986/9. S. 40 ff.

365
Michael Hopkins: Wohnhaus Hampstead, 1975

365
Daß das gleiche Entwurfsprinzip, die Verwendung der Konstruktion als gestaltetes Formelement und die gestalterische Betonung des Unterschiedes von tragenden und ausfüllenden Elementen, bei einer anderen ästhetischen Einstellung zu völlig anderen Ergebnissen in der äußeren Erscheinung führen muß, zeigt als Beispiel das Wohnhaus in Hampstead von Michael Hopkins (1975), das in seiner Gestaltung zur High-Tech Architektur gerechnet werden kann.
Wenn in den achtziger Jahren, nach Abklingen der Postmoderne, der Blick wieder für bestimmte Erscheinungen der zwanziger und drei-

366
Richard Meier & Ass.: Bronx Developmental Center, New York, 1976–1977

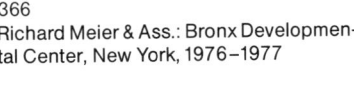

366

367

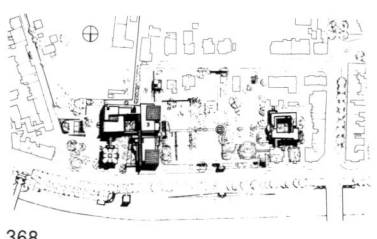

367–369
Richard Meier: Museum für Kunsthandwerk, Frankfurt/M., 1979–1985

368

ßiger Jahre geschärft wurde und die kritische Auseinandersetzung mit dieser Zeit und insbesondere der Frühmoderne zu Anregungen für die eigene Arbeit führte, dann kann sich Richard Meier sicher zu jenen Wenigen zählen, die diesen Weg nicht erst in dieser Zeit, sondern schon seit langem, vor mehr als zwei Jahrzehnten, eingeschlagen haben. Anders als seine Freunde in der Gruppe der New York Five ist er auch später auf diesem Weg geblieben und hat heute ein Werk von großer Dichte und erstaunlicher Kontinuität aufzuweisen.

Die Bauten, mit denen er in den sechziger und den beginnenden siebziger Jahren bekannt wurde, waren großzügig angelegte Einfamilienhäuser, weiße, vielfach durchbrochene Quader mit deutlichen Verweisen auf die Schiffsmetaphern der zwanziger Jahre. Das erste größere Projekt war das Bronx Developmental Center in New York, 1977 fertiggestellt, ein Therapie- und Wohngebäude für geistig behinderte Kinder. Vorspringende Bauteile, Aushöhlungen der geschlossenen Baumasse gliedern den Baukörper. Die Fassadengestaltung betont ästhetisch den technischen Aspekt.

Die Reihe seiner Großbauten setzen das Atheneum in New Harmony/ Indiana (1975–79) und das High Museum of Art in Atlanta/Georgia (1980–83) fort. 1979 nimmt Richard Meier am Wettbewerb für das Museum für Kunsthandwerk in Frankfurt/M. teil, erhält den ersten Preis und die Ausführung. Die Fertigstellung des Gebäudes erfolgt 1985. Zwei weitere wichtige Projekte sind die Bebauung des Münsterplatzes in Ulm sowie das Rathaus mit Bibliothek in Den Haag, beide aus Wettbewerben (1986 bzw. 1988) hervorgegangen und zur Ausführung bestimmt.

Mit dem Entwurf für den Münsterplatz in Ulm scheint nun endlich eine Jahrzehnte zurückreichende Diskussion mit immer neuen und immer

369

367
Rampe als architektonische Promenade
368
Lageplan
369
Ansicht vom Park

370
Richard Meier: Bebauung Münsterplatz,
Ulm/Donau, 1988

370

wieder verworfenen Projekten zu einem guten Ende geführt worden zu
sein. In Ulm hat sich Meiers Fähigkeit erwiesen, sensibel auf eine gege-
bene und in diesem Fall eine ganz besondere Situation reagieren zu
können, und das Eigene ohne falsche Anpassung selbstbewußt
gegen das in Ulm historisch übermächtig Erscheinende zu stellen.
Die Frage, ob dieses Aufgreifen der Frühmoderne nicht nur bei
Richard Meier sondern auch bei anderen Architekten dieser Epoche
eher eine historisierende Reprise oder eine neue Form des Eklektizismus ist oder nicht, kann sicher nicht pauschal beantwortet
werden.[36] Man sollte nicht vergessen, daß Architektur immer auf etwas
aufbaut, die Annahme einer voraussetzungslosen Architektur also
eine Fiktion ist; daß vielmehr jeder Architekt immer auf den Schultern
eines anderen steht, um einen völlig unverdächtigen Zeugen, Le
Corbusier, zu zitieren. Nicht nur der Bezug auf etwas anderes ist
deshalb zu diskutieren, sondern vor allem die Frage, was aus dieser
Art der Zueignung und Aneignung entstand.
Bei dem Museum für Kunsthandwerk in Frankfurt/M. werden Bezüge
deutlich, aber ebenso, daß die Art der Aneignung zu etwas Eigenem
und Unverwechselbarem geführt hat. Diese Feststellung gilt in besonderem Maße für die Bebauung des Münsterplatzes in Ulm. Aus Rechteck und Kreis, aus Quader und Zylinder als Form, aus Versetzen und
Zurücknehmen, aus Öffnen und Schließen der Raumgrenzen ist eine
Architektur entstanden, die im Dialog mit dem Kontext steht und
zugleich einen neuen Akzent setzt.
Was immer zur Architektur der Gegenwart geschrieben wird, es kann
nicht mehr als ein Streiflicht sein, das bestimmte Bereiche der architektonischen Szene erhellt und andere damit zwangsläufig in das
Dunkel taucht. Die in diesem Abschnitt beschriebene Hinwendung zu

[36] Heinrich Klotz (Hrsg.): Vision der
Moderne. Das Prinzip Konstruktion.
München 1986. S. 11

235

371

den Ursprüngen der eigenen Architektur zu Beginn dieses Jahrhunderts scheint jedoch eine allgemeinere Tendenz zu sein. Sie findet sich auch bei japanischen Architekten und führt bei Tadao Ando, der 1941 in Osaka geboren wurde, zu einer völligen Reduktion von Form und Material. Die Reduktion der Form auf Quader und Zylinderfragmente hat ihren Ursprung in der Frühmoderne, die Vorliebe für Beton, oft als einziges Baumaterial außer den Verglasungen der Öffnungen, geht auf das Werk von Le Corbusier in der Nachkriegszeit und auf Louis Kahn zurück. In der Behandlung des Lichtes im Raum, im Verhältnis von Licht und Betonwand finden sich weitere Parallelen zu Louis Kahn.

Aber diese Reduktion von Form und Material ist auch nur zu verstehen vor dem Hintergrund traditioneller japanischer Architektur, der immer ein gewisser Purismus in der Behandlung von Form und Material zu eigen war und damit auch eine gewisse Lebensweise. Die Auffassung von Tadao Ando gipfelt in den Worten, »daß Ordnung notwendig ist, um dem Leben Würde zu geben. Ordnungen bringen Beschränkungen mit sich, aber ich glaube, daß dann die außerordentlichen Dinge im Menschen kultiviert werden.«[37] Ein Beispiel für seine Art zu bauen ist das Ishii-Haus in Hamamatsu/Shizuoka (1980–82). Bei der Kapelle auf dem Berg Rokko (1985–86), in exponierter Lage über der Bucht von Osaka gelegen, besteht die Komposition aus dem Zugang als Kolonnade, aus Kirchenraum als Quader mit seitlich angesetztem Turm und einer winkelförmigen Wand, die den Freiraum um die Kapelle faßt. Der Wechsel von Öffnung und Geschlossenheit, die unterschiedliche Art der Lichtführung, die Strenge der geometrischen Form und die Begrenzung der Materialwahl bestimmen den Charakter des Baues.

371–372
Tadao Ando: Kapelle auf dem Berg Rokko/Osaka, 1985–1986

371
Ansicht von oben
372
Altarzone

372

[37] Tadao Ando: The emotionally made architectural spaces of Tadao Ando. In: The Japan Architect. 1980/4. S. 42 ff. Übersetzung nach: Manfred Speidel (Hrsg.): Japanische Architektur. Geschichte und Gegenwart. Stuttgart 1983. S. 112

373

Innerhalb der vielfältigen und verzweigten internationalen Szene bilden sich immer wieder Schwerpunkte, wo sich das architektonische Geschehen zu verdichten scheint und wo wie in einem Brennglas eine Epoche zu besichtigen ist, im Positiven wie im Negativen. Als einer solcher Orte für die achtziger Jahre ist Berlin zu nennen, ein anderer ist Paris.

1979 wurde nach längerem Vorlauf die Bauausstellung Berlin begründet mit dem Ziel, eine internationale Bauausstellung mit dem Thema »Die Innenstadt als Wohnort« vorzubereiten. Was daraus in einer oft von Widersprüchen geprägten Entwicklung bis 1987 schließlich entstand, gliedert sich in zwei Arbeitsbereiche: den Bereich Stadtneubau (Neubauten in Tegel, am Prager Platz, im Südlichen Tiergartenviertel und der Südlichen Friedrichstadt) sowie den Bereich Stadterneuerung, Sanierung und Erhaltung von Altbauten, vornehmlich Wohnquartieren des 19. Jahrhunderts, in der Luisenstadt und in Kreuzberg. Für den Bereich Stadtneubau innerhalb der IBA zeichnete Joseph Paul Kleihues, für den Bereich der behutsamen Stadterneuerung Hardt-Waltherr Hämer verantwortlich.

Obwohl sich im Bereich Stadtneubau das spektakuläre Einzelobjekt aufzudrängen scheint, war der ursprüngliche Ansatz ein eher städtebaulicher, die Wiederentdeckung der Gesetzmäßigkeiten der historischen Stadt, die »... kritische Rekonstruktion der Stadt.«[38]

Was dabei entstand, zumeist als Folge internationaler Wettbewerbe oder Gutachterverfahren mit gezielter Auswahl bestimmter Architekten, reicht von der das Technische als Gestaltelement einbeziehenden Phosphateliminationsanlage in Tegel von Gustav Peichl (1982–85), über den Rationalismus von Aldo Rossis Stadtvilla in der

373
Stadtvillen an der Rauchstrasse, Berlin –
Südliches Tiergartenviertel, Wettbewerb
der IBA 1980 (1. Preisträger Rob Krier),
1983–1984.
Architekten der Einzelhäuser: Krier, Valentiny, Hermann, Rossi, Nielebock u. Partner,
Brenner, Tonon, Grassi, Hollein.

374
Gustav Peichl: Phosphateliminationsanlage Berlin/Tegel. Wettbewerb der IBA
1980, 1982–1985

374

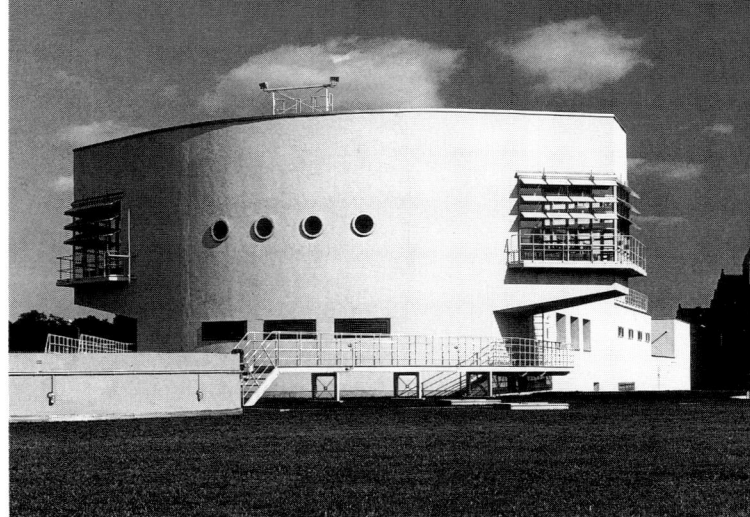

[38] Bauausstellung Berlin GmbH (Hrsg.):
Internationale Bauausstellung Berlin 1987.
Projektübersicht. Berlin 1987. S. 6

375
Ieoh Ming Pei: Umplanung Louvre Paris,
1983–1988

375

Rauchstraße (1983–84), Oswald Maria Ungers' wandartiger Bebauung am Lützowplatz (1983), Gottfried Böhms Vorschlag für die Bebauung am Prager Platz (Baubeginn 1987), Peter Eisenmans Wohn- und Geschäftshaus in der Kochstraße (1985–86) bis hin zu der post-modernen Wohnbebauung am Tegeler Hafen von Moore/Ruble/Yudell (1981–87). Die Nennung dieser Bauten ist nur als Hinweis zu verstehen, um die Spannweite deutlich zu machen, in der sich die sehr unterschiedlichen Ansätze bewegen.

Der Ansatz der behutsamen Stadterneuerung dagegen zielt auf die Erhaltung der gewohnten Umwelt und der vorhandenen sozialen Bindungen. Es geht um ein Planen mit den Betroffenen, den Bewohnern der Miethäuser des 19. Jahrhunderts, um ein Verfahren, »das auf die Kraft der Menschen setzt, die hier leben und arbeiten.«[39] Dieser zutiefst soziale Ansatz und die Ergebnisse in Kreuzberg scheinen mir zu den wichtigsten Leistungen der IBA in Berlin zu gehören.

War in Berlin der Antrieb für Neues die ursprünglich im eher herkömmlichen Rahmen geplante Bauausstellung, so war es in Paris die herannahende zweihundertjährige Wiederkehr des Tages der französischen Revolution. Entsprechend verschieden sind auch Themenstellung und Bauaufgaben: in Berlin die »Innenstadt als Wohnort«, also Wohnungsbau in den Bereichen Stadtneubau und Stadterneuerung, in Paris dagegen die Gestik der großen Projekte als nationale Bauaufgaben. Was dort geplant und gebaut wurde, entzieht sich zu diesem Zeitpunkt noch einer abschließenden Beurteilung.[40] Aber sicher werden der Park von La Villette (Bernard Tschumi, 1983–89), das Institut für die Arabische Welt (Jean Nouvel, Pierre Soria, Gilbert Lezénes et Architecture Studio, 1981–87) und die Umplanung des Louvre (Ieoh Ming Pei, 1983–88) zu den charakteristischen Bauten dieser Epoche zählen.

[39] Bauausstellung Berlin GmbH (Hrsg.) a.a.O. S. 195

[40] Einen Überblick gibt: Sabine Fachard (Koordination): Architectures capitales. Paris 1979–1989. Milan – Paris 1987

Die heutige Zeit –
eine Epoche im Zeichen manieristischer Tendenzen

Wenn hier versuchsweise ein Denkmodell eingeführt wird, das vielleicht einige der heutigen Tendenzen zu charakterisieren vermag, so geschieht dies nicht aus spekulativem Interesse. Dieses Denkmodell kann sich vielmehr auf theoretische Ansätze einiger Architekten stützen, die heute diskutiert werden, und auf eine Analyse von Entwürfen und Bauten unserer Zeit.

So wurde bereits im Zusammenhang mit der Behandlung von Venturis Theorie darauf verwiesen, daß in der Argumentation manieristische Tendenzen anklingen, wie sich Venturi überhaupt in seinem Buch »Komplexität und Widerspruch in der Architektur« mit dem historischen Manierismus auseinandersetzt. Für Philip Drew ist dieses Buch »... sehr viel mehr als eine Kritik an der orthodoxen modernen Architektur; es ist über weite Strecken eine historische Rechtfertigung des Manierismus«.[41] Arata Isozaki bezieht sich in seinen Bauten und seinen theoretischen Äußerungen unmittelbar auf den Manierismus. Und Wolfgang Pehnt wies in einer kritischen Besprechung des Darmstädter Gespräches von 1978, bei dem Hollein, Isozaki, Grassi, Reichlin und Reinhardt, Kleihues sowie Leon und Rob Krier ihre Arbeiten erläuterten, darauf hin daß man sich bei diesen Entwürfen und Bauten an den historischen Manierismus erinnert fühle.[42]

Es wäre also zu fragen, was der Bezug auf den Manierismus bedeutet und ob die Charakterisierung einiger Tendenzen unserer Zeit als manieristisch gerechtfertigt ist.

Es ist zunächst etwas verwirrend festzustellen, daß offensichtlich im Bezug auf das Phänomen Manierismus oder manieristisch zwischen zwei Sachverhalten unterschieden werden muß: dem Manierismus als historischem Stil und manieristischen Tendenzen, die in unterschiedlichen Epochen auftreten können.

Der historische Manierismus wird heute als Folge der Diskussionen unter Kunstgeschichtlern in den fünfziger Jahren und nach der großen Europaratausstellung von 1955 in Amsterdam, »Der Triumph des Manierismus«, als europäische Stilstufe zwischen Hochrenaissance und Barock angesehen. Charakteristische Gestaltungselemente sind in der Malerei unter anderem Antinaturalismus der Form und Farbe, Streckung der Figuren, Aufhebung der Standfestigkeit und Verunklärung von Raumzusammenhängen; – zu seinen Vertretern gehören Parmigianino (1503–40), Jacopo Tintoretto (1518–94), Giuseppe Arcimboldi (1527–93) und Jacopo Pontormo (1494–1557). In der Architektur liegt der Schwerpunkt des Manierismus bei Schloß- und Palastanlagen und bei Villenbauten. Kennzeichnend ist auch hier die Abkehr von der klassischen Harmonie und den traditionellen Regeln der Baukunst. Zu seinen Vertretern gehören unter anderen Jacopo Barozzi da Vignola (1507–73), dessen Buch »Regole delle cinque ordini d' architettura« in ganz Europa verbreitet wurde und großen Einfluß ausübte, Vincenzo Scamozzi (1552–1616), von dem das wichtige Buch »Idea

[41] Philip Drew: Die dritte Generation. Stuttgart, 1972. S. 152.
[42] Wolfgang Pehnt: Was macht der Fuchs in Bremen? In: werk und zeit, 1978/2

239

376

377

376
Eero Saarinen & Ass.: TWA-Empfangsgebäude, Kennedy International Airport, Ja-
maica/N. Y., 1956-1962

377
Jörg Utzon: Opernhaus Sydney, 1959–
1975

[43] Eine reich mit Abbildungen versehene
Darstellung des Manierismus gibt Franzsepp Würtenberger: Der Manierismus, der
europäische Stil des sechzehnten Jahrhunderts. Wien-München, 1962
[44] G. R. Hocke: Die Welt als Labyrinth.
Hamburg, 1957

dell' architettura universale« stammt, sowie Giulio Romano, dessen
Palazzo del Tè in Mantua Isozaki inspirierte.[43]

Ausgangspunkt dieser Entwicklung war das Spätwerk von Michelangelo. Die Nachahmer der »maniera di Michelangelo« wurden von
ihren Gegnern abwertend Manieristen genannt in Anlehnung an das
Wort maniera, das zunächst nur Art und Weise bedeutet.

Interessant in diesem Zusammenhang ist die weitergehende These,
die Manierismus nicht nur als Stilstufe des 16. Jahrhunderts begreift,
sondern als ein grundlegendes und allgemeines Prinzip. E. R. Curtius
hat 1953 den Begriff auf alle künstlerischen und literarischen Tendenzen erweitert, die einer Klassik entgegengesetzt sind, und G. R. Hocke
glaubt aufzeigen zu können, daß eine manieristische Bewegung
immer dann auftritt, wenn ein als klassisch empfundenes Weltbild zer-
bröckelt.[44] Begriffspaare wie

Einheit – Gespaltenheit
Integration – Desintegration
Gleichgewicht – Labilität
Erstarrung – Auflösung
Gestalt – Deformation

bezeichnen nach Hocke die Wertpolarität zwischen einer klassischen
und einer manieristischen Epoche.

Manierismus wird für ihn zum Ausdrucksmittel eines Menschen, der in
einem problematischen Verhältnis zur Welt steht. So spiegelt der
historische Manierismus das spezifische ästhetische Verhalten eines
Menschentyps, der ausgesprochen intellektuell interessiert war. Der
Manierismus scheint somit auch an eine bestimmte soziologische
Situation gebunden zu sein. Kennzeichnend ist weiterhin, daß der
Manierismus in seinen theoretischen Selbstäußerungen mindestens
ebenso stark vertreten ist wie in seinen künstlerischen Realisationen.
Wenn man diese kunstgeschichtliche und phänomenologische Kennzeichnung auf die Architektur, insbesondere die Architektur der
Gegenwart, zu übertragen versucht, so wäre nach den Konsequenzen
einer solchen Auslegung zu fragen; – wobei auch die Frage zu diskutieren wäre, ob eine Übertragung von Stilbegriffen der Baugeschichte,
wie Klassik und Manierismus, auf die Gegenwartsarchitektur möglich
und sinnvoll ist.

Architektur wird hier begriffen als das Ergebnis eines vielschichtigen
Entwurfsprozesses, der die Aspekte von Raum und Form, Konstruktion und Nutzung umfaßt und durch vielfältige Einflüsse von außen
geprägt ist. Während beim Entwurfsprozeß Nutzung und Konstruktion
in Teilen mit rationalen Mitteln erfaßt werden können, unterliegen
Form- und Raumbildung, sowie deren Interpretation, anderen Gesetzmäßigkeiten. Dies bedeutet für die Architektur die Unterscheidung von
zwei, allerdings miteinander verflochtenen Bereichen:

– der Gegenstandssphäre, die in Teilen der wissenschaftlich-techno-
  logischen Analyse unterliegt. Hierzu gehören Baukonstruktion und
  Bautechnik sowie Nutzung;
– der Zeichensphäre, die ästhetische Qualitäten annehmen kann und
  im Rahmen ästhetischer Aussagen zu behandeln ist.

Was als manieristisch bezeichnet werden kann, bezieht sich stets auf die Zeichensphäre, auf den ästhetischen Bereich. Kennzeichnend ist weiterhin, daß der ästhetische Bereich absolute Priorität erhält und die anderen Aspekte der Architektur untergeordneten Charakter erhalten oder negiert werden. Manieristische Tendenzen in der Architektur treten deshalb stets als Formalismus auf; – das heißt als ein aus der Sache des architektonischen Gegenstandes nicht begründetes Übergewicht formaler Aspekte über andere Aspekte der Architektur. Dabei muß jedoch auf eine Wertpolarität innerhalb manieristischer Tendenzen verwiesen werden. Es kann sich dabei um einen schöpferischen Prozeß handeln, die Gewinnung neuer ästhetischer Gehalte, um einen Prozeß der Innovation, der zu einer neuen Einschätzung der Architektur führen kann. Als Gegenpol ist aber ebenso Manieriertheit möglich, die Übernahme und Manipulation vorgegebener Ausdrucksmittel; – manipulierte Sensation, um es deutlich zu sagen.

Wenn es auch erst einer späteren Zeit vorbehalten bleiben wird, aus einer gesicherten Distanz zu urteilen, wo es sich um neue Ansätze, um Innovation gehandelt hatte und was als Manieriertheit einzuschätzen war, so kann sich doch ebensowenig der heutige Kritiker einer zumindest vorläufigen Stellungnahme entziehen. Wie immer das Urteil des Einzelnen ausfallen wird, so ist doch mit einiger Sicherheit festzuhalten, daß zumindest in Teilen in der heutigen Architekturszene manieristische Tendenzen vorherrschend sind.

Ein Merkmal dieser manieristischen Tendenzen scheint mir das Analogiestreben zu sein, die Übertragung von Formen und Bedeutungsinhalten aus anderen Bereichen auf die Architektur. Im Grunde, so könnte ein Einwand lauten, ist dies nichts Neues. Manche Bauten der zwanziger Jahre zum Beispiel sind durch Übernahme von Metaphern

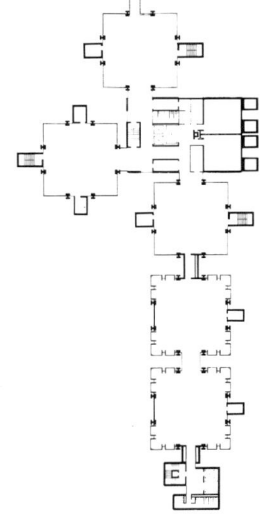

378

379

378
Louis Kahn: Medical Research Center, University of Pennsylvania, Philadelphia/Pennsylvania, 1957–1961

379
Richard Rogers und Renzo Piano: Centre Georges Pompidou, Paris, 1971-77

380
Villa Hadriana, Tivoli, 118–138

381
O. M. Ungers: Studentenheim Enschede, Wettbewerbsentwurf, 1964

382
Louis Kahn: Dominikanerinnen-Kloster, Media, Pennsylvania, 1965–1968

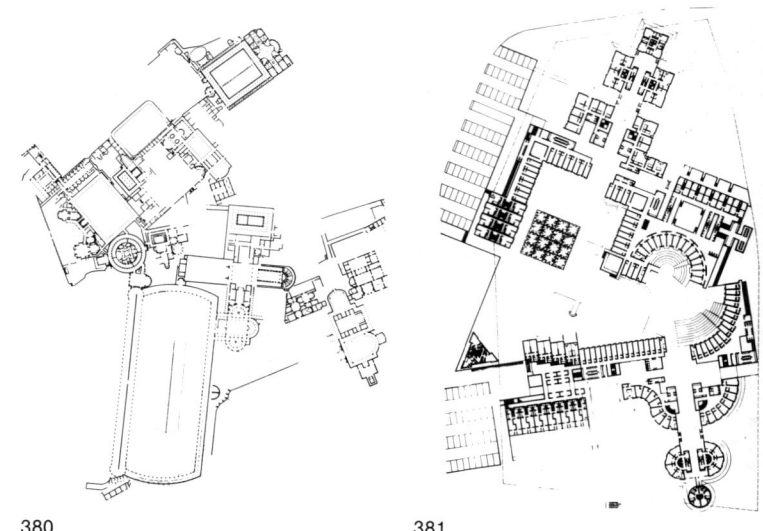

380   381

aus dem Bereich der Technik geprägt. Jedoch handelte es sich damals um einen beschränkten und zumindest mit der Architektur verwandten Bereich; – heute jedoch kann beinah alles mit allem verglichen werden, kann sich alles in alles verwandeln, um G. R. Hocke sinngemäß zu zitieren. Die Entsprechungen werden vor allem im organischen Bereich gesucht, was übrigens die Vertreter des organischen Bauens wie Wright und Häring für sich ablehnten.
Dieses Phänomen wurde schon bei der Betrachtung des TWA-Flughafenempfangsgebäudes diskutiert, dem Eero Saarinen den Aus-

383, 384
Arata Isozaki: Museum in Takasaki, 1972–1974

383
Blick aus dem Ausstellungsraum in die Eingangshalle

384
Isometrie der Gebäudestruktur

385, 386
MLTW/Charles Moore-William Turnbull: Kresge College, University of California, Santa Cruz, 1972–1974

385
Lageplan

386
Verbindungsweg zwischen den Wohngebäuden

382
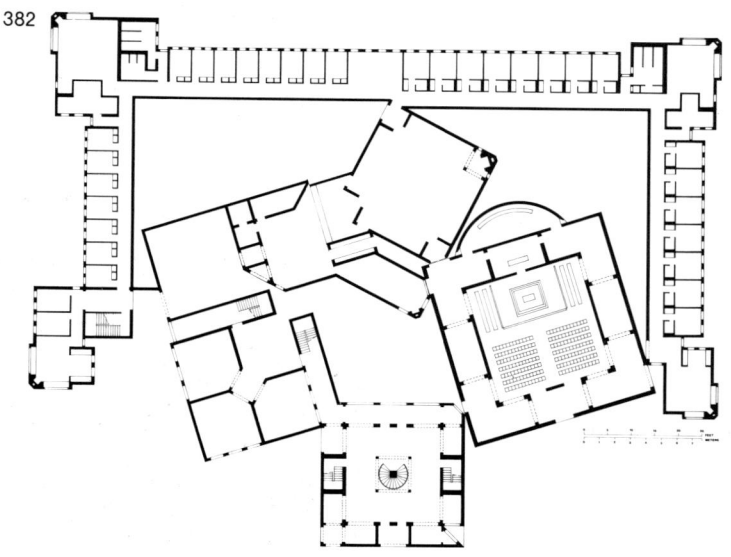

383

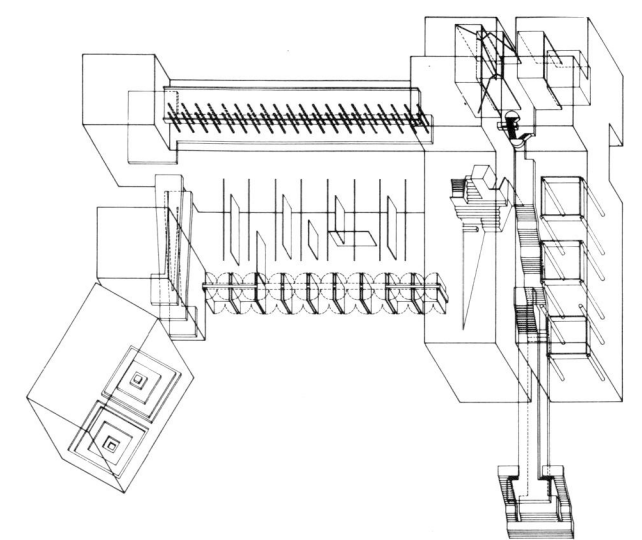

384

386

385

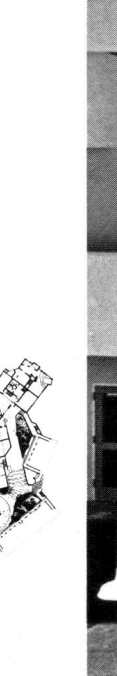

387

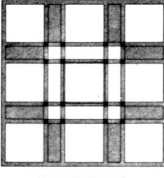

388

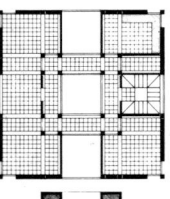

389

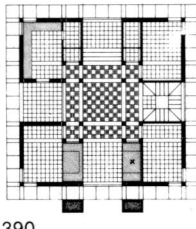

390

391   392

druck des Bewegten gab, wobei das Formvorbild offensichtlich ein
zum Flug ansetzender Vogel war. Jedoch wurde bei diesem Bau die
der Gebäudeform zugrunde gelegte außenarchitektonische Bildhaftigkeit in eine Konstruktion umgesetzt, die mit der Form identisch ist; –
Architektur also als ikonisches Zeichen: das Vorbild ist erkennbar.

Auf andere Beispiele wurde zuvor verwiesen, so auch auf den Österreichischen Pavillon auf der Weltausstellung von Karl Schwanzer (1967),
wo durch die Form des Bauwerkes Assoziationen mit kristallinen
Strukturen hervorgerufen werden sollten.

Was hier wie bei Saarinen mit konstruktiven Mitteln umgesetzt wurde
und auf Raum und Nutzung bezogen wurde, ist bei anderen Bauten
Applikation, aufgesetzte Bildhaftigkeit. Hierzu gehört das »Gesichts-
haus« von Kazumasa Yamashita in Kyoto (1974) ebenso wie die Gara-
gia Rotunda von Charles Jencks (1977). Die Physiognomie eines
Gesichtes wird auf eine Fassade übertragen. Aller Wahrscheinlichkeit
nach dürfte hier die Grenze zum Manierierten überschritten sein.

Ein anderes Merkmal manieristischer Tendenzen in unserer Zeit ist die
ästhetische Betonung sekundärer Elemente; – das heißt: nebensäch-
liche, dienende Gebäudeteile werden als gestalterische Hauptele-
mente verwendet. Die Frage, was primäre und sekundäre Gestaltungselemente sind, wird sicher zu unterschiedlichen Zeiten nicht einheitlich beantwortet werden. Die Beantwortung der Frage ist immer nur in
Relation zur unmittelbaren Vergangenheit zu sehen.

Ein Novum war es deshalb, als Louis Kahn zwischen dienenden und
bedienten Elementen im Gebäude unterschied und die dienenden
Elemente getrennt von den bedienten anordnete. Zwar lehnte Kahn
ausdrücklich die Unterstellung ab, die dienenden Elemente zu hoch
zu bewerten; – aber es verblieb doch auch die Tatsache, daß bei dieser
Anordnung die Installations- und Treppentürme den Ausdruck des
Gebäudes wesentlich mitbestimmten. Heute, im Rückblick nach
zwanzig Jahren, kann man dieses Anordnungsprinzip als innovativen
Akt bewerten. Es eröffnete neue Möglichkeiten bei der Lösung hochin-
stallierter Gebäude.

Ob man das auch in Zukunft von einem völlig anderen Bauwerk, dem
Centre Pompidou in Paris von Piano und Rogers sagen wird, bleibt
zunächst noch offen. Aber sicher hat es bisher kaum einen Bau gege-

ben, bei dem die Rohre der Be- und Entlüftungsanlagen so eindeutig die Erscheinung eines Bauwerkes bestimmt haben wie bei diesem Gebäude. Dieser Bau ist ein extremes Beispiel einer Tendenz, welche die technische Apparatur als wesentliches Gestaltungselement benutzt. Vergleichsweise eher zurückhaltende Beispiele dieser Tendenz sind die ORF-Bauten von Gustav Peichl, so das Studio in Salzburg (1974).

Ein weiteres Merkmal manieristischer Tendenzen ist die Betonung der Grundrißgeometrie. Es finden sich in den letzten Jahren immer häufiger Bauten und Entwürfe, die komplizierte Kombinationen von geometrischen Elementen im Grundriß aufweisen. Vorläufer dieser Tendenz finden sich auch bei Louis Kahn, so zum Beispiel beim Entwurf für das Dominikanerinnen-Kloster Media/Penn. (1965–68). Dabei fällt ein weiteres Charakteristikum auf, die Gegenüberstellung von strenger Regelmäßigkeit und Durchbrechung dieses Prinzipes. Die Zellen der Nonnen sind in einer strengen orthogonalen U-Form angeordnet, die Gemeinschaftsräume dagegen als Folge spitz zueinanderstehender Quadrate und Rechtecke.

Nicht umsonst ist für manche Architekten in unserer Zeit der Grundriß der Hadriansvilla (118–138 n. Chr.) so interessant geworden, weil er die Gegenüberstellung zweier unterschiedlicher Prinzipien zeigt: Achsialität einzelner Gebäudeteile und Versetzung dieser Achsen gegeneinander. O. M. Ungers bezieht sich ausdrücklich auf derartige Prinzipien, so bereits bei dem Entwurf für ein Studentenwohnheim in Enschede von 1964.

Das andere Extrem bei der Betonung der Grundrißgeometrie sind absolut regelmäßige Grundrißkonfigurationen. Ein Beispiel hierfür ist das Haus Tonini in Toricella von Bruno Reichlin und Fabio Reinhardt (1972–74), dessen Grundriß durch das Quadrat bestimmt ist. In die-

393

394, 395
Hans Hollein: Juweliergeschäft Schullin,
Wien, 1973–1974

394
Isometrie der Gesamtanlage

395
Detail der Eingangsseite

sem Gebäude wirkt ein anderer, weiterer Einfluß nach, den heutige
Architekten wieder für sich entdeckt haben, der Einfluß von Palladio
und seiner Schule.

Der eine Aspekt heutiger Tendenzen ist die auf die Spitze getriebene
Strenge, Regelmäßigkeit der Grundriß- und Gebäudeform, wie sie sich
auch bei den rationalistischen Architekten zeigt, insbesondere bei
Aldo Rossi; – der andere Aspekt dagegen die bewußte, oft bis in das
Komplizierte, Verzerrte gesteigerte Durchbrechung dieser Regelmä-

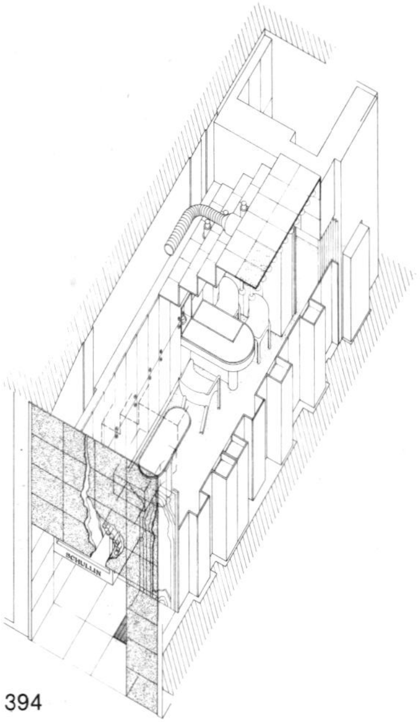

395

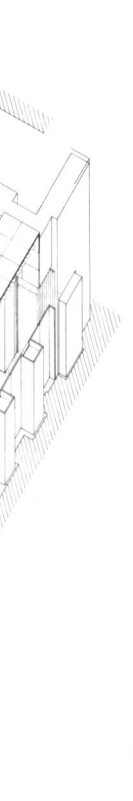

394

396

ßigkeit als Entwurfsprinzip, wie sie sich z.B. bei Venturi und Moore zeigt.

Und ebenso ist hierzu die bewußte Verwendung von Störelementen zu zählen, um aus der seriellen Reihung von gleichen Einheiten auszubrechen, wie sie zum Beispiel in Arata Isozakis und O. M. Ungers Entwürfen anzutreffen sind.

Das extrem Gegensätzliche zeigt sich als ein Prinzip manieristischer Tendenzen. So wird, um auf ein weiteres Beispiel zu verweisen, das Eingangsdach des Hauptsitzes des Roten Kreuzes in Tokyo (1975–77) von Kisho Kurokawa von schweren, runden Stützen getragen, auf denen rechteckige, schwere Kästen als horizontale Träger aufliegen. Dieser ganze gedrungene, schwere Unterbau trägt jedoch nichts anderes als ein hauchdünnes gebogenes Dach aus einem Gitterwerk mit ausfüllenden Glasplatten.

Ähnliche Anordnungen kann man bei vielen Bauten unserer Zeit feststellen. Dieser bewußte Gegensatz zeigt sich auch beim Kresge College in Santa Cruz von Charles Moore und William Turnbull. Die Anlage zeigt mit ihren Plätzen und Wegeführungen deutliche Analogien zu einem mediterranen Dorf. Die Gebäude, die diese Räume begrenzen, sind jedoch nicht, wie dort, schwer und massiv, sondern von papierener Dünne.

Dieser bewußt angestrebte Überraschungseffekt zeigt sich auch in der unvermittelten Gegenüberstellung von Formzitaten aus unterschiedlichsten Epochen. Dieses Spiel mit historischen Formen, aber auch Formen der Gegenwart, ihre ironische Verfremdung, läßt sich an Stirlings Staatsgalerie in Stuttgart aufzeigen, sicher eines der herausragenden Beispiele einer postmodernen Architektur. Es findet sich hier jedoch nicht nur das Manieristische als überzeitliches Kunstwollen, sondern auch der direkte Bezug auf den historischen Manierismus. Die »herausgefallenen« Steine aus der Fassade an der Konrad-Adenauer-Straße sind ein direkter Verweis auf die „herausfallenden" Triglyphen am Palazzo del Tè in Mantua (1525–35) von Giulio Romano. Und zu diesen Überraschungseffekten ist auch die rein dekorative Verwendung charakteristischer Funktionselemente zu zählen. So findet sich im Haus VI, Washington (1975), von Peter Eisenman eine Treppe, die unbegehbar ist; – also als reines Formelement dient.

Daß selbst die künstlich erbaute Ruine in unserer Zeit wieder entdeckt wurde, sei nur als Kuriosum am Rande erwähnt.

Maßstabssprünge erscheinen dagegen schon fast wieder als legitime Mittel. Johnsons Pavillon im halben Maßstab oder die riesigen Hotelhallen Portmanns als anderes Extrem sind charakteristische Beispiele.

Allgemeines Kennzeichen aber ist die Suche nach subjektiven, überraschenden Effekten, die Absage an eine relativ objektive Formensprache (– was auch erklärt, warum die Architekturauffassung Mies van der Rohes so heftig kritisiert wird), die bewußte Negierung der Tektonik eines Baues und das Bestreben, bestimmte Wirkungen beim Menschen durch Form und Raumbildung zu erreichen. Beispielhaft

396
James Stirling – Michael Wilford and Ass.:
Neue Staatsgalerie 1977–1983

247

397

397
Richard Rogers & Partner: Forschungs-
und Verwaltungsgebäude PA Technology
Princeton/New Jersey 1982–1984

sei hier das Juweliergeschäft Schullin von Hans Hollein (1973–74) erwähnt, bei dem eine glatte, in quadratische Platten aufgeteilte Fassade durch ein unregelmäßig geformtes Loch aufgerissen wird, aus dem die Luftansaugrohre der Klimaanlage herausragen.

Was bisher diskutiert wurde, waren vor allem Bauten der siebziger Jahre. Es scheint jedoch, daß sich derartige als manieristisch zu bezeichnende Tendenzen auch in den achtziger Jahren nachweisen lassen.

Das Centre Pompidou in Paris stand am Anfang einer Entwicklung, die sich in den achtziger Jahren rasch ausbreiten sollte und mit dem vieldeutigen Begriff High-Tech belegt wurde. Was beim Centre Pompidou formal eher unpathetische Zurschaustellung von Konstruktion und Installation ist, wird in späteren Bauten in das Zeichenhafte überhöht: Konstruktion und Installation als bewußt gesetzte Symbole eines Unternehmens. Ein Beispiel hierfür ist das Forschungs- und Verwaltungsgebäude der PA Technology in Princeton/New Jersey (1982–84). Es ist sicher funktional richtig, Räume stützenfrei auszubilden, um Flexibilität der Nutzung zu erreichen, und es ist sinnvoll, Installationen unabhängig von der Raumbegrenzung anzuordnen, aber zugleich muß festgehalten werden, daß das funktional Richtige und technisch Sinnvolle nicht mit einfachen Mitteln erreicht werden sollte, sondern ästhetisch zum beherrschenden Thema und Ausdruck des Ganzen wurde.

Wenn bei diesem Bau die Konstruktion ästhetisch überhöht wird, aber bei aller Überhöhung immer gestaltete Konstruktionsform bleibt, so findet sich bei anderen Bauten in dieser Zeit eine völlig andere Einstellung zur Konstruktion. Der Architekt bedient sich der Tragelemente als Gestaltungsfaktor, ihre Anordnung scheint aber a-tektonisch zu sein. Es sind Fachwerkträger, Stützen, Balken und Bogen zu erkennen, ihre An- und Zuordnung aber scheint gewohnten Vorstellungen zu widersprechen. Beispiele hierfür sind Bauten von COOP – Himmelblau, bei denen bewußt durch Verdrehung und Verkippung einzelner Architekturelemente tradierte Sehgewohnheiten infrage gestellt werden, um Unverwechselbarkeit und Identität zu schaffen.[45] Dabei werden wie bei dem Projekt der Merz-Schule in Stuttgart oder bei den Dächern des Funder-Werkes III Analogien zu vogelartigen Gebilden gesucht und hergestellt.

Dieser Anschein des Instabilen und des Schwebenden findet sich auch bei Zaha M. Hadid, wie überhaupt das Komplizierte und nicht das Einfache, die Ablehnung von Harmonie, Einheitlichkeit und Stabilität kennzeichnende Merkmale derartiger Bauten und Projekte sind.

Im Parc de la Villette in Paris von Bernard Tschumi lassen sich andere Aspekte ablesen. Tschumi geht von bestimmten Ordnungsprinzipien aus, überlagert sie aber in einer Weise, daß sie völlig verändert erscheinen. Der Ausgangspunkt bei einzelnen Bauten ist die reine geometrische Form, die auseinandergenommen, zerlegt, verzerrt und verrückt und aus den so entstandenen Einzelkomponenten neu zusammengesetzt wird. Dieser Ansatz, der sich auch bei Peter

[45] Siehe hierzu die Beschreibung der Architekten zum Funder Werk III. In: bauwelt, Heft 26, S. 1262

398

Eisenman und COOP – Himmelblau findet, ist sicher ein sehr theoretischer, aber es wurde schon am Anfang darauf verwiesen, daß sich in
derartigen Tendenzen oft genug das ästhetische Verhalten eines
Künstlers ausdrückt, der ausgesprochen intellektuell interessiert ist.

399

398
COOP – Himmelblau: Funder Werk III,
St. Veit/Glan, 1988–1989

399
Bernard Tschumi: Parc de la Villette Paris,
1982/83–1989

Schlußbemerkungen

Jede Beschreibung einer Architektur der Gegenwart endet zu einem Zeitpunkt, der zumeist nicht nur von inhaltlichen Gesichtspunkten bestimmt ist, sondern oft genug auch von der Notwendigkeit, daß ein seit langem geplantes Buch endlich erscheinen soll. Während sich zurückliegende Epochen schon eindeutiger in ihren Konturen abzeichnen, kann die Darstellung der unmittelbaren Gegenwart nur fragmentarisch sein.

Die erste Phase der modernen Architektur, die von 1917–1929 zu datieren ist, stand unter einer einheitlichen, für die Architektur aller Länder gleichen Formensprache, was Henry Russel Hitchcock und Philip Johnson veranlaßte, ihr das Attribut »international« zu geben. Die zweite, um 1930 beginnende Phase war durch die Aufnahme regionaler Tendenzen gekennzeichnet, während die dritte Phase, die nach 1949 einsetzte, nicht nur die weltweite Ausbreitung der Moderne brachte, sondern zugleich auch eine weitgehende Kritik an den bisherigen Ansätzen und als Folge davon eine völlige Veränderung der architektonischen Szene.

Die heutige Architektur ist nicht mehr wie in den zwanziger Jahren auf das Primat bestimmter Leitbilder festgelegt, sie ist vielfältig und konträr. Sie hat vor allem die Geschichte wieder als Inspirationsquelle entdeckt und schwankt zwischen einer vertieften Einsicht in grundlegende Prinzipien der Architektur und einem neuen Historizismus.

Die Argumente, die zur Begründung bestimmter neuerer Tendenzen vorgebracht werden, lassen sich in zwei Punkten zusammenfassen:

1. Die puristische Einfachheit der vergangenen Epochen soll überwunden werden. Die Architektur muß die Emotionen der Menschen stärker berücksichtigen.

2. Das scheinbar einseitig auf Konstruktion, Funktion und Technik ausgerichtete Streben wird kritisiert. Architektur ist ihrem Wesen nach Kunst, nicht nur Erfüllung von Zwecken.

Die Problematik der heutigen Architekturdiskussion liegt nicht in der Kritik an den Grundpfeilern der Moderne, denn Kritik ist immer noch die unabdingbare Voraussetzung einer lebendigen Architektur (– und sicher konnten nur manche heute zu Recht kritisierte Bauten entstehen, weil die Reflektion über das Gemachte fehlte, weil das Vorhandene nie in Frage gestellt wurde); – bedenklich ist vielmehr, daß einer Zeit, die ein neues Geschichtsbewußtsein zu entwickeln beginnt, die eigene Geschichte aus dem Blickfeld gerät. Architekten scheinen dazu prädestiniert zu sein, von einem Extrem in das andere zu verfallen. Immer war alles falsch, immer beginnt eine neue, die wirkliche Architektur.

Es ist nicht möglich, die moderne Architektur aus unserem Gedächtnis zu löschen und wieder dort zu beginnen, wo das 19. Jahrhundert ansetzte. Was jedoch notwendig zu sein scheint, ist die Überprüfung und Relativierung der Ansätze der Moderne, das Aufgreifen der Frage, wo uns Dogmen und Doktrinen den Blick in die Realität verstellt haben, anstatt neue Doktrinen und Dogmen aufzustellen. Die Vergangenheit ist keine beliebig zur Verfügung stehende Fundgrube für Formen und Symbole; – ihre Betrachtung mit neuen Augen kann uns aber dazu verhelfen, Prinzipien zu entdecken, die bisher übersehen oder vergessen worden sind.

Wenn auch alle Selbstäußerungen von Architekten cum grano salis verstanden werden müssen, so geht es doch heute ganz allgemein um die Frage, wo die Architektur ihren Platz im Spannungsfeld zwischen l'art pour l'art und l'art pour l'homme finden kann.

Angesichts der verwirrenden Vielfalt der extremen Meinungen, dem Wechselbad zwischen Formverneinung und Formbetonung, der Flucht in die Wissenschaftlichkeit und der Rückkehr in das Glück im kleinen Winkel, steht der Architekt vor der schlichten Frage, was er denn eigentlich tun soll. Ich meine damit nicht jene Architekten, denen die Fachzeitschriften offenstehen, wenn sie weit vorausgreifende Objekte entwerfen, sondern die anderen, die in der täglichen Praxis stehen.

Jede vorschnelle und einseitige Interpretation wird der Vielschichtigkeit der architektonischen Probleme unserer Zeit nicht gerecht. Um aus den verwirrenden Fragen und Antworten unserer Zeit einen Ausblick zu gewinnen, ist es sicher nicht unangebracht, sich daran zu erinnern, was früher über Architektur gesagt und geschrieben wurde. Drei Aspekte der Architektur nannte vor zweitausend Jahren Vitruv, und andere betonten sie später immer wieder: Nützlichkeit, Standfestigkeit und Schönheit.

Mit der Nennung dieser Aspekte ist jedoch noch nichts darüber ausgesagt, was als nützlich angesehen wird, welche Konstruktion sinnvoll ist und vor allem, welcher Formenkanon der Aufgabe angemessen ist. Aber damit ist eindeutig gesagt, daß in der Architektur Form ohne Raum, Raum ohne Grundriß, Grundriß ohne Konstruktion und Konstruktion ohne Form nicht gesehen werden kann.

Darüber hinaus aber hat Architektur immer eine soziale Dimension. Sie ist nicht nur Form und Zeichen, sondern auch Gehäuse für Menschen und ihre besonderen Ansprüche.

Und schließlich steht jedes Gebäude im Zusammenhang mit anderen und begrenzt mit seiner Fassade einen öffentlichen Raum.

Unterschiedliche Epochen haben diese Aspekte unterschiedlich in ihrer Bedeutung eingeschätzt. Wenn es richtig ist, daß unsere Zeit durch manieristische Tendenzen geprägt ist, dann wird die Betonung der Form bei einzelnen Architekten verständlich.

Daß manches in unserer Zeit jedoch nicht so sehr auf künstlerischem Antrieb beruht, sondern eher auf rascher Nachahmung ohne zureichende Kenntnis der Ursachen und des geistigen Hintergrundes, sei noch am Rande vermerkt.

Literaturverzeichnis

Alvar Aalto: Synopsis, gta 12, Zürich

Reyner Banham: Brutalismus in der Architektur, Band 5 der Dokumente der Modernen Architektur, hrsg. von Jürgen Joedicke, Stuttgart 1966

Reyner Banham: Die Revolution der Architektur, Hamburg 1964 (Englische Ausgabe: Theory and Design in the First Machine Age, London 1960)

Adolf Behne: Der moderne Zweckbau, München, Wien, Berlin 1926

Max Bense: Aesthetica, Baden-Baden 1965

Candilis-Josic-Woods: Ein Jahrzehnt Architektur und Stadtplanung, Stuttgart 1978

COOP-Himmelblau: Architektur ist jetzt, Stuttgart 1983

Le Corbusier: Kommende Baukunst, Stuttgart 1926 (franz. Ausgabe: Vers une architecture, Paris 1923)

Philip Drew: Die dritte Generation, Stuttgart 1972

Sabine Fachard: Architectures capitales, Paris 1979-1989, Milano-Paris 1987

Gernot Feldhusen: Berufsbild und Weiterbildung des Architekten, Stuttgart 1974

Jean Fourastie: Die 40.000 Stunden, Düsseldorf 1966 (franz. Ausgabe: Les 40.000 heures, Paris 1965)

S. Giedion: Raum, Zeit, Architektur. Die Entstehung einer neuen Tradition. Ravensburg, 1965. 2. Auflage: Zürich und München 1976

Henry-Russel Hitchcock, Philip Johnson: Der internationale Stil 1932. Bd. 70, Bauwelt Fundamente, Braunschweig 1985. (Originalausgabe: The International Style: Architecture since 1922. New York 1932)

G. R. Hocke: Die Welt als Labyrinth, Hamburg 1957

Annabelle d'Huart (Hrsg.): Ricardo Bofill, Taller de Arquitectura. Die Gestaltung der Stadt, Industrie und Klassizismus, Stuttgart 1985 (Sp. Originalausgabe 1984)

John Jacobus: Die Architektur unserer Zeit, Stuttgart 1966

John Jacobus: Philip Johnson, Ravensburg 1962

Charles Jencks: Die Sprache der postmodernen Architektur, Stuttgart 1978 (Englische Originalausgabe 1977)

Jürgen Joedicke: Angewandte Entwurfsmethodik für Architekten, Stuttgart 1976

Philip Johnson und Mark Wigley: Dekonstruktivistische Architektur, Stuttgart 1988 (USA-Originalausgabe New York 1988)

Philip Johnson: Die sieben Krücken der Modernen Architektur, Perspekta III, 1955

Philip Johnson: Volle Größe, falscher Maßstab, Show, Juni 1963

Heinrich Klotz und John W. Cook: Architektur im Widerspruch, Zürich 1974 (Englische Originalausgabe 1973)

Heinrich Klotz: Moderne und Postmoderne. Architektur der Gegenwart 1960-80, Braunschweig/Wiesbaden 1984

Heinrich Klotz (Hrsg.): Revision der Moderne, Postmoderne Architektur 1960-1980, München 1984

Heinrich Klotz (Hrsg.): Vision der Moderne. Das Prinzip Konstruktion, München 1986

Peter Koslowski, Robert Spaemann, Reinhard Löw (Hrsg.): Moderne oder Postmoderne? Zur Signatur des gegenwärtigen Zeitalters. CIVITAS Resultate Bd. 10, Weinheim 1986

Joan Kron and Suzanne Slesin: HighTech, The Industrial Style and Source Book for the Home, New York 1978

Udo Kultermann (Hrsg.): Kenzo Tange, 1946 – 1969, Zürich 1970

Heinrich Lauterbach, Jürgen Joedicke: Hugo Häring – Schriften, Entwürfe, Bauten, Band 4 der Dokumente der Modernen Architektur, hrsg. von Jürgen Joedicke, Stuttgart 1965

Arnulf Lüchinger: Strukturalismus in Architektur und Städtebau. Bd. 14 der

Dokumente der Modernen Architektur, hrsg. von Jürgen Joedicke,
Stuttgart 1981

Kasimir Malewitsch: Suprematismus.
Die gegenstandslose Welt, Köln 1962

Werner M. Moser: Sechzig Jahre
lebendige Architektur, Winterthur und
München 1952

Oscar Newman: CIAM'59 in Otterlo,
Band 1 der Dokumente der Modernen
Architektur, hrsg. von Jürgen
Joedicke, Stuttgart 1961

Frei Otto: Spannweiten, Berlin 1967

Frei Otto: Zugbeanspruchte Konstruktionen, 2 Bde., Berlin 1962 und 1965

Aline B. Saarinen: Eero Saarinen on
his work, New Haven und London
1962

Manfred Speidel (Hrsg.): Japanische
Architektur, Geschichte und
Gegenwart, Stuttgart 1983

Jo Stubblebine: The Northwest Architecture of Pietro Belluschi, New York
1953

Manfredo Tafuri und Francesco
Dal Co: Architektur der Gegenwart,
Stuttgart 1977 (Italienische Original-
ausgabe 1976)

Kenzo Tange, Noboru Kawazoe,
Yoshio Watanabe: Ise, Prototyp of

Japanese Architecture,
Cambridge/ Mass. 1965

Robert Venturi: Komplexität
und Widerspruch in der Architektur, Braunschweig 1978
(USA Originalausgabe 1976)

Frank Lloyd Wright:
Ein Testament, München o. J.

Franzsepp Würtenberger: Der
Manierismus, der europäische
Stil des sechzehnten Jahrhun-
derts, Wien – München 1962

Eberhard H. Zeidler: Healing
the Hospital, Toronto 1974

Namensverzeichnis

Fotografenverzeichnis

Soweit feststellbar, stammen die Aufnahmen von folgenden Fotografen (mit * bezeichnete Fotos sind übernommen aus Jürgen Joedicke, Architektur im Umbruch, Karl Krämer Verlag 1979):

Abb.-Nr.

Aerophoto Schiphol B. V. 228*
Svend Erik Andersen 212*
Morley Baer, Berkeley/Cal. 145*
Reyner Banham/Architectural Review 128*
Daniel Bartush, Troy/Mich. 159
Behnisch & Partner 359, 360
Thomas Bernard 278*
Lorenzo Bianda 330
Hedrich Blessing, Chicago/III 48*, 49*, 55*, 109*, 115a*
Peter Blundell Jones 68*
Brecht-Einzig, Wimbledon 135*, 136*
Bundesbaudirektion 307
De Burgh Galwey/Architectural Review 124*
COOP Himmelblau 353, 398
Robert Damora, Bedford Village/N.Y. 26*, 57*, 88*
Richard Davis 256, 258
Willem Diepraam 227*
DMJM 240*
John Donat 130*
John Ebstel 198*, 199*
Richard Einzig 336*, 337*
Finnisches Architekturmuseum, Helsinki 76*
Fotobriochi Bellinzona 328*
Rollin R. La France 276*
Futagawa, Tokio 34*, 36*, 139*, 197*
P. H. Goede, Amsterdam 225*
Götz Werkfoto 236*
Norman McGrath/a+u 283*
Harrison & Abramovitz 153*
Robert D. Harvey, Boston/Mass. 60*
Otto Hassenberg, Hannover 7*, 106*
Robert Häusser, Mannheim 141*
Adriano Heitmann 333
Heinrich Helferstein 325*, 391*, 392*
Lucian Hervé, Paris 1, 39, 41, 42, 47a, 105, 125
Atelier Hollein 289, 302*

IGMA 21*, 23*, 31*, 86*, 96*, 189*, 214*, 216*, 237*, 242*, 247*, 249*, 267*, 268*, 271*, 272*, 285*, 286*, 288*, 291*, 292*, 309*, 310*, 316*, 334*, 335*, 376*, 377*, 379*, 383*
Institut für leichte Flächentragwerke 269, 270
Jürgen Joedicke, Stuttgart 24*, 61*, 79*, 81*, 102*, 163*, 254, 255, 261, 262, 263, 284, 293, 294, 295, 297, 300, 301, 305, 306, 331, 346, 365, 367, 369, 396, 397
The Louis I. Kahn Archive 190*, 193*, 194*
Johann van der Keuken 230*
Atelier Kinold 101*
Orgel Köhne, Berlin 66*, 67*
Balthazar Korab, Birmingham/Mich. 161
Arthur Köster, Berlin 19*
Karl Horst Krämer 238
Heinz Krehl 47*, 78*
Rob Krier 373
Ian Lambot 251, 252, 339*
Denis Lasdun, London 134*
Arthur Lavine, N. Y. 115*
Dieter Leistner 322, 323, 324
Peter Mauss/Esto 370
Photo Meyer KG 287*
Joseph W. Molitor, Ossining/N. Y. 154*, 155*
Bernhard Moosbrugger, Zürich 120*, 121*
Gacia Moya, Madrid 32*
Murphy/Jahn Architects 244, 245
Mydtskov & Ronne, Kopenhagen 92*, 119*
Horstheinz Neuendorff 100*
Oscar Niemeyer, Ravensburg/ 30*, 83*,
Stamo, Papadaki 84*
Tomio Ohashi 371, 372, 393
Openbare Werken, Rotterdam 18*
Chas. R. Pearson, Edmonds/Was. 158*
Robert Perron, New Haven/Conn. 152*
Uwe Rau 374*
John Reevers, Toronto 137*

Cevin Robinson 116*
Inge und Arved von der Ropp, Rodenkirchen 142*
Deidi von Schaewen 375
Ben Schnall, Hewlett/N. Y. 27*
Shokokusha, Tokio 143*, 21?
Julius Shulman, Los Angeles 70*, 71*, 72*, 73*
Malcolm Smith/Architectural Graphics Associates 184*
Willy Stäubli, Rio de Janeiro 85*
Ed Stoecklein 290
Ezra Stoller, Mamaroneck/N. Y. 25*, 33*, 35*, 90*, 110*, 111*, 112, 113*, 138*, 146*, 147*, 149*, 163*, 366*
Strüwing Reklamefoto 93
Roger Sturtevant 28
Jerzy Surwillo 395*
Paul Swiridoff, Schw. Hall 59*
Wm. J. Toomey/Architectural Review 127*
Eberhard Troeger, Hamburg 99*, 122*
Bernhard Tschumi 354, 355, 356, 357, 399
Gerhard Ullmann, Berlin 56*
Serena Vergano 219*
Peter Walser 246*
Yoshio Watanabe, Tokio 144*
Hannes Weeber, Stuttgart 44*, 45*,
Colin Westwood, Weybridge 132*
Ludwig Windstosser, Stuttgart 64*
Arno Wrubel, Düsseldorf 118*
Zeidler Partnership/Architects 222*

Weitere Abbildungen entnahmen wir mit freundlicher Genehmigung der Verlage:
Deutsche Verlags-Anstalt: aus Charles Jencks, Die Sprache der postmodernen Architektur
a+u Publishing Co.: aus a+u 79:02, 79:04, The Work of Charles W. Moore
Kajima Institute: aus SD 03/78
Georg D. W. Callwey KG: aus Baumeister 12, 19
Artemis Verlag und Verlag für Architektur: aus Kenzo Tange, Louis I. Kahn, Klotz/Cook, Architektur im Widerspruch
Eidgenössische Technische Hochschule Züri aus Tendenzen, Neuere Architektur im Tessin.